데이비드 버커스는 사회과학 연구를 이해하기 쉽게 풀어내는 데 천재적인 재능이 있다. 《친구의 친구》에서 그는 어떻게 성공적으로 네트워킹 할지에 대한 단편적인 요령뿐만 아니라 더욱 의미 있는 인간관계를 만드는 방법을 알려준다. 연구 결과에 기반한 체계적 행동 방법 또한 알려주는 이 책은 네트워킹에 대한 당신의 인식을 영원히 바꿔놓을 것이다.

— 도리 클라크Dorie Clark, 듀크대학교 푸쿠아 경영대학원 겸임교수이며 《스탠드 아웃》《기업가로서의 당신Entrepreneurial You》 저자

인맥을 쌓기 위해 이곳저곳을 다니며 사람들에게 명함을 뿌리는 것보다 더 나은 네트워킹 방법이 있다. 바로 그 방법을 데이비드 버커스가 보여준다. 그 모든 것을 뒷받침할 여러 확실한 과학적 근거는 물론 흥미로운 일화들까지 함께 말이다.

— 조던 하빈저Jordan Harbinger, 팟캐스트 〈The Art of Charm〉 진행자

FRIEND OF A FRIEND...

친구의 친구

FRIEND OF A FRIEND OF A FRIEND
OF A FRIEND OF A FRIEND OF A
FRIEND OF A FRIEND OF A FRIEND
OF A FRIEND OF A FRIEND OF A
FRIEND OF A FRIEND OF A FRIEND
OF A FRIEND **OF A** FRIEND OF A
FRIEND OF A FRIEND OF A FRIEND
OF A FRIEND OF A FRIEND OF A
FRIEND OF A FRIEND OF A FRIEND
OF A FRIEND OF A FRIEND OF A
FRIEND OF A FRIEND OF A **FRIEND···**

데이비드 버커스 지음 | **장진원** 옮김

약한 연결의 힘
친구의 친구

한국경제신문

Understanding the Hidden Networks
that Can Transform Your Life

나는 왜 인맥 쌓기를
그만두었는가

1999년, 젊은 컴퓨터 엔지니어이자 꿈 많은 벤처 창업가인 애덤 리프킨Adam Rifkin은 앞으로의 진로를 모색하고 있었다. 어느 날 그는 일면식도 없는 그레이엄 스펜서Graham Spencer라는 사람에게 이메일을 보냈다. 당시 스펜서는 자신의 스타트업인 익사이트 닷컴Excite.com을 막 매각한 뒤였으며, 실리콘밸리 하이테크 업계에서 가장 주목받는 사람 중 하나였다.[1]

익사이트닷컴은 지금도 건재하지만, 아마도 그 이름을 들어보지 못한 사람이 많을 것이다. 익사이트는 구글Google과 페이스북Facebook이 등장하기 전에 인터넷에서 가장 잘 알려진 브랜드 중 하나였다. 1993년 스펜서가 다섯 명의 친구와 함께 설립했는데, 이후 대다수 웹서핑족의 시작 페이지가 될 정도로 성장했다(당시만 해도 '웹서핑'은 일반인에게 친근한 용어가 아니었다).

스펜서와 그의 팀은 이 웹사이트를 조그마한 스타트업에서 수많은 웹사이트를 망라하는 거대한 사이트로 키워냈다. 한때 재무적인 어려움을 겪기도 했지만 사용자들을 성공적으로 끌어모으면서 마침내 대박을 터뜨렸다. 1999년 초, 익사이트는 유선방송 기업 앳홈@Home에 67억 달러에 매각됐다. 리프킨이 이메일을 보냈을 당시, 이 거래가 성사되고 난 직후이니 스펜서가 엄청난 관심의 대상이 된 것은 당연한 일이었다.

리프킨이 실리콘밸리 성공담의 주인공에게 무언가 조언을 바라며 이메일을 보낸 것은 딱히 놀라운 일이 아니다. 누군들 그런 시도를 해보지 않겠는가. 오히려 놀라운 사실은 스펜서가 거기에 응했다는 것이다. 스펜서는 리프킨을 기꺼이 만나기로 했을 뿐만 아니라 그것을 훨씬 넘어서는 도움도 베풀었다. 리프킨에게 사업 아이디어를 듣고 난 뒤 그를 한 벤처 투자자에게 소개해준 것이다. 그 사람은 나중에 리프킨이 새로 만든 스타트업의 첫 번째 투자자 중 한 사람이 된다.

여기서 가장 커다란 의문점은 실리콘밸리 최고의 스타이며 만나고 싶어 하는 사람이 넘쳐나는 스펜서가 도대체 왜 한 번도 만나본 적이 없는 사람에게 시간을 내주기로 했을까 하는 것이다.

사실 두 사람은 직접 만나본 적은 없지만, 5년 전 펑크 록 밴드들에 관한 웹페이지를 함께 만든 인연이 있다. 1994년 리프킨이 컴퓨터 쪽에 처음 뛰어들던 무렵, 그는 당시 뜨기 시작한

'그린 데이Green Day'라는 펑크 록 밴드의 팬 사이트를 만들었다. 당시는 인터넷이 초기 단계였지만, 이 웹사이트는 금방 유명해졌다. 실제로 너무도 유명해진 나머지 그린 데이의 멤버들이 이 사이트를 넘겨받아 자기들의 공식 홈페이지로 만들고 싶다고 요청해왔고, 리프킨도 거기에 동의했다. 그런데 그즈음 한 청년이 그린 데이에게 '펑크 록'이라는 라벨을 붙이면 그 사이트가 '진짜' 펑크 록 밴드들에 대한 관심을 빼앗아 올 수 있다는 문제를 제기했다. 그 청년이 바로 그레이엄 스펜서였다. 그래서 리프킨과 스펜서는 그린 데이의 웹사이트 내에 웹페이지를 하나 만들어 덜 알려진 다른 밴드들을 올렸다.

"1994년에 우연히 일어났던 사건들이, 1999년에 이메일을 통해 그와 다시 연락하는 계기가 됐습니다. 그리고 이것이 2000년에 저의 회사 설립으로 이어졌어요"라고 리프킨은 말했다.[2] 과거에 리프킨은 스펜서의 요청을 무시할 수도 있었지만 그를 도와주었고, 5년 뒤 이번에는 스펜서가 그를 도왔다. 스펜서 역시 리프킨의 요청을 무시할 수 있었는데도 말이다.

이 이야기가 예외적인 것처럼 들릴 수도 있겠지만, 사실 리프킨에게는 그다지 드문 일이 아니었다. 그의 커리어는 경제계와 기술 분야에서 이미 유명하거나 나중에 유명해질 사람들과 도움을 주고받은 일들로 가득 차 있다. 젊은 에번 윌리엄스Evan Williams가

'블로거Blogger'라는 스타트업을 계속 꾸려갈 수 있도록 외주를 준 일도 그중 하나다. 에번은 나중에 그 회사를 구글Google에 매각했다. 알려진 바에 따르면 인수 금액이 수천만 달러에 이른다고 하는데 정확한 액수는 비밀에 부쳐졌다. 에번은 곧이어 또 하나의 회사를 설립했는데, 그 회사가 나중에 트위터Twitter가 된다. 그와 비슷하게, 리프킨이 또 다른 회사를 창업하면서 사무실 공간이 필요할 때 리드 호프먼Reid Hoffman이 링크드인LinkedIn 사무실을 공짜로 사용하도록 해준 일도 있다.[3]

리프킨의 이야기는 놀라운 비화들로 가득하다. 그의 이름이 널리 알려져 있지는 않지만, 그가 속한 업계의 핵심 인사들에게 그는 단순한 유명인사에 그치지 않는다. 리프킨은 세계 최고의 네트워킹 능력자다. 정말 말 그대로다. 2011년 〈포천〉은 리프킨을 '세계 최고의 네트워커'로 선정했다. 조사 결과 그가 〈포천〉이 선정한 '포천 500대 기업', '40세 이하 기업인 40', '가장 영향력 있는 여성 50인' 등[4] 세계적으로 영향력 있는 인물들과 누구보다도 가장 많이 연결되어 있었기 때문이다.

이런 타이틀을 거머쥔 리프킨에 대해 놀라운 것은 그가 썩 잘 알려진 인물이 아니라는 사실만이 아니라 흔히 생각하는 최고 네트워커의 이미지에도 들어맞지 않는다는 것이다. 그는 키가 크지도 않고, 세련되거나 에너지가 넘치지도 않으며, 외향적이거나 말주변이 뛰어나지도 않고, 고학력의 전문가도 아니다. "저는 외향적인 사람이 아닙니다. 사람 만나는 것을 별로 좋아하지 않습니다"라고 그는 줄곧 말했다.[5] 그는 자신을 수줍음이 많고 다른 사람과의 만남을 어색해하는 편이라고 소개했다. 넥타이에 정장 차림일 때보다 티셔츠와 후드 스웨터를 입고 다닐 때가 더 많으며, 새로운 사람들로 가득 찬 방을 누비는 것보다 옛 친구들과 연락을 주고받는 걸 더 좋아했다.

리프킨이 남과 다른 점은 그가 인적 네트워크라는 것이 어떻게 작동하는지를 이해하고 있다는 것이다. 그가 인맥을 키우고 사람들과 관계를 맺기 위해 사용한 전략 대부분은 책에서 배운 것이 아니었다. 다름 아닌 대학원 컴퓨터과학 과정에서였다. 그가 이렇게 말한 적이 있다. "저는 여러 뛰어난 스승들로부터 네트워킹에 대해 배우는 행운을 누렸습니다. 그 스승 중에서 가장 큰 도움을 준 것은 사실 인터넷 자체였습니다."[6]

리프킨은 인적 네트워크가 컴퓨터 네트워크와 유사한 원리를 따른다고 생각한다. 그는 컴퓨터 네트워크에 대한 연구를 통해서 인적 네트워크를 더 잘 키우고 이용하는 법을 배웠다. 사람들은 흔히 자신이 가진 '인맥'을 명함 수첩에 들어 있는 명함 한 뭉치(또는 좀더 최근에는 연락처 앱 속의 이름들)라고 생각한다. 그러나 리프킨은 인적 네트워크가 연락처들의 단순한 집합이 아니라 연락처와 연락처 사이의 연결 관계를 그린 '지도'라고 봤다. "인적 네트워크를 한마디로 설명하자면, 한 무리의 사람들과 그 사람들 사이의 수많은 연결 관계입니다"[7]라고 그는 설명했다.

네트워크에 대해 그가 깨달은 것 중 특히 중요한 한 가지는 컴퓨터 네트워크의 가치가 거기에 속한 노드node(네트워크 구조에 속해 있는 각각의 개체―옮긴이)의 숫자와 노드들 간에 연결된 숫자에 비례한다는 것이었다. 네트워크 과학 분야에서 흔히 사용하는 '멧커프의 법칙Metcalfe's Law'은 이런 원리를 수학적으로 표현한 것이다. "이 원리를 제대로 따르면 모두에게 도움이 되지만, 이를 따르지 않으면 자기 자신뿐만 아니라 다른 사람들의 기회마저 끊기게 됩니다"라고 리프킨은 설명했다.[8]

그래서 리프킨은 매일 새로운 사람을 소개하기로 했다. 머지않아 그는 IT 커뮤니티를 폭넓게 연결할 목적으로 '106마일'이라는 커뮤니티를 구축했고, 이를 통해 자신의 인적 네트워크를 빠르고 크게 성장시키는 방법을 알게 됐다. 이제 106마일은 거의 1만 명에 가까운 회원들이 정기적으로 회합을 가지며 커뮤니티 자체가 커다란 인적 네트워크가 됐다. 현재는 리프킨이 그 중심에 있지 않지만, 이 커뮤니티는 네트워크와 네트워킹에 대한 리프킨의 생각에서 비롯된 것이다.

리프킨 스스로가 일구어낸 광범위한 네트워크와 그것이 가져다준 직업적 성공은 단순히 놀라운 이야기의 수준을 뛰어넘는다. 그의 성공 스토리는 인적 네트워킹이 무엇이며 어떻게 작동하는가에 대한 많은 오해를 말끔히 없애준다. 이런 오해들이 넓게 퍼져 있는 이유 중 하나는 대부분의 책과 워크숍, 강의, 연설 등이 한결같이 낡고 부정확한 조언들에 바탕을 두기 때문이다. 일테면 다음과 같은 것들이다.

- '엘리베이터 피치'(엘리베이터를 이용하는 정도의 짧은 시간에 자신의 주장을 요약 설명하는 것—옮긴이)를 작성하고 다듬어라.
- 혼자 밥 먹지 마라.
- 대화를 시작할 때 처음 몇 초간 상대방의 이름을 세 번 반복하라(이름을 기억하거나 상대에게 호감을 주기 위해).

그 밖에도 낯선 이들이 가득 찬 곳에서 어떻게 자기를 소개하고 인맥을 넓힐지, 또는 어떻게 하면 인터넷에서 '온라인 인맥'을 늘릴 수 있는지에 대한 이른바 지침이 존재한다.

하지만 그런 조언들은 모두 주관적이거나 자기중심적 추측에 불과하다.[9] 다시 말해, 한 개인의 단편적 경험을 보편화한 것에 지나지 않는다. '조언'이라는 것은 그 바탕에 "나는 이렇게 했더니 되더라. 그러니까 당신도 따라 하면 될 거야"라든가 "나도 이렇게 안 했었거든? 근데 해봤더니 인생이 바뀌더라" 같은 메시지를 담고 있다. 조언을 하는 사람이 아무리 좋은 의도를 가졌거나 그 조언이 사실이라고 하더라도 그것은 여전히 한 사람, 즉 특정한 재능과 특정한 성격을 가진 누군가의 특정 장소와 특정 시기에 관한 이야기일 뿐이다. 그렇다면 당신이 인생의 특정 시점에 그런 성격을 가진 사람이 아니라면 어떻게 될까? 만약 조언을 해주는 사람과 달리 당신은 키가 크지도 않고, 세련되거나 에너지가 넘치지도 않으며, 외향적이거나 말주변이 뛰어나지도 않고, 고학력의 전문가도 아니라면 어떻게 될까? 그 조언이 과연 당신에게도 효험을 발휘할 수 있을까? 당신은 그 조언을 한번 시도해보고 싶다는 마음이 들까?

대부분 사람은 네트워킹에 참여하거나 그것에 대해 생각할 때, 의구심을 갖거나 심지어 불결하다는 느낌을 갖는다. 지난번 네트워킹 이벤트에서 만났던 기분 나쁜 세일즈맨, 사탕을 나눠주듯이 자기 명함을 돌리던 사람, '중요한' 사람과 이야기하려고 나를 훑고 지나가던 사람을 떠올린다. 또는 갑자기 새 직장을 찾기 시작한 오랜 동창이 자신의 주소록에 있는 모든 사람에게 이메일을 보내고, 링크드인에 들어가 융단폭격식으로 일촌 신청을 하고, '커피 한잔하며 얘기 좀 하자'라고 접근하는 걸 연상하기도 한다. 대부분 사람에게 '네트워킹'은 사적인 이득을 위해 인간관계를 이용하는 불순한 방법으로 여겨진다. 이것이 대부분의 사람이 네트워커, 그러니까 의도적으로 인맥을 키우려 네트워킹을 하는 사람들에 대해 갖고 있는 고정관념이다. 그러니 그 모습이 보기 흉한 것은 당연하다 할 수 있다.

이는 실제 연구로도 드러났다. 티지아나 카스치아로Tiziana Casciaro, 프란체스카 지노Francesca Gino, 마리암 코우차키Maryam Kouchaki 세 사람이 진행한 한 연구는 네트워킹에 대해 생각하는 것만으로도 대부분의 사람은 '불결하다'라고 느낀다는 사실을 발견했다.[10] 먼저 연구자들은 306명의 성인에게 새로운 관계를 맺기 위해 다른 사람에게 연락을 취했던 때를 떠올리도록 했다. 한 그룹에는 도움을 받기 위해 직업적 관계의 사람들을 찾았던 때를 상상해보라고 요청했다(연구자들은 이를 '이해관계적 네트워킹 instrumental networking'이라 불렀다). 다른 그룹에는 친목 목적의 인간관계를 맺고자 연락을 취했던 때를 상상해보라고 요청했다(연구자들은 이를 '인간관계적 네트워킹personal networking'이라고 했는데, '괜찮은 사람 되기being a decent human being'라고 할 수도 있을 것이다).

그런 다음, 두 그룹의 참가자들에게 'STEP'이나 'WISH'처럼 아무 관련성이 없어 보이는 단어, 또는 'SOAP'나 'WASH'처럼 청결과 관련된 단어를 완성하는 단어 채우기 과제를 풀게 했다. 예를 들어, 'S＿＿P'나 'W＿＿H'처럼 말이다. 도덕적으로 더럽혀졌다는 기분이 청결에 대한 욕구를 증대시킨다는 것과 이런 욕구가 인지 행위의 미묘한 변화(단어 채우기 과제를 어떻게 수행하는지를 포함하여)로 나타난다는 것은 과거의 연구에서 이미 충분히 확인됐다. 예상대로, 이해관계적 네트워킹 그룹에 속하는(자

신들이 상투적 고정관념을 가지고 네트워커가 되고자 했던 때를 떠올린)
사람들은 주어진 과제를 청결과 관련된 단어들로 완성했다. 이
런 결과는 그 연상 행위가 도덕적으로 더럽혀지고 불결해졌다는
느낌을 주었음을 의미한다.

다음 단계에서는 한 그룹에는 단순한 친목 목적의 인간관계
에 대해, 그리고 또 다른 그룹에는 직업적 인간관계에 대해 질문
했다. 그러고 나서 친목 목적 그룹에는 자신이 떠올린 사람들에
게 페이스북(주로 친목 관계를 맺고 유지하기 위해 사용되는 소셜미디어)
을 통해 연락을 취하도록 요청했고, 직업적 관계 그룹에는 자신
이 떠올린 사람들에게 링크드인(주로 직업적 인맥을 맺고 관리하기 위
해 사용되는 소셜미디어)을 통해 연락하도록 요청했다. 그런 다음,
어떤 기분이 들었는지 물었다. 이번에도 역시 직업적 관계 그룹
은 친목 관계 그룹에 속한 사람들보다 몸이 불결해진 기분이 들
었다고 답했다.

카스치아로와 그녀의 동료들은 네트워킹이 대단히 중요하다
는 결과 또한 얻었다. 또 다른 연구에서 이들은 북미 지역의 변
호사 수백 명을 대상으로 설문조사를 하면서 네트워킹 활동에
얼마나 자주 참여하는지 물어보았다. 그 결과, 새로운 인맥을
만들고 과거 인맥을 더욱 다지는 데 시간을 들이는 이들이 더 나
은 실적을 올린다는 결론을 얻었다. 들인 시간과 거둬들인 소득
을 비교할 때 말이다. 그들의 연구 결과는 네트워킹, 즉 다른 사

람들과 인맥을 맺고 강화하는 것이 직업적인 성공을 이루는 데 극히 중요하다는 수많은 연구 결과와 일치한다. 더 나아가, 어떤 조직 내에서 인맥 네트워크가 정말 어떻게 작동하는지를 이해하면 그 중요성이 얼마나 큰지를 알 수 있다.

네트워킹과 인맥이 중요하다는 생각과 네트워킹 활동은 어색하고 불결하다는 보편적인 인식을 결합하면 무엇을 얻을 수 있을까? 아마도 당신은 네트워킹에 대해 가장 흔히 쓰이는 이런 격언을 떠올릴 것이다. '중요한 것은 무엇을 아느냐가 아니다. 누구를 아느냐.'

이는 정말 흥미로운 문구다. 사람들은 적어도 지난 70년간(아마도 더 오랫동안)[11] 이를 글로 쓰거나 목청 높여 말해왔지만, 그것은 주로 불만을 토로하기 위해서였다. "내가 취직하지(또는 판매 계약을 성사시키지, 또는 승진하지) 못한 건 나에게 좋은 인맥이 없기 때문이야"라고 말이다. 아마 당신 스스로도 비슷하게 좌절을 겪었던 순간에 이 말을 내뱉었을 것이다. 만약 성공의 주요 결정 요인이 누구를 아느냐의 문제라면, 우리는 오직 두 가지 선택만이 있다고 믿을 것이다. 아쉽더라도 주어진 대로 받아들이거나, 아니면 틀에 박힌 네트워커들의 은밀한 인맥 늘리기 기교를 따라 하거나. 하지만 만약 또 다른 선택지가 있다면 어떨까?

사실, 선택지가 하나 더 있다.

로브 크로스Rob Cross와 로버트 토머스Robert Thomas는 여러 연구
에서 반복적으로 '누구를 아느냐'가 중요하긴 하지만 단순히 많
은 사람을 아는 것만으로는 충분치 않다는 결과를 얻었다. 그들
은 "우리는 단순히 많은 사람을 알고 있는 개인들은 뛰어난 실
적을 낼 확률이 더 낮다는 것을 알게 됐습니다. 정치가들이 기업
및 업계 리더들과 수많은 인맥을 가지고 있다 해서 선거에서 꼭
이기는 것은 아니잖아요"라고 했다.[12]

누구를 아느냐가 가장 중요한 요인은 아니라는 이런 연구 결
과를 고려하면, 아마도 또 하나의 흔히 쓰이는 어구가 더 정확하
다 할 것이다. '당신 친구의 친구를 보라.' 더 정확히 말해 당신
이 이미 연결되어 있는 인맥 네트워크의 큰 그림을 바라보고, 그
것을 질적으로 향상시킬 방법을 배우는 것이 핵심이다.

애덤 리프킨처럼 네트워크가 어떻게 작동하고, 거기에서 어
떻게 길을 찾아가며, 이들 네트워크가 대표하는 커뮤니티에 어
떻게 기여할지를 이해하는 것이 당신의 직업적 성공과 조직의
성과를 결정하는 핵심 요인이다. 당신의 친구들과 그들의 친구
들이 누구인지를 알게 되면, 당신의 인적 네트워크가 더 높은 확
률로 당신을 성공으로 이끌 것이다.

다행히도, 이 사실은 수십 년간에 걸친 사회학 및 네트워크
과학 분야의 연구로 입증되고 있다. 이 연구는 튼튼한 네트워크
에 연결되어 있는 것이 여러 커다란 이점을 제공한다는 사실을

확인해준다. 거기에는 다양한 재능과 시각을 접할 기회나 비공개 정보를 수집하는 능력, 그리고 권력의 획득에 도움이 되는 역량과 영향력 등이 포함된다. 사회학자들은 이를 '인간관계 자본social capital'이라고 한다. 여섯 명의 서로 다른 사람이 제각기 다른 시기에 만들어낸 놀라운 용어로, 그 정의를 물리적 자본physical capital[13]의 반대 개념에서 얻는다. 재무적 자원, 재고, 자산 등 물리적인 것들이 가치를 가지는 것처럼 우리가 가진 인간관계 자본도 가치를 가진다고 사회학자들은 주장한다. 특히 우리가 그 자본을 어떻게 활용할지 알 때 말이다.

저명한 사회학자 로널드 버트Ronald Burt가 이끌었던 한 연구는 기업 임원들에게 네트워크 구조와 원칙들을 교육하면 업무 성과가 극적으로 향상된다는 결과를 얻었다.[14] 이 교육에 참여한 사람들은 비슷한 자격을 가졌지만 교육에 참가하지 않은 동료들보다 업무 실적을 향상시킬 가능성이 36~42% 더 높았으며, 또한 그들보다 승진할 가능성이 최소 42%에서 최대 74%까지 더 높았다.

그것이 바로 이 책의 주제다. 이 책은 단순히 네트워킹이 아니라 원리, 즉 네트워크가 실제로 어떻게 작동하는지를 다룬다. 새로운 사람들을 어떻게 만나고, 회의장에서 어떻게 명함을 돌릴지에 관한 방법론이나 판에 박힌 조언들을 모아놓은 또 하나의 책이 아니다. 또한 당신의 소셜미디어와 온라인 프로필을 어떻게 관리해야 할지에 대한 설명서도 아니다. 이미 그런 가이드북은 넘쳐나기에 한 권 더 늘리는 것은 아무런 도움도 되지 못할 것이다. 이 책은 과학적으로 검증된 네트워크 과학 속으로 파고들어 자신의 인간관계와 인맥을 업그레이드하고자 하는 사람 모두에게 그 의미를 풀어 공유하기 위한 것이다.

나는 네트워커들의 개인적인 경험에 근거한 틀에 박힌 조언들을 논하지 않을 것이다. 그와는 반대로, 성공에 이른 개인과 기업의 실제 사례들을 살펴볼 것이다. 알고 했든지 우연히 그런 결과를 얻었든지 간에, 성공 사례들은 연구 결과에 부합하는 전략을 구사함으로써 얻어진 것이다. 네트워크들이 어떻게 작동하는지를 아는 것이야말로 강력한 네트워킹 전략을 수립하게 해주는 비밀무기다. 이는 온갖 네트워킹 도구를 모아놓은 것보다 훨씬 더 효과가 있다. 그리고 그것이 바로 우리가 도달하고자 하는 종착지다.

1장에서는 어떤 종류의 커넥션이 새로운 정보와 기회를 제공해줄 가능성이 가장 큰지를 설명한다. 힌트를 하나 주자면, 당신이 아주 빈번히 연락을 주고받는 사람은 아니다. 2장에서는 오래된 인맥 찾기 게임을 살펴보고, 거기에 숨겨진 실마리를 통해 당신의 인적 네트워크 전체가 얼마나 크고 유용한지를 생각해본다. 3장에서는 네트워킹 전략을 다룬다. 즉 '하나의 산업이나 직업군에 속한 모든 사람과 인맥을 맺는 것이 더 나은가, 아니면 여러 산업 및 직업군들 사이의 연결고리가 되는 것이 나은가' 하는 문제다.

4장에서는 '사일로silo'(분야나 조직 간 소통이 단절되어 격리된 영역이나 공간-옮긴이)에 머무르는 것이 가끔은 커다란 혜택을 가져올 수 있다는 점을 살펴본다. 벽을 허물고 사일로를 깨부수라는 일반적인 조언이 왜 현실에서는 들어맞지 않는지를 알게 될 것이다. 다만, 거기에 얼마나 오래 머무느냐가 관건이다. 5장에서는 당신의 네트워크가 당신이 의존하는 팀들에 어떻게 영향을 주는지 살펴본다. 이를 통해 높은 성과를 내는 네트워크로 키우기 위해 왜 일부 인맥과의 접촉 빈도를 줄이거나 없앨 각오를 해야 하는지를 설명한다. 6장에서는 당신의 네트워크가 정말 얼마나 커질 수 있는지 설명하고, 평균 이상의 거대한 인적 네트워크들이 어떻게 그런 규모로 커질 수 있었는지 논의한다.

7장에서는 평균 이상의 대형 인적 네트워크들이 가지는 의미를 살펴본다. 핵심 인맥을 만든다는 것이 언제나 힘든 일이고, 끊임없이 노력해야 하는 과정인가? 아니면, 인적 네트워크가 스스로 커나가게 할 방법은 없는가? 네트워크 과학 분야의 더욱 놀라운 연구 결과들을 다룸으로써 당신이 자신의 인적 네트워크 전체를 재평가하게 한다. 8장에서는 인적 네트워크가 가진 신기하고 유별난 특징에 대해 서술한다. 실제보다 더 인기가 있고 더 큰 인맥을 가진 것처럼 보이는 것이 가능할까? 가능하다면, 과연 그럴 만한 가치가 있을까?

9장은 인적 네트워크를 만들고자 하는 모든 사람에게 보내는 진지한 경고다. 즉, 같은 종류의 인맥이라면 인맥이 많기만 하다고 좋은 것은 아니다. 10장에서는 9장에서 이야기한 딜레마에 대한 해결책을 제시하고 '언제', '어디서' 새로운 커넥션을 맺느냐가 그 인맥의 가치에 영향을 끼친다는 것을 보여준다. 마지막 11장은 인적 네트워크 전체에서 시각을 돌려 각각의 인맥에 초점을 맞춘다. 당신이 누군가를 안다는 것에는 그들을 어떻게, 그리고 얼마나 잘 아는가가 포함되어야 한다는 점을 밝힌다.

개인 차원에서 시사하는 바 이외에도, 네트워크 과학에서 얻은 연구 결과들은 리더들이 자신의 조직을 어떤 형태로 구현할 것인가, 그리고 기업들이 고객 네트워크를 통해 어떻게 브랜드를 마케팅할 것인가에 대해서도 중요한 의미를 갖는다. 이에 대해서도 충분히 논의할 것이다.

또한 인터넷 도구들과 소셜미디어 서비스들이 인맥을 만들고 유지하는 데 기여하는 역할을 짚어본다. 더불어 그런 도구들이 오히려 해로운 때는 언제인지도 보여준다. 이런 역효과는 당신이 생각하는 것보다 자주 일어난다. 온라인 도구들이 오프라인 세상, 즉 현실 세계에서 인간관계의 원칙들을 강화할 경우에만 효과가 있기 때문이다. 연구 결과에 따르면 온라인상의 지인들과 주로 시간을 보낼수록 더 외로움을 느끼게 되며, 온라인 도구들을 더 많이 사용할수록 사회적 고립감 역시 늘어난다.[15]

그리고 당신의 생각 또는 과학적 연구 결과를 실천하도록 돕기 위해 각 장은 당신이 쉽고 빠르게 해볼 수 있는 행동 요령을 제시하며 마무리한다. 현재 인적 네트워크를 더 잘 이해하고 강화하는 데 도움이 될 것이다.

당신이 가진 인적 커넥션은 중요하다. 그러나 그들을 어떻게 알게 됐으며, 어디서 만났고, 또 그들이 다시 누구를 아는가 역시 그 못지않게 중요하다. 이 모든 요소가 당신을 둘러싼 인적 네트워크를 설명해준다. 즉, 당신의 모든 '친구의 친구' 말이다.

이 책이 끝날 즈음이면 당신의 업무와 커리어를 훨씬 더 효과적으로 변화시킬 핵심 인맥을 만들고 강화할 수 있게 될 것이다. 단순히 이 책의 조언을 좇아 그렇게 하는 것이 아니라 자신을 둘러싼 인적 네트워크들이 어떻게 작동하는지, 또 그것을 어떻게 작동시키는지를 알게 됨으로써 더욱 효과적으로 인맥을 관리할 수 있길 희망한다.

FRIEND OF A FRIEND OF A FRIEND
OF A FRIEND OF A FRIEND OF A
FRIEND OF A FRIEND OF A FRIEND
OF A FRIEND OF A FRIEND OF A
FRIEND OF A FRIEND OF A FRIEND
OF A FRIEND **OF A** FRIEND OF A
FRIEND OF A FRIEND OF A FRIEND
OF A FRIEND OF A FRIEND OF A
FRIEND OF A FRIEND OF A FRIEND
OF A FRIEND OF A FRIEND OF A
FRIEND OF A FRIEND OF A **FRIEND···**

약한 유대관계의 힘을 활용하라

1

왜 당신의 옛 친구가
새 친구보다 나은가

사람들은 가장 친한 친구들이 마치 자신이 가진 가장 큰 재산인 양 행동하는 경향이 있다. 물론 사회적인 지지나 신뢰할 만한 정보의 문제라면 그것이 사실일 수 있다. 그러나 기회의 관점에서 보면 딱히 그렇다고 말할 순 없다. 연구 결과에 따르면, 가장 큰 기회와 새로운 정보를 얻을 수 있는 제일 좋은 경로는 '약한 유대 weak ties' 또는 '휴면 상태의 유대 dormant ties' 라고 부르는 관계라고 한다. 이는 자주 만나지 않거나 오랫동안 연락하지 않았던 사람들과의 관계를 말한다. 다시 말해 뭔가 새로운 것을 배우길 원하거나 이직을 하고자 할 때, 지금 가장 가까운 사람들에게만 연락해서 '친한 친구들끼리만' 알고 있는 것보다는 옛 친구들에게 연락하는 것이 더 나은 선택이라는 것이다.

로 렌조 페르티타 Lorenzo Fertitta는 프로복싱이나 이종격투기 MMA를 규제로 인한 몰락에서 구원하겠다는 생각을 해본 적이 없었다. 그는 격투 스포츠를 좋아했지만, 아버지가 카지노계의 거물인 프랭크 페르티타 주니어Frank Fertitta Jr.였기에 그의 미래는 거의 확정적으로 카지노 산업에 종사하게 되어 있었다. 그러나 별로 친하지도 않았던 고등학교 친구와의 인연으로, 한때 위기에 몰렸던 미국의 종합격투기UFC 사업을 40억 달러 가치의 세계적인 브랜드로 키우게 됐다. 그런데 이 이야기에서 주인공은 로렌조 페르티타가 아니다. 자신의 네트워크에서 약한 유대관계를 재가동하여 자신과 로렌조의 자산가치를 엄청나게 늘린, 대나 화이트Dana White가 주인공이다.

겉으로 보기에 화이트와 페르티타는 UFC 리그와 이종격투기 스포츠를 계속 키우면서 평생의 여정을 함께해온 친구들 같고, 때론 그렇게 행동하기도 한다. 그러나 그들의 우정은 실제로 그리 오래되지 않았다. 두 사람은 네바다주 라스베이거스에 있는 비숍고먼이라는 가톨릭계 사립고등학교에 다녔다. 그들은 같은 무리의 친구들과 어울리긴 했으나, 서로 가깝게 지내지는 않았다. "우리는 학교에 다니던 때보다 그 이후에 공통점이 더 많이 생겼습니다"라고 화이트는 말했다. "저는 고등학교 때 두 번이나 쫓겨났습니다. 반면, 로렌조는 모범생이었어요. 늘 A 학점에다가 미식축구 선수로도 뛰었죠. 나중에는 대학을 갔고, 다시 또 대학에 갔지요."[1]

화이트의 말이 맞다. 페르티타는 샌디에이고대학교에 들어갔고, 나중에 뉴욕대학교를 또 다니면서 MBA를 받았다. 졸업 후에는 형 프랭크 3세와 함께 파트너가 되어 사업을 했다. 처음에는 공중전화와 슬롯머신 임대 사업을 했고, 그다음에는 라스베이거스 외곽의 부동산을 매입했으며, 최종적으로는 회사를 아버지의 카지노 체인과 합병하여 상장시켰다.

화이트는 고등학교에서 두 번이나 쫓겨난 뒤, 메인주의 할머니 댁으로 보내졌다. 거기서 고등학교를 마쳤고, 대학교도 얼마간 다니긴 했지만 졸업은 하지 않았다. 그는 호텔 벨보이부터 복싱 트레이너까지 온갖 일자리를 전전했다. 결국에는 라스베이거스로 돌아와 체육관을 시작해 2개를 더 열었다. 오래지 않아 화이트는 격투기 선수 티토 오티즈Tito Ortiz와 척 리델Chuck Liddell의 매니저가 되었다. 당시 이 선수들은 UFC에서 활동했다. 페르티타 형제와 다시 만난 것은 그가 고등학교를 떠난 지 거의 10년이 지난 뒤였다.[2]

그들은 라스베이거스에서 조우했다. 두 사람이 공통으로 알고 지내던 한 고등학교 친구의 결혼식에서 우연히 만난 것이다. 그들은 격투 스포츠를 좋아한다는 공통점 덕에 금방 친해졌다. 그리고 이종격투기에 대한 화이트의 열정은 페르티타 형제를 새로운 팬으로 만들었다. 로렌조 페르티타는 당시 네바다주 체육위원회 위원이었는데, 이 위원회는 그 주의 모든 복싱 및 격투기 스포츠를 관장하고 있었다. 그는 마이크 타이슨Mike Tyson이 에반 더 홀리필드Evander Holyfield의 귀를 물어뜯었을 때 위원회 회장직을 맡고 있었다. "내가 마이크 타이슨한테 짐 싸서 떠나라고 말해야 했던 사람 중 하나예요"라고 로렌조 페르티타는 말했다.[3] 당시는 복싱을 비롯한 모든 격투 스포츠, 그중에서도 특히 이종격투기가 잔인하다는 이유로 지탄을 받고 있었다.

그런 와중에 UFC 리그는 어떻게든 살아남으려고 고군분투했다. 존 매케인John McCain 상원의원이 이종격투기를 금지하려는 움직임을 주도하고 있었는데, 그는 이종격투기를 심지어 '인간 투계 싸움'이라고 부르기까지 했다. 각 주의 스포츠위원회가 연이어 이종격투기를 불법화했고, 결국 UFC는 유료방송 중계 계약권을 잃게 됐다. 이는 순전히 현장에서 입장권을 파는 것으로 매출을 올려야 한다는 뜻이었다. UFC는 어쩔 수 없이 창의적인 방법으로 경기 이벤트를 운영해야 했다.

격투기 선수들의 매니저로 활동하던 화이트는 UFC의 주인들이 고군분투하는 것에 지쳐 사업을 매각하려 한다는 사실을 알게 됐다. 그는 페르티타에게 연락했다. 채 한 달도 안 되어 페르티타 형제는 개인 자금을 동원하여 200만 달러에 UFC를 인수했다.

"관련된 온갖 부정적인 것들을 생각하면, 아마도 미국에서 최악의 브랜드였을 겁니다"라고 로렌조 페르티타는 말했다. 페르티타 형제는 심지어 아버지의 지지조차 받지 못했다. "아버지는 상당히 보수적인 분이에요. 우리에게 그 일을 하지 말라고 했죠. 제 생각으로는 저희 형제가 아버지의 뜻을 실제로 거역했던 것은 그때가 유일합니다. 세상에! 그때 거역하길 정말 잘했죠"[4]라고 그들은 회상했다.

화이트와 페르티타는 곤경에 빠져 있던 리그를 시골 구경거리 행사에서 티켓이 완전 매진되는 경기로, 그리고 시청자의 규모를 수백만으로 키웠다.

페르티타 형제는 이 스포츠가 규제 당국의 승인 없이는 살아남지 못하리라는 것을 알고 있었다. 다행히도 스포츠위원회에 가지고 있는 인맥 덕에 로렌조는 이 사실을 잘 이해할 수 있었고, 승인을 받기 위해 바꿔야 할 것들을 준비할 수 있었다. 그들은 새로운 경기규칙을 만들었고 중량 체급을 도입했으며, 어떤 면에서는 선수들에게 복싱보다 안전한 스포츠로 만들었다. 또한 화이트는 선수들 스스로가 이런 변화를 쉽게 받아들일 수 있게 이끌었다.

하지만 처음부터 순탄했던 것은 아니다. 그들의 첫 번째 대형 이벤트는 거의 모든 면에서 재앙이었다. 진행도 엉망이었고, 경기 시간을 초과해버려서 케이블TV 유료 중계방송은 메인 이벤트가 시작되기도 전에 마쳐야 했다.[5] 하지만 페르티타 형제는 계속해서 이 사업에 더 많은 노력을 기울였고, 더 많은 돈(4,000만 달러 이상)을 투자했다. 2004년에는 더 큰 도박을 감행했다. 페르티타 가족의 카지노 중 하나인 그린밸리랜치Green Valley Ranch가 디스커버리 채널이 방영하는 리얼리티 쇼에 장소를 제공한 적이 있는데, 형제는 이와 비슷한 프로그램이 자신들의 격투기 리그를 알리는 데 도움이 될 수도 있다고 생각한 것이다.[6] 그들은 야망에 가득 찬 젊은 격투기 선수들이 함께 살고 훈련하면서 UFC와 계약을 맺을 기회를 따내기 위해 경쟁하는 프로그램을 제안했다. 이 아이디어는 모든 방송사에서 거절당했지만, 단 한 곳의 예외가 있었다. 유료 케이블 채널인 스파이크TV는 만약 페르티타 형제가 1,000만 달러의 제작비를 지불한다면 그 프로그램을 방영하겠다고 나섰다.

이 프로그램은 처음부터 인기를 끌었으며, 이종격투기 지지층을 빠르게 넓혀갔다. 또한 이 방송은 대나 화이트를 인기 스타로 만들었다. 이 프로그램은 그의 거침없고 자신감 넘치는 태도, 격투기 선수에 대한 깊은 이해도, 그리고 챔피언이 되기 위해 필요한 것이 무엇인가에 대한 그의 지식을 부각했다. 이 프로그램은 지금까지 20시즌 이상 방영됐고, 계속해서 새로운 팬들을 이종격투기로 끌어들이고 있다. 2005년이 되자, 페르티타 형제는 UFC에 투자했던 돈을 모두 회수했다.[7] 매케인 상원의원조차 조금이나마 입장을 바꿨다. 매케인은 2007년 미국 공영 라디오 NPR과의 인터뷰에서 "아직 저를 팬으로 만들 정도는 아니지만, 그래도 썩 나아졌습니다"라고 말했다.[8]

변호사들은 반대했지만, 페르티타 형제는 UFC 인수 당시의 지분을 그대로 유지했다.[9] 법률 자문들은 만약 진퇴양난의 상황에 빠졌을 때 형제 간의 갈등을 종결지을 방법이 필요하다고 조언했다. 형제는 이를 두 가지 방법으로 해결했다. 첫째, 화이트에게 10%의 회사 지분을 주고 회사의 일상적 경영을 맡긴다. 둘째, 형제간의 모든 갈등은 화이트가 심판을 보는 상태에서 주짓수jiujitsu(격투 무술의 한 종류-옮긴이) 시합을 통해 결정한다. 그들은 이 조항을 지분 계약서에 추가했다.

"아직은 그런 일이 없었어요"라며 로렌조 페르티타는 웃었다.[10] 지금도 페르티타 형제와 화이트는 대단히 좋은 관계를 유지하고 있다. 그들은 자주 연락하며 정기적으로 함께 운동하곤 한다. "우리 둘은 서로 전혀 다른 능력으로 기여하는데요. 그런데 결과적으로 보면, 우리는 서로 궁합이 아주 잘 맞습니다"라고 로렌조 페르티타가 말했다.[11]

2011년, UFC는 폭스 스포츠 미디어 그룹Fox Sports Media Group과 7억 달러에 7년짜리 방송 계약을 맺었다.[12] UFC는 매년 40개 이상의 생중계 이벤트를 제작하고, 전 세계 10억 개의 가정으로 송출한다. 2013년, 대나 화이트는 UFC의 회생에 기여한 공로를 인정받아 '올해의 스포츠 혁신가'로 선정됐다.[13] 그리고 2016년에는 페르티타 형제와 화이트가 UFC를 한 프라이빗 투자자 그룹에 40억 달러에 매각했다. 이는 매우 성공적인 결정으로 평가된다. 그 그룹에는 윌리엄 모리스 엔데버 에이전시William Morris Endeavor Agency, 실버 레이크 파트너스Silver Lake Partners, 콜버그크래비스로버츠KKR, 그리고 MSD캐피털(IT 백만장자인 마이클 델의 투자회사)이 포함되어 있었다.

당시 로렌조 페르티타는 이렇게 말했다. "이것은 스포츠 역사상 최대의 계약입니다."[14] 결코 틀린 말이 아니었다. 스포츠로 따지자면 2014년 스티브 발머Steve Baller(마이크로소프트 공동설립자-옮긴이)가 NBA 농구팀 로스앤젤레스 클리퍼스Los Angeles Clippers를 인수하기 위해 지불했던 금액보다 2배 많다. 엔터테인먼트 사업 전체로 따져보면, 40억 달러는 2012년에 월트디즈니가 스타워즈Star Wars 사업 전체를 인수하기 위해 조지 루커스George Lucas에게 지불했던 금액과 맞먹는다. 스타워즈 사업의 매각은 당시 '세기의 거래'로 불릴 정도였다.[15] 화이트가 이 거래를 통해 개인적으로 벌어들인 돈은 3억 5,000만 달러가 넘는 것으로 알려져 있다.[16] 전직 벨보이 겸 복싱 트레이너치고는 꽤 괜찮은 수입이다.

어떤 기준을 사용하든, UFC에 대한 이야기는 몰락 직전의 상황을 수십억 달러의 시장가치로 바꾼 놀라운 이야기다. 그리고 이 모든 것은 옛 동창 두 사람의 우연한 만남이 없었더라면 결코 일어나지 않았을 것이다.

잊힌 네트워크

화이트와 페르티타가 어느 결혼식에서 우연히 만난 것이 뜻밖의 행운으로 보일 수도 있다. 하지만 사실은 인적 네트워크에서 잊힌 부분들이 대부분 사람이 깨닫는 것보다 더 커다란 기회로 이어진다는 것을 보여주는 전형적인 예다. 당시 그들의 관계는 사회학자들이 '약한 유대관계'라고 부르는 것과 닮았다. 이는 관계를 맺고 있긴 하지만 서로 거의 연락을 주고받지 않는 사이를 말한다. 그와 대비되는 것으로 '강한 유대관계strong ties'는 정기적으로 만나는 관계다. 친구나 직장 동료들이 대표적인 예인데, 자신이 잘 알고 있고 좋아하고 신뢰하므로 편안한 느낌을 준다.

사람들은 어려운 상황을 맞이하면 대체로 익숙하고 신뢰할 만한 조언을 찾는다. 예를 들어 새로운 직장을 찾아야 할 때 대개는 자동으로 가까운 인적 네트워크에 속하는 사람들에게 의존한다. 친구나 가족에게 말한 뒤, 자신이 가진 약한 유대관계는 그냥 건너뛰고 아이러니하게도 곧장 일면식도 없는 온라인 구인 공고에 의존한다. 어떤 중요한 문제에 대해 조언이 필요할 때도 자신과 가까운 사람들, 즉 자신이 편안하게 생각하는 사람들에게만 고민을 털어놓는다.

하지만 그 편안함에는 대가가 따른다. 인적 네트워크 내에서 강한 유대관계는 대부분 이미 서로 연결되어 있다. 보통 너무나도 촘촘하게 집단화되어 있어서 한 사람이 알고 있는 정보는 그 집단 내의 모든 사람에게 알려지기 마련이다. 그에 반해 약한 유대관계는 줄곧 한 집단에서 다른 집단으로 다리를 만들며, 따라서 새로운 정보를 접할 수 있게 해준다. 물론 돕고자 하는 의지는 강한 유대를 가진 지인들이 더 강할 수 있겠지만, 연구는 약한 유대관계들이 제공하는 새로운 정보가 강한 유대관계들이 가진 강한 의지보다 더 유용할 수도 있음을 보여준다.

화이트의 강한 인맥은 이미 UFC의 세계에 뻗쳐 있었다. 그런데 그에게 스포츠위원회의 태도를 변화시키는 데 필요한 도움을 준 것은 페르티타의 인맥이었다. 화이트가 깨달았듯이, 그는 자신들의 스포츠가 죽어가고 있다는 것을 알면서도 되살릴 방법을 찾을 수 없었던 사람들의 커뮤니티에 속해 있었다. 반면, 페르티타는 주로 복싱에만 집중했던 라스베이거스의 엔터테인먼트 커뮤니티에 속해 있었다. 화이트에게는 이종격투기에 대한 지식이 있었고, 페르티타는 그 스포츠의 규제 환경과 복싱 마케팅에 대한 지식을 가지고 있었다. 한 친구의 결혼식에서 이루어진 그들의 우연한 만남은 겉으로 보기에 무관할 것 같은 두 집단을 연결하여 극적으로 가치 있는 해법을 찾아내게 해주었다.

직관에 반하는 이런 연구 결과는 이제는 고전으로 자리 잡은 사회학자 마크 그래노베터Mark Granovetter의 연구에서 처음 발견됐다. 1970년 당시 하버드대학교의 박사 과정 학생이었던 그는 직장을 옮기는 과정에 대해 연구하기로 했다. 그는 참가자들에게 설문조사를 할 때마다 혹시 친구가 현재 직장을 알려주었는지 물어보곤 했다. 그러면 대부분이 "친구는 아니고 그냥 아는 사람 정도"라거나 그 비슷한 답변을 했다. 그래서 그래노베터는 연구를 더 깊이 해야겠다고 생각했다.[17]

그는 보스턴 교외 지역에 살고 있는 수백 명의 전문직, 기술직, 관리직 분야의 이직자를 대상으로 설문조사를 했다. 그들이 최종적으로 취직하게 된 일자리를 알려준 사람이 누구인지, 특히 일자리 정보를 얻을 당시 그 사람과 얼마나 자주 연락했는지를 물어봤다. 그래노베터는 다음의 세 가지 카테고리를 사용했다. 첫째는 빈번히(적어도 일주일에 두 번), 둘째는 종종(1년에 한 번 이상, 하지만 일주일에 두 번 미만), 셋째는 드물게(1년에 한 번 또는 그 미만)다. 수집된 설문 결과에서 그래노베터는 17% 미만의 이직자들이 정보를 제공한 인맥과 빈번히 만난다는 결과를 얻었다. 5% 이상은 종종 봤다고 대답했으며, 드물게 만났다는 응답은 무려 27%에 달했다.

'1년에 한 번'과 '일주일에 두 번 미만'은 차이가 얼핏 커 보이지만, 이는 대부분 사람이 가지고 있는 다양한 형태의 약한 유대관계를 아주 잘 표현한다. 즉, 일부러 계획하고 만나지는 않지만 쉽게 다시 만날 수 있는 관계를 뜻한다. 그래노베터는 1973년 이 데이터를 발표한 논문에서 다음과 같이 밝혔다. "분포 곡선은 확연히 약한 유대관계 쪽으로 치우쳐져 있다."[18] '약한 유대관계의 힘'이라는 제목의 그 논문은 이후 사회학에서 가장 많이 인용되는 논문 중 하나가 됐다.

그래노베터의 이런 놀라운 연구 결과는 대부분 사람이 해결해야 할 문제에 직면하거나, 선택의 갈림길에 서거나, 갑자기 새로운 직장을 찾아야 할 때 취하는 행동과 정확히 반대다. 당신은 자신이 처한 상황을 친구들이나 가족, 신뢰하는 동료들과 주로 공유할 것이다. 그들은 당신을 가장 잘 알고, 당신을 돕고자하는 의지 역시 가장 크다. 그러나 그래노베터가 발견한 것처럼, 그들이 당신이 미처 모르고 있는 유용한 정보나 실마리를 가지고 있을 가능성은 아주 낮다. 오히려 그들은 비슷한 정보를 제공하고 비슷한 조언을 할 가능성이 대단히 크다. 왜냐하면 가장 가까운 사람들은 대체로 지인들을 공유하고 있기 때문이다. 그에 비해 약한 유대관계의 인맥은 대체로 다른 인맥 집단에서 활동하며, 그 때문에 정기적으로 꾸준히 만나지 않는 사이다. 그들은 당신의 측근 집단과는 다른 사람들과 어울리며, 다른 정보를 얻는다. 그 결과 당신이 처한 딜레마를 해결하는 데 최상의 정보 창구가 된다.

약한 유대관계가 일자리 정보를 찾는 데에만 강력한 것은 아니다. 그래노베터의 연구에서 영향을 받은 많은 연구자가 약한 유대관계가 다양한 방식으로 우리에게 새롭고 가치 있는 정보와 기회를 가져다준다는 사실을 밝혀냈다. 듀크대학교 교수인 마틴 루프Martin Ruef는 벤처 기업가들이 강한 유대와 약한 유대관계에 어떻게 의지하며, 이것이 그들의 혁신 능력에 어떤 영향을 끼치는지 연구했다.[19]

루프는 새로 사업을 시작한 700개 이상의 기업을 대상으로 설문조사를 했다. 사업 아이디어가 어디서 왔으며 얼마나 참신한지, 팀의 구조는 어떤지, 원하는 어드바이저나 파트너는 누구인지, 특히 신청 상황은 어떤지에 대한 데이터를 수집했다. 그중에서도 팀들의 사업 아이디어가 어디에서 나왔는지와 아이디어들의 혁신성 간 연관성을 눈여겨봤다. 그런 연관성의 강도를 판단하기 위해 참가자들에게 사업 아이디어의 출처를 다음 보기에서 선택하라고 했다.

① 가족이나 친구들 간의 이야기에서 나옴(강한 유대관계)
② 사업 관계자나 고객, 공급자와의 대화에서 나옴(약한 유대관계)
③ 방송이나 산업계 또는 현재 경쟁 업체를 관찰하는 데서 나옴(그는 이를 '일방적 유대directed ties'라 불렀다. 왜냐하면 정보가 한 방향으로 흐르기 때문이다.)

혁신성을 평가하기 위해 루프는 두 가지 지표를 사용했다. 하나는 특허와 트레이드마크의 출원이라는 객관적 측정지표였고, 또 하나는 혁신 카테고리와 관련하여 오랫동안 통용되어온 연구 결과를 바탕으로 각 팀의 아이디어를 주관적으로 비교한 것이었다.

그 결과를 표로 만들자 약한 유대관계들과의 대화에서 사업 아이디어를 얻은 팀들이 두 가지 판단 기준 모두에서 더 혁신적이라는 사실이 드러났다. 더 많은 특허와 트레이드마크를 출원했다는 것은 아이디어가 더 독창적이고 지적 재산권으로 보호할 가치가 있음을 의미한다. 또한 그들의 사업 아이디어는 혁신의 카테고리에서도 더 뛰어났으며, 이는 그 사업 모델 자체가 강한 유대관계에 의존한 사업들보다 더 혁신적임을 의미한다. 루프는 결론을 다음과 같이 이야기했다. "약한 유대관계들은 전혀 다른 출처에서 유래한 아이디어를 조합함으로써 더 많은 실험을 할 수 있게 하며, 강한 유대관계들보다 사회적 관심이나 대세에 따라야 한다는 부담이 덜합니다."[20]

이를 종합해보면, 루프의 연구 결과는 그래노베터가 처음 발견했던 '약한 유대관계의 힘'과 정확히 들어맞는다. 구직자들이 가진 약한 유대관계가 좋은 일자리 정보를 제공할 확률이 높은 것처럼, 벤처 기업가들이 가진 약한 유대관계가 새로운 사업에 대한 아이디어로 이어질 확률이 더 높다. 또한 강한 유대관계에 의지하는 구직자들이 일자리를 얻기 위해 잠재적 고용주들을 설득하는 어려움을 견뎌야 하는 것과 마찬가지로, 강한 유대관계에 의존하는 창업자들은 자신의 사업을 경쟁자들과 차별화하기 위한 고난의 길을 견뎌야 한다. "우리 연구 결과는 창업자들이 인적 네트워크를 다변화함으로써 대세 추종이라는 함정을 피할 수 있음을 보여줍니다"라고 루프는 말했다.[21]

이 연구 결과는 가장 다양한 정보를 얻고 가장 많은 기회를 창출하기 위해서는 강한 유대관계의 인맥을 넘어서야 하고, 약한 유대관계의 인맥이 제공하는 새롭고 신선한 시각을 얻어야 한다는 사실을 확연하게 보여준다. 그러나 약한 유대관계라고 해서 모두 똑같은 것은 아니다. 강한 유대관계의 인맥은 친숙하고 신뢰하는 관계로서 대체로 우리를 돕고자 하는 의지가 더 강하다. 그런데 약한 유대관계 중에서도 어떤 것들은 새로운 정보를 제공하면서도 우리를 돕고자 하는 선의가 강한 유대관계만큼 강할 수도 있다. 과거에 끈끈했던 유대관계의 경우가 그렇다.

그래노베터의 원래 연구에서도 과거의 동료들과 오랫동안 연락이 끊겼던 옛 친구들이 사람들에게 도움을 주는 역할에 주목했다. 그래노베터는 이렇게 말했다. "우연한 만남이나 공통의 친구들은 그런 유대관계들을 다시 활성화하는 쪽으로 작용했습니다. 사람들이 그 존재 자체를 잊어버렸던 이들로부터 중요한 정보를 얻는다는 것은 대단히 놀랍습니다."[22]

시간이 지나면서 연구자들은 과거에는 강했으나 현재는 약해진 유대관계에 '휴면 유대관계'라는 이름을 붙여주었다. 그리고 연구를 통해 이런 종류의 약한 유대관계들이 얼마나 가치 있는지를 실제로 증명했다.

대니얼 레빈Daniel Levin, 호르헤 월터Jorge Walter, 키스 머니건Keith Murnighan은 거의 10년 동안 휴면 상태였던 유대관계가 어떤 힘을 가지는지 연구해왔다. 그중에서도 특히 기업 임원들에 대한 설문조사를 하면서 과거의 인맥을 재활성화reactivate하도록 요청하고 그 결과를 관찰했다. 지금까지 그 결과는 설득력이 있는 것으로 확인됐다.

세 연구자는 한 실험에서 경영자 MBA 과정을 밟고 있는 4개 반 224명의 임원을 대상으로 설문조사를 했다. 연구팀은 적어도 3년 동안 연락하지 않았지만 회사의 주요 프로젝트에 조언을 해줄 만한 두 사람을 골라 다시 연락을 하도록 참가자들에게 지시했다.[23] 구체적으로는, 연락이 끊기기 전에 강한 유대관계를 유지했던 한 사람과 약한 유대관계였던 또 한 사람에게 연락하도록 했다. 그리고 회사 프로젝트를 추진하는 과정에서 이미 조언을 구한 바 있는 두 사람의 현재 인맥(한 사람은 강한 유대, 또 한 사람은 약한 유대)을 고르게 했다. 그런 다음에는 네 사람 모두의 조언을 그 가치(실행 가능한 지식인가), 참신성, 신뢰성 그리고 공감의 정도를 기준으로 평가하게 했다.

당신도 상상할 수 있겠지만, 이들 임원의 상당수는 옛 동료에게 전화를 걸어 조언을 구한다는 것을 달갑게 생각하지 않았다. 하지만 연구 결과 밝혀졌듯이, 그 옛 동료들이야말로 엄청난 도움이 됐다. 한마디로, 휴면 상태의 유대관계에서 얻은 조언이 현재의 인맥에서 얻은 조언보다 가치가 있을 확률이 더욱 높았다. 또한 예상치 못한 통찰력이나 참신한 조언을 해줄 확률 역시 휴면 상태의 인맥 쪽이 현재 인맥보다 훨씬 더 높았다.

레빈, 월터, 머니건은 다음과 같이 적었다. "처음에는 망설였지만, 우리의 연구에 참여한 거의 모든 임원은 자신들의 휴면 상태 인맥과 다시 연락을 취함으로써 엄청난 가치를 얻었다고 답변했다."[24]

세 연구자는 여기에서 만족하지 않았다. 휴면 상태의 인맥이 그렇게도 커다란 가치를 제공할 수 있었던 데에는 또 다른 가능성이 남아 있기 때문이다. 즉, 유용한 정보를 제공할 만한 옛 동료를 고르라고 요청했을 때 임원들이 자신들 생각에 가장 뛰어난 사람을 선택했기 때문일 수 있다는 점이다. 따지고 보면, 누구나 현재 연락을 주고받는 지인들보다 휴면 상태의 인맥을 더 많이 가지고 있다. 그러니 어떤 프로젝트에 대해 가장 유용한 조언은 더 커다란 그룹인 옛 동료들로부터 나올 가능성이 매우 크지 않겠는가.

그래서 연구자들은 같은 MBA 프로그램에서 선정한 100명

이상의 임원으로 별도의 그룹을 만들어 실험을 진행했다. 이들에게는 휴면 상태의 인맥을 단지 두 명만 고르는 것이 아니라 다시 연락을 취할 수 있는 열 명의 목록을 만들라고 요청했다. 그리고 예상되는 유용성의 정도에 따라 순위를 매기라고 했다. 그런 다음에는 제일 높게 평가한 사람과 무작위로 선택한 또 한 사람에게 연락을 하라고 지시했다. 두 사람과 연락한 뒤에, 첫 번째 실험과 똑같은 방식으로 그들이 얻은 조언의 가치를 측정했다.

"우리는 원래 목록에서 순위가 낮은 사람일수록 조언의 유용성이 떨어질 것으로 생각했다. 하지만 데이터는 그렇지 않다는 것을 보여주었다"라고 연구자들은 적었다.[25] 다만, 그 조언의 가치는 이를 요청한 임원들의 사전 예상이 무엇이었든 간에 일정한 편이었다. 이는 휴면 상태에 있는 인맥이 주는 혜택이 그 사람의 능력이 출중해서라기보다는 휴면 상태라는 사실 자체와 관련이 있다는 것을 의미한다.

이와 같은 연구는 휴면 유대관계가 힘을 발휘하는 세 가지 주요 이유를 알려준다. 첫 번째, 휴면 상태의 인맥은 약한 유대관계의 인맥과 마찬가지로 새롭고 다르며 예상치 못한 식견을 풍부하게 가질 수 있다는 점이다. 누군가와 연락이 끊겼다고 해서 그 사람이 세상에서 사라졌다는 뜻은 아니다. 오히려 그 휴면 인맥은 다른 사회적 집단들과 어울리며 새로운 경험을 하고 있다.

두 번째, 특정한 일에 대해 휴면 상태의 인맥에게 조언을 얻고자 연락하는 것이 아주 효율적이라는 점이다. 따라서 그들과 접촉하는 것이 여러 개의 프로젝트로 정신없을 수도 있는 현 동료들과 대화하는 것보다 훨씬 더 빠르다. 그리고 세 번째, 다수의 휴면 인맥은 우리를 돕고자 하는 의지와 신뢰가 약한 유대관계의 인맥보다 훨씬 더 강하다는 점이다. 왜냐하면 한때는 긴밀한 관계였기 때문이다.

대부분 사람에겐 어떤 이유 때문에 연락이 끊긴 인맥이 있다. 휴면 상태의 인맥이 새로운 통찰력의 훌륭한 원천이자 더 강력한 형태의 약한 유대관계임이 증명됐지만, 진실은 모든 휴면 상태의 인맥이 동등하지는 않다는 것이다. 레빈, 월터, 머니건은 어떤 휴면 인맥이 가장 가치 있는 식견을 가지고 있을지 예측하기란 너무나도 어렵다는 점을 알게 됐다. 그래서 그들은 이 점에 대해 더욱 깊이 살펴보기로 했다.

후속 연구에서 세 연구자는 이전 설문 방법을 반복했다. 100명 이상의 임원을 대상으로 설문조사를 하고, 옛 지인들과 다시 연락하라고 요청하는 방식이다.[26] 이전의 실험과 마찬가지로, 임원들에게 열 명의 옛 지인을 생각해내서 그들을 선호에 따라 순위를 매기도록 했다. 그런 다음 가장 선호하는 지인과 열 명의 목록 중 무작위로 선택한 한 명의 다른 지인에게 연락하라고 했다. 다만 이전과 달리 이번 연구에서는 연락을 취하기 전에 몇 가지 질문을 했다. 옛 지인들을 얼마나 짧게(또는 길게) 알았는지, 그 관계가 휴면 상태에 놓이기 전에 얼마나 빈번히(또는 드물게) 연락을 했는지, 옛 지인 각자의 위상이나 조직 내의 서열이 자신과 비교할 때 어떠한지를 물어봤다. 그리고 지인 각각에 대해 도움을 주고자 하는 의지가 어느 정도일지, 신뢰의 정도는 어떠할지를 예상하게 했다.

임원들이 직접 만나거나 전화를 해서 다시 연락을 주고받은 뒤, 연구자들은 후속 조치로 일련의 질문을 했다. 임원들이 얻은 조언의 가치뿐만 아니라 그 아이디어가 얼마나 참신한지, 상대를 얼마나 신뢰하는지, 상대의 시각에 얼마나 공감한다고 느끼는지에 대한 것이었다. 놀랍게도, 설문 결과를 살펴보던 연구자들은 임원들이 훨씬 드물게 연락한 지인에게서 얻은 조언을 더 새롭고 유용한 것으로 평가한다는 사실을 알게 됐다. 이 점은 매우 일관되게 나타났다. 하지만 임원들은 일반적으로 좀더 친숙하다고 느끼는 사람들과 연락을 다시 주고받는 것을 선호했다. 즉 휴면 상태의 유대관계를 재활성화할 때 약한 휴면 상태의 유대관계가 더 나은 조언을 주었지만, 대부분의 임원이 그 관계를 피하고 싶어 했다는 것이다.

"우리가 조사한 임원들은 잠재적인 재접촉의 대상으로, 결국 나중에 가장 가치가 없는 것으로 판명되는 유대관계를 선택하는 쪽으로 강한 편향성을 보여주었다"라고 연구자들은 적었다.[27]

이런 편견이 존재함에도 유대관계에 대한 선호도가 대화 자체에 대한 평가에는 거의 영향을 미치지 않는 것으로 나타났다. 대다수 임원이 이전에 가지고 있던 선호도와 상관없이 모든 대화를 즐겼고, 거기서 도움을 받았다고 대답했다.

이런 연구 결과들은 휴면 관계들 사이에서조차 더 약한 관계들이 더욱 새롭고 가치 있으며 유용한 자산이라는 사실을 보여준다. 그리고 이것은 그래노베터의 '약한 유대관계의 힘' 현상이 오래된 옛 동료들 사이에서도 적용된다는 것을 의미한다. 이를 종합해보면, 약한 유대관계의 힘은 우리가 가지고 있는 선호와 심지어 통상적인 인적 네트워킹에 관한 생각에도 크게 역행한다.

이 연구에 참여한 임원들처럼, 대부분 사람은 자신이 신뢰하는 소규모 동료집단 내에서 조언을 얻거나 대화하는 것을 선호한다. 이렇게 긴밀한 집단이 제공할 수 있는 새로운 정보가 극히 제한적이라는 확실한 증거가 있음에도 말이다. 그리고 휴면 상태의 관계들과 어쩔 수 없이 다시 연락해야 하는 경우에조차 비교적 더 친숙한 사람들과 접촉하는 안일함을 택한다. 한마디로, 새로운 정보의 혜택을 제공할 확률이 더 낮은 사람들을 다시 찾는 성향을 가지고 있는 셈이다.

인적 네트워킹의 스펙트럼 한쪽 끝에 있는 대부분의 조언은 새로운 사람들을 만나는 것에 초점을 맞춘다. 물론 좋은 목표이고, 새로운 인맥이 새롭고 가치 있는 정보와 기회들을 제공할 확률이 높은 것도 사실이다. 하지만 머니건의 연구 결과는 새로운 인간관계를 맺느라 그렇게 많은 에너지를 소비하기 전에, 자신의 인적 네트워크에 있는 오래된 휴면 상태의 인맥을 고려해보길 권한다. 휴면 인맥은 새 인맥과 거의 똑같은 확률로 훌륭한 조언을 해줄 것이며, 이는 훨씬 더 효율적이다. 왜냐하면 오래된 인연을 재활성화하는 것이 백지상태에서 완전히 새로운 관계를 만드는 것보다 훨씬 더 빠르기 때문이다.

옛 인맥에서 새로운 아이디어를 얻다

새로운 비영리단체를 세우기로 마음먹었을 때 스콧 해리슨Scott Harrison이 마주한 것이 정확히 그런 상황이었다. 새로운 유대관계를 맺기는 어려웠던 반면, 오래된 인맥을 되살리는 것은 비교적 손쉬웠다. 얼마 후 마침내 그는 비영리단체의 세계가 운용되는 방식에 일대 변혁을 일으켰는데, 그 원동력은 휴면 상태의 인맥이 제공한 새로운 정보였다.

'자선: 물'이라는 비영리단체의 창립자가 되기 전, 그는 부모에게 반항하는 젊은 10대였고 뉴욕에서 나이트클럽 프로모터로 삶을 일궈가고 있었다. 독실한 기독교 가풍을 지닌 집안에서 자랐지만, 그는 대도시로 탈출하여 뉴욕대학교에서 공부했다. 스스로도 인정했듯이, 그는 딱히 모범생은 아니었다. 대신 신나는 파티를 여는 방법만큼은 확실하게 배웠다.

졸업 후 해리슨은 뉴욕의 나이트클럽 세계에서 프로모터 일자리를 얻었다. 클럽들과 패션 잡지, 그리고 주류 브랜드들을 대상으로 파티를 기획하는 일이었다. 그는 그 일에 소질이 있었다. 얼마 되지 않아 기업들은 그가 여는 파티뿐만 아니라 해리슨 자체를 후원하기 시작했다. 그는 보수를 받고 대중 앞에 나가 특정 브랜드의 술을 마시고, 특정 브랜드의 옷을 입었다. 그럴 때 주위의 카메라에 로고나 상표를 자연스럽게 보여주는 기술 역시 완전히 터득했다. 그의 성공과 유명세는 수많은 인맥을 가져다 주었다. 어느 시점에 그의 주소록에는 5,000명의 이름이 적혀 있었다.

이렇게 넘쳐나는 인맥과 신나는 파티를 열 줄 아는 능력은 엄청난 돈을 벌게 해주었지만, 한편으로는 그를 상당히 우울하게 했다. "나는 롤렉스 시계, 그랜드 피아노, 고급 아파트, 래브라도 리트리버 사냥개를 갖게 됐어요. 하지만 어느 순간부터 내가 얼마나 형편없는 인간인지를 정면으로 마주하게 됐습니다"라고 해리슨은 회고했다.[28]

깊고 진정한 변화가 절실했던 해리슨은 봉사활동을 해보기로 했다. 그래서 무작정 온갖 종류의 자선단체에 연락했는데, 단한 곳을 제외하고 모두 거절당했다. 아마도 그가 파티광이었다는 이력을 숨기기는 매우 어려웠을 것이다.

별다른 선택의 여지가 없었던 해리슨은 머시십Mercy Ships(병원을 통해 자선 의료 활동을 펼치는 단체-옮긴이)이 주관한 라이베리아 봉사활동에 참여했다. 그 배는 떠다니는 병원으로, 의료 전문인들이 자발적으로 시간을 내서 참여해 세계에서 가장 가난한 공동체에 무료로 약을 주거나 수술을 해주는 곳이었다. 해리슨은 "그곳의 의료 책임자는 로스앤젤레스에서 2주간의 자원봉사를 위해 떠나온 외과 의사였습니다. 그게 23년 전의 일입니다"라고 말했다.[29]

해리슨은 그 단체의 직원들에게 자신을 사진 저널리스트라고 소개했다. 그래서 카메라 렌즈를 사용해 자신이 목격한 극단적인 빈곤과 극적인 삶의 변화를 기록하는 임무를 맡게 됐다. 인생에서 처음으로, 해리슨은 그 문제가 얼마나 심각한지를 눈으로 직접 봤다. 그는 자신이 몇 병의 보드카를 팔아서 번 돈보다 적은 금액으로 1년을 살아야 하는 가족들을 만났다. "카메라 렌즈의 초점에 들어온 빈곤의 참상에 엄청나게 놀랐습니다. 종종 눈물을 흘리기도 하면서, 상상을 초월하는 삶과 인간의 고뇌를 기록했습니다"라고 해리슨은 말했다.[30] 처음 그는 8개월간의 방문 여정에 서명했지만 머시십에 2년 동안 머물렀다. 그는 "셋째 날 이후로는 제 인생이 완전히 변해버려서 더는 과거로 돌아갈 수

없었습니다"라고 말했다.[31]

그 2년간 해리슨은 엄청난 고통의 주요 원인을 봤고, 그에 대한 해결책을 찾아야 한다는 의지를 갖게 됐다. "제가 본 가난한 사람들이 겪고 있는 모든 문제 중에서 물이 가장 주된 원인이라고 여겨졌습니다. 지구상 모든 질병의 80%가 물 부족과 위생 상태의 불량에서 옵니다. 그런데 물이 없는 사람이 자그마치 10억 명에 이릅니다"라고 해리슨은 말했다.[32]

그는 이 문제를 해결하기로 했다. 당연하게도 해법은 필요로 하는 모든 사람에게 깨끗한 물을 제공하는 것이었다. 그 자체만으로도 이미 커다란 목표였지만, 물 위기 문제를 해결하는 것과 관련된 인맥을 그가 하나도 가지고 있지 않았기 때문에 더욱 불가능해 보였다. 해리슨은 자선단체들에 무작정 접촉했다가 심하게 거절당했던 경험에서 이미 배운 바가 있었다. 이번에는 억지로 비집고 들어가 새로운 인맥을 만들려고 노력하기보다는 자신이 가진 휴면 상태의 인맥들을 다시 접촉하기로 마음먹었다. "저에게 갑자기 이런 생각이 났습니다. '만약 내가 선행을 실천하는 데 과거 지인들을 모두 묶을 수 있다면 엄청나게 좋은 기회가 될 텐데…' 하고 말입니다"라고 해리슨은 말했다.[33]

그는 나이트클럽과 패션계의 옛 동료들에게 돌아갔다. 그중 대부분은 그가 2년 전 라이베리아로 봉사를 떠난 이후 연락을 한 적이 없었다. 그는 처음에는 조촐하게 시작했지만, 금방 속도가 붙었다. 그의 휴면 상태 지인들이 모두 어디에 있었는지를 고려해 첫 번째 프로젝트는 파티로 결정했다. 그의 서른한 번째 생일 파티였다. 그는 자신의 옛 동료들을 활용해서 너무나도 트렌디한 나머지 아직 한 번도 일반에게 공개된 적이 없는 나이트클럽을 예약했다. 그리고 자신의 주소록에 있는 사람을 대부분 초대했다. "사람들이 나이트클럽에 입장할 때 볼 수 있도록 더러운 물을 마시는 사람들의 사진을 전시했습니다. 그러면서 모든 사람에게 입장할 때 돈을 내라고 요청했고, 그 돈은 전액 우리의 첫 번째 프로젝트 지역인 우간다로 보냈습니다"라고 해리슨은 설명했다. 이 파티에 700명이 참여했다.[34]

그 파티 이후로 일이 빠르게 전개됐는데, 전통적인 자선활동 방식과는 거리가 멀었다. 해리슨은 기부받은 돈이 어떻게 쓰이는지 신경을 쓰고 있을 것으로 보이는 사람들에게 후속 연락을 했다. "나는 자선단체에 돈을 줘본 적이 없는 사람들을 대하고 있었습니다. 그래서 저는 어쩔 수 없이 그들을 설득할 수 있는 사업 모델을 만들어야 했습니다"라고 그는 설명했다.[35]

해리슨은 새로 파서 만든 우물 사진을 촬영해서 파티에 참여한 모든 사람에게 이메일로 보냈다. 그들의 반응은 놀라웠다. 해리슨은 "사람들의 절반은 그 파티에 왔던 것을 기억조차 하지 못했습니다. 하지만 그 사진을 보고 자신들이 이루어낸 좋은 결과에 완전히 감동했습니다"라고 말했다.[36] 사실상 해리슨은 자선활동에 기부할 관심과 의지가 있는 사람들의 커뮤니티를 새롭게 찾은 것이다. 사실상 전통적인 기부 방식으로는 호소할 수 없었던 사람들의 커뮤니티 말이다.

그 파티 이후 '자선: 물'은 개인 기부금 전액이 깨끗한 물을 제공하는 데 쓰이도록 운영하겠다고 약속했다. 또한 기부를 한 모든 사람에게 이 단체의 활동 진행 상황과 자신들이 낸 기부금의 결과물에 대해 계속해서 소식을 보내겠다고 약속했다. 이를 실천하기 위해 해리슨과 그의 팀은 처음부터 2개의 은행 계좌를 열었다. 하나는 운영 비용을 지불하기로 약속한 신뢰 관계의 소수 기부자들이며, 다른 하나는 패션계와 나이트클럽 세계의 휴면 상태 인맥처럼 자신의 기부금이 직접 자선 프로젝트에 쓰인다는 사실을 확인하고 싶어 하는 대부분의 개인 기부자를 위한 것이었다.

몇몇 재단이 이런 방식으로 운영되기는 하지만, 대부분은 한두 명의 기부자를 통해 설립됐다. 재단을 설립해서 부를 일부 나눠주기로 한 억만장자들의 경우처럼 말이다. 억만장자가 아니었던 사람이 백지상태에서 시작하여 자선재단과 유사한 형태로 운영하는 비영리단체를 만들었다는 것은 그때까지 들어본 적이 없는 얘기다. 원래 자선활동의 세계는 전혀 그런 방식으로 움직이지 않았다. "아무도 우리와 같은 모델을 시도해본 적이 없었습니다. 우리가 하기 전까지는 말이죠"라고 해리슨은 회고했다.[37] 만약 그가 자선이라는 분야에서 인맥을 맺고 새로운 지인들을 만들고자 시도했다면, 아마도 그 자신조차 그렇게 할 수 없었을 것이다. 그가 이전에 없던 새로운 아이디어를 낼 수 있게 이끈 것은 바로 그의 약한 인맥이었다.

옛 지인들은 그가 자선사업에 관한 사회적 관심을 높이기 위해 창의적으로 생각하도록 도와줬다. 처음부터 '자선: 물'은 스토리텔링과 디자인에 특히 중점을 두었는데, 이는 수익성 좋은 패션 브랜드를 운영하거나 멋진 행사를 기획하는 데에도 필요한 요소들이다.

"우리가 했던 두 번째 일은 뉴욕시티공원을 접수take over하는 것이었습니다"라고 해리슨은 말했다.[38] 여기서 '접수'는 문자 그대로의 의미로 한 말이다. 그의 팀은 어떤 뉴욕 시민도 '물'이라는 문제를 피해서 지나갈 수 없도록 했다. 그들은 깨끗한 물에 대한 절실함을 담은 일련의 충격적인 사진을 찍고, 그 사진을 더러운 연못 물이 가득한 커다란 물탱크 위에 붙였다. 그럼으로써 지나가는 사람들이 깨끗한 물을 찾아야 하는 어려움을 직접 겪게 된다면 어떨지를 상상하게 했다. 이런 전시는 효과가 있었고, 수십만 명이 수십만 달러를 기부했다.

그것이 전부가 아니다. 이 전시 행사는 아주 많은 사람이 인터넷에서 '자선: 물'을 찾아보도록 유도했고, 이 자선단체의 가장 중요한 모금 행사에 참여하도록 자극했다. 해리슨이 맨 처음

했던 생일파티 모금 행사를 본보기로 삼아 '자선: 물'은 다른 사람들에게도 자신의 생일선물을 포기하고 그 돈을 우물을 파는 데 기부해달라고 요청했다.[39] 참가자들은 이런 활동을 공개하는 웹페이지를 만들고 가족과 친구들, 동료들, 나아가 약한 유대관계의 인맥과 휴면 상태의 인맥에도 초청의 메시지를 보냈다. 이를 통해 모금액이 크게 늘었는데, 그보다 더 중요한 것은 폭발적인 관심을 불러일으켰다는 사실이다. 사람들이 친구들에게 말하고 또 그 친구들이 친구들에게 말하면서 소문이 금방 퍼져나갔다.

오래지 않아 유명한 사업가들과 저명인사들도 자신의 모금 요청 웹페이지를 만들어 자신을 따르는 폭넓은 사람들에게 이야기를 퍼트렸다. 전설적인 스케이트보드 선수 토니 호크Tony Hawk는 자신의 마흔네 번째 생일에 2만 달러 이상을 모금했고, 트위터의 창업자 잭 도시Jack Dorsey는 생일을 세 번 포기하고 20만 달러에 가까운 돈을 모금했다.[40] 이런 생일 모금 활동은 널리 알려지면서 다양한 방식으로 발전했다. 모금을 하는 사람들이 약한 유대관계의 인맥에도 연락을 함으로써 그들도 '자선: 물'을 알게 됐고, 이들에게서 독특한 아이디어들이 나왔다. 어떤 사람은 모금을 하기 위해서 등반을 했고, 또 어떤 사람은 영국 해역을 헤엄쳐 건넜다.[41]

기부자들은 이런 활동의 모든 세부 내용을 볼 수 있었다. 기부된 총금액, 나중에 그 돈이 사용된 프로젝트와 사진, GPS 좌표들과 같은 정보를 모두 접할 수 있었다. '자선: 물'이 자선활동 세계에 몰고 온 혁신과 투명성은 실로 엄청난 것이었다. 만약 스콧 해리슨이 자신의 과거 인생과 휴면 인맥에 손을 내밀지 않았더라면, 이 모든 일은 일어나지 않았을 것이다. 해리슨은 이제 첨단 기술 산업이 '자선: 물'에 가장 커다란 영향을 주고 있으며 가장 큰 후원자라고 생각한다. 나이트클럽 세계의 사람들 중에서 아직도 꾸준히 '자선: 물'에 참여하는 이들은 많지 않지만, 그런 휴면 상태의 인맥이 아니었다면 해리슨이 걸어온 길은 전혀 다른 모습이었을 것이다.

당신 바로 옆에 있는 가까운 인맥을 통해서만 잠재적 가치를 끌어내고자 한다면 아주 어려울 것이다. 앞서 말했듯이, 가까운 지인들은 당신 스스로가 미처 알지 못하는 정보를 접하고 있지 않기 때문이다. 약한 유대관계에 대한 연구의 가르침은 화이트와 페르티타, 스콧 해리슨과 '자선: 물'의 경험이 증명하는 것처럼 당신이 대형 자산을 놓칠 수 있다는 것을 보여준다. 대형 자산이란 당신이 한동안 연락한 적이 없거나 잊어버렸을 수도 있는 약한 유대관계의 인맥이다. 바로 그런 약한 인맥이야말로 새로운 정보를 찾아내고 예상치 못한 기회를 얻게 될 가능성을 제공한다. 더욱이 약한 유대관계와 휴면 상태의 유대관계는 당신이 지금 가지고 있는 강한 유대관계보다 훨씬 더 많을 것이다.

인적 네트워크의 가치를 극대화하고 싶다면 반드시 모든 인맥을 사용해야 하며, 단지 현재의 강한 유대관계들로만 국한해서는 안 된다. 결론적으로, 새로운 정보와 기회에 관한 한 현재의 강한 유대관계보다 약한 유대관계와 휴면 상태의 인맥이 훨씬 더 강력하다.

과학에서 실천으로

약한 유대관계와 휴면 상태의 유대관계가 가지는 가장 커다란 의미는 우리가 가진 충동 욕구와 맞서 싸워야 한다는 것이다. 예를 들어 커리어상의 난관에 봉착했을 때, 대부분 사람은 자신을 도울 수 있을지 어떨지 알 수 없는 주위의 가까운 친구들에게 얘기한다. 거기에서 성과가 없으면 무작정 인터넷의 일자리 공고에 지원하거나 헤드헌터에게 전화를 건다. 하지만 그러기 전에 약한 유대관계와 휴면 상태의 인맥에 접촉하여 이야기를 하고, 그들이 어떤 기회로 인도할 수 있는지 보아야 한다.

그보다 더 좋은 방법은 약한 유대관계의 인맥과 정기적으로 연락을 주고받는 것이다.

1. 연구에 참여한 임원들이 했듯이, 과거에 강한 유대관계였지만 연락이 뜸해지거나 끊긴 직장 동료 6~10명의 리스트를 만들어라. 거기에는 적어도 2년 동안 깊이 있는 대화를 나누지 못했던 동료들을 포함시켜라.

2. 그 리스트에서 무작위로 한 명을 골라라. 주사위를 굴리거나 동전을 던져서 결정한 다음, 이메일을 보내거나 전화를 걸어서 직접 만나거나 전화상으로 얘기를 나누자고 제안해라.

3. 주제를 정하지 마라. 구체적인 것을 찾고 있다고 말하지 마라. 다만, 다시 연락을 주고받고 싶을 뿐이라고 말해라. 하지만 자유롭게 흐르는 대화 중에 일과 관련된 사건이나 문제, 기회들을 이야기하게 될 것이다. 이것들을 잘 정리해서 적어두고, 당신에게 도움이 필요하거나 당신이 그를 도울 수 있는 것들에 대해 대화를 이어가라.

FRIEND OF A FRIEND OF A FRIEND OF A FRIEND OF A FRIEND OF A FRIEND OF A FRIEND OF A FRIEND OF A FRIEND OF A FRIEND OF A FRIEND OF A FRIEND **OF A** FRIEND OF A FRIEND OF A FRIEND OF A FRIEND OF A FRIEND OF A FRIEND OF A FRIEND OF A FRIEND OF A FRIEND OF A FRIEND OF A FRIEND OF A FRIEND OF A **FRIEND**…

당신의 네트워크를 큰 그림으로 보라

2

왜 세상은 알고 보면
스몰 월드인가

사람들은 인적 네트워크를 단지 인맥의 집합이라고 생각하는 경향이 있다. 그것이 크든 작든, 좋든 나쁘든 간에 말이다. 그리고 주어진 상황에 따라 얼마나 유용한지를 기준으로 그 인맥을 분류한다. 그러나 여러 연구 결과에 따르면, 우리가 서로 너무나 촘촘히 연결되어 있기 때문에 이런 사고는 네트워크를 구축하는 데 바람직하지 않다고 한다. 사실 우리는 모두 하나의 거대한 네트워크로 연결되어 있다. 그리고 성공하는 사람들은 가장 좋은 인맥을 모은 사람들이 아니라 자신이 가진 인적 네트워크를 제대로 보고 거기서 길을 잘 찾는 사람들이다.

1994년, 영화를 좋아하는 세 명의 동아리 학생이 인맥이라는 기존의 정의 자체를 바꿔놓았다. 이런 표현이 과장처럼 들릴지도 모르지만, 실제로 크게 틀린 말은 아니다.

펜실베이니아주 올브라이트 칼리지의 학생인 크레이그 패스

Craig Fass, 브라이언 터틀Brian Turtle, 그리고 마이크 지넬리Mike Ginelli 는 어느 날 함께 영화를 보다가 배우 케빈 베이컨Kevin Bacon이 왜 그렇게 많은 영화에 나오는 것처럼 보이는지 궁금증을 갖게 됐 다.[1] 바로 그날, 그들은 여러 편의 영화를 연달아 관람했는데 모 두 케빈 베이컨이 출연했던 것이다. 그들은 혹시 베이컨이 할리 우드 세상의 중심에 있는 것은 아닐까 하고 추측했다. 이것이 이 른바 '케빈 베이컨 네트워크' 또는 널리 알려진 '케빈 베이컨의 6단계 법칙'의 시초다(그 이름은 원래 스탠리 밀그램의 '6단계 분리 이 론Six Degrees of Seperation'에서 따온 것이다).

그들은 자신들이 세운 가설을 시험하기 위해 한 가지 게임을 해봤다. 영화광이었던 그들은 무작위로 남녀 영화배우 이름을 대고, 그다음엔 출연했던 영화를 기준으로 케빈 베이컨까지 연 결되는 데 몇 단계를 거치는지 세어봤다. 예를 들어 엘비스 프레 슬리는 케빈 베이컨과 단 한 명의 중개자를 거쳐서 연결됐다. 프 레슬리는 영화 〈열정의 무대〉에 월터 매소Walter Matthau와 출연했 는데, 매소는 케빈 베이컨과 〈JFK〉에도 출연했다.[2] 세 영화광은 프레슬리에게 '베이컨 지수Bacon Number' 2를 부여했다. 톰 크루 즈의 베이컨 지수는 1이었다. 〈어 퓨 굿 맨〉에 베이컨과 함께 출 연했기 때문이다. 심지어 오래전 배우들도 비교적 어렵지 않게 베이컨과 연결할 수 있었다. 마릴린 먼로의 베이컨 지수는 2였 다. 먼로는 〈어울리지 않는 사람들〉에 케빈 매카시Kevin McCarthy

와 출연했는데, 그는 케빈 베이컨과 〈캡틴 어벤저〉에 출연했다.

우연히 어마어마한 발견을 했다고 생각한 그들은 대학생들에게 인기 있던 MTV의 심야 토크쇼 〈존 스튜어트 쇼〉에 편지를 보냈다. 짧은 편지였지만 핵심은 명확했다. "우리 세 사람은 신의 계시를 받았습니다. 우리에게 주어진 임무는 〈존 스튜어트 쇼〉의 시청자들에게, 아니 전 세계에 케빈 베이컨이 신이라는 사실을 증명해 보이는 것입니다."[3] 놀랍게도, 그들의 편지가 통했고, 쇼에 초청을 받았다. 무작위로 뽑힌 배우를 케빈 베이컨과 연결하는 능력을 보여달라는 요청과 함께 말이다. 그들은 방송 출연 중에 케빈 베이컨을 직접 만나 자신들도 '일종의' 베이컨 지수를 획득할 기회를 얻었다. 그들이 쇼에 출연해서 이야기한 내용이 입소문을 타면서 '케빈 베이컨의 6단계' 게임이 빠르게 퍼져나갔다. 열심히 노력한 덕에 그 영화광 삼총사는 심지어 출판 계약도 따냈다.

더욱 흥미로운 점은 버지니아대학교에서 컴퓨터 과학을 전공하는 두 학생이 이 쇼를 보고 게임을 또 한 차원 끌어올렸다는 것이다. 글렌 왓슨Glen Watson과 브렛 탸덴Brett Tjaden이 그 주인공인데, 이들은 우연히 방송을 보고 두 명의 배우 사이에 몇 단계의 연결고리가 있는지 측정하는 것이 좋은 연구 프로젝트라고 판단했다.[4] 물론 해당 자료를 찾을 수만 있다면 말이다. 그런데 운 좋게도, 어떤 컴퓨터 프로그래머가 이미 몇 년 전 IMDB라는 인터넷 영화 데이터베이스를 만들어 공개해놓았다. 그 웹사이트는 이제까지 공개 상영된 거의 모든 영화에 대한 정보를 담고 있었는데 영화감독, 작가, 프로듀서나 배우 등 영화에 참여한 모든 이들에 대한 자료가 포함되어 있었다. 왓슨과 탸덴에게 꼭 필요한 자료였다.

몇 주 간의 프로그래밍과 개선 과정을 거친 뒤, 그들은 '베이컨의 오라클The Oracle of Bacon'이라는 웹사이트를 만들어 공개했다. 누구든지 두 명의 영화배우 이름을 입력하면, 그들 사이의 최단 인맥 거리(단계)를 찾아주는 사이트다. 배우들의 이름 중 하나로 '케빈 베이컨'이 초깃값으로 설정되어 있지만, 그것을 지우고 자신이 원하는 이름을 입력하여 케빈 베이컨이 아닌 두 사람 사이의 인맥을 찾아볼 수도 있다. 게임 자체의 인기도 인기지만 사용자들 간에 논란을 판정하는 기회도 제공함으로써 이 웹사이트는 빠르게 유명해졌다. 사용자 수가 정점에 달했을 당시에는 하루에 자그마치 2만 명이 방문했다.

이 게임은 여러 유사 게임을 낳았다. 독일에서는 '말론 브랜도의 6단계'가 유행했으며, 미국에서는 모니카 르윈스키의 스캔들이 불거졌을 때 〈뉴욕타임스〉에서 '모니카 르윈스키의 6단계'라는 삽화를 게재하기도 했다. 모니카 르윈스키를 케빈 베이컨은 물론 (당연히) 빌 클린턴이나 O. J. 심슨처럼 유명한(악명 높은) 사람들과 연결했다. 현재 케빈 베이컨의 6단계 웹사이트는 패트릭 레이놀즈Patrick Reynolds라는 프로그래머가 운영하고 있으며, 그는 1999년에 사이트를 다시 만들었다. 2007년, 케빈 베이컨은 자신의 6단계 유명세에 영감을 받아 각 지역에서 인지도가 낮아 홍보가 필요했던 단체들을 유명인사와 연결해주는 자선 조직을 직접 만들었다.[5]

'0단계 게임'의 중심이 된 사람 중에서 케빈 베이컨이 가장 유명한 사람이지만, 사실 그가 첫 번째는 아니다. 그 이전에 수학자인 폴 에르되시Paul Erdös가 있었다. 그는 1,500개 이상의 논문을 게재하여 생산성에서 이름났을 뿐만 아니라 500명이 넘는 사람과 공동 연구를 했다는 점에서도 유명하다.[6] 오늘날의 수학자들은 연구 논문을 통해 자신이 에르되시와 얼마나 가까운지를 측정하는 게임을 하는데 이를 통해 '에르되시 지수'가 산출된다. 예컨대 에르되시와 공동 연구를 진행했던 그 500여 명은 에르되시 지수 1이고, 이들과 공동 연구를 진행한 사람들은(그들이 에르되시와 함께 연구한 적이 없다면) 에르되시 지수 2가 되는 식이다. 심지어 미국수학협회American Mathematical Society는 에르되시를 위한 자체적 '베이컨의 오라클' 버전으로, 두 수학자의 관계를 연결 짓는 '공동 연구 인맥 거리collaboration distance' 계산기라는 웹사이트를 운영하고 있다.[7] 이 도구에는 두 번째 이름 위치에 에르되시를 입력하는 특별 버튼이 있다.

흥미로운 점은 폴 에르되시가 베이컨 지수 3이라는 것이다.

그가 〈N은 숫자다: 폴 에르되시의 초상화〉라는 다큐멘터리에 출연한 적이 있는데, 이 다큐멘터리에 로널드 그레이엄Ronald Graham이 출연했고, 그레이엄은 데이브 존슨Dave Johnson과 영화 〈디렉터스 컷〉에 출연했으며, 또 존슨은 영화 〈프로스트 vs 닉슨〉에 케빈 베이컨과 함께 출연한 적이 있다.

이런 게임들의 원리를 이해하려면 폴 에르되시보다 더 오래전으로 거슬러 올라가야 하는데, 이 원리는 인간관계의 속성에 대해 훨씬 더 커다란 비밀을 보여준다. 베이컨 지수와 에르되시 지수가 작동하는 이유는 그들의 분야가 비교적 좁기 때문이다. 하지만 사회심리학자 스탠리 밀그램Stanley Milgram이 처음 세운 가설에 따르면 특정 산업이나 분야에만 한정되는 이야기가 아니다. 밀그램은 온 세상이 마치 '베이컨의 오라클'처럼 움직이며 모든 사람이 몇 단계의 짧은 인맥 거리를 거쳐 서로 연결되어 있다고 주장한다.

6단계만 거치면 모두가 연결된다

스탠리 밀그램은 하버드대학교 교수였으며, 인간 행동과 대인관계에 관해 천재적이면서도 논란 많은 실험을 고안해낸 것으로 유명하다. 하버드에 오기 전 예일대학교에서는 '권위에 대한 복종Obedience to Authority'연구를 진행했다. 다른 사람에게 해를 입히는 것처럼 보일 때조차 권위에 복종하겠다는 개인 의지의 한계를 시험한 것이다. 이 연구는 너무나도 유명하며 흔히 '밀그램 실험Milgram Experiment'으로 불린다.[8] 그러나 그의 유명세에 더 큰 영향을 끼친 건 아마도 후속 연구일 것이다.

여행을 아주 좋아했던 밀그램은 마다가스카르나 사모아의 파고파고 같은 먼 타국을 방문하곤 했다.[9] 그리고 어딜 가든 독특한 게임을 즐겼다. 통상 현지인 중에서 생면부지의 사람을 골라 자신을 소개했다. 그러고는 그 낯선 사람과 자신의 지인들 연락처를 주고받으면서 혹시라도 우연히 공통의 친구가 있는지 확인해봤다. 이 소소한 게임에서 영감을 얻은 밀그램은 제자 제임스 트래버스James Travers와 함께 우리 모두가 정말 얼마나 촘촘히 연결되어 있는지를 연구하기 시작했다.

실험을 시작하기 위해서 밀그램과 트래버스는 제일 먼저 타깃이 되는 인물을 정했다. 보스턴에서 일하는 주식 중개인으로, 매사추세츠주 샤론에서 사는 사람이었다.[10] 그런 다음에는 자신들의 생각에 최대한 먼 장소를 골랐다. 뉴욕 출신으로 보스턴에서 살고 있던 밀그램에게는 네브래스카주의 오마하[11]가 적절해 보였다. 그가 쓴 글에 따르면, 그곳이 "막연하게 '저만치 멀리' 떨어져 있는 대평야 지방" 정도로 보였기 때문이다.[12] 도시(오마하)가 정해지자, 두 심리학자는 실험 참가자 모집에 착수했다.

밀그램과 트래버스는 모두 합쳐 296명의 자원자를 섭외했다. 이 중 약 3분의 1은 오마하 주민 중에서 무작위로 골랐으며, 또 3분의 1은 오마하 출신이지만 블루칩 주식을 가진 (따라서 보스턴에 있는 주식 중개인과의 인맥을 찾을 확률이 높을 것으로 생각되는) 명단 중에서 선택했다. 그리고 마지막 3분의 1은 (타깃이 되는 인물에게 더 쉬운 경로를 제공함으로써 일종의 대조군 역할을 하도록) 보스턴 출신들로 구성했다. 이들은 세 그룹 중 어디에 속하든 간에, 보스턴의 주식 중개인에게 갈 수 있는 연결고리의 시작점이 될 것이었다.

그런 다음, 모든 참가자는 우편을 통해 하버드대학교의 로고가 찍혀 있어서 마치 공식적인 것처럼 보이는 책자를 받았다.[13] 참가자들이 사용한 호칭을 빌리자면 이른바 '패스포트'로, 이것을 주식 중개인에게 어떻게 보내야 하는지에 대한 설명과 어디로 보냈는지가 기록되는 방법이 설명되어 있었다. 만약 목표 인물과 아는 사이라면 그에게 직접 보낼 수 있다. 만약 그렇지 않다면, 지인 중에서 목표 인물에게 전달할 가능성이 큰 사람에게 보내야 한다. 참가자들은 매사추세츠주에 사는 친구에게 보내거나 재무 분야에서 일하는 같은 지역의 지인, 또는 누구든 이 패스포트를 목적지에 닿게 하는 데 도움이 된다고 생각되는 지인에게 보낼 수 있었다. 패스포트가 담긴 봉투에는 '경로 기록' 엽서 한 묶음이 동봉되어 있었다. 밀그램과 트래버스에게 되돌아올 수 있도록 수신인 주소가 미리 인쇄된 엽서들로, 두 사람은 이것으로 참가자들이 패스포트를 전달한 경로를 추적할 수 있었다.

며칠 지나지 않아, 주식 중개인의 사무실에 패스포트가 도착하기 시작했다.[14] 첫 번째 패스포트는 보스턴까지 중간에 단지 두 사람만을 거쳐서 도착했다. 전체적으로는 발송된 296개의 패스포트 중에서 64개가 목표 인물에 도달했다.[15] 도착한 64개의 패스포트를 보면, 사람들 사이를 연결하는 인맥 사슬의 평균 수치는 5.2명이었다. 네브래스카 그룹의 경우조차 그 수치의 중간 값이 5.5명이었다. 주식투자를 활발히 하는 사람들과 무작위로 선정된 사람들 간에 크게 눈에 띄는 차이가 없다는 얘기다. 5.5는 목표에 도달한 모든 패스포트가 거친 인맥 사슬의 평균값이며, 따라서 소수점 이하를 포함한다. 그러므로 5.5는 5~6명으로 생각할 수 있다. 결국 반쪽짜리 사람이라는 숫자를 피하기 위해 반올림을 하면 여섯 명이 되고, 그래서 무작위로 선정된 사람들과 목표 인물 사이에는 여섯 단계가 존재하게 된다.

놀라운 점은 소수의 보스턴 출신 참가자들이 눈에 띄게 더 잘하지 못했다는 점이다. 통계학적으로 의미 있는 차이이긴 하지만, 그들의 인맥 사슬은 수치가 4.4명으로 네 명 또는 다섯 명을 뜻했다. 이것을 설명할 만한 가설 한 가지는 목적지에 도착한 패스포트 상당수가 처음부터 지리적으로 주식 중개인에게 훨씬 가까운 사람에게 보내졌고, 거기서부터는 그 인맥 사슬의 단계가 처음부터 보스턴에서 발송된 것들과 별 차이가 없었다는 것이다.

그렇게 놓고 보면, 이 실험에서 첫 번째 단계도 상당히 흥미롭긴 하지만 인맥 사슬의 마지막 바로 전 단계는 더욱더 흥미로웠다. 주식 중개인이 받은 64개 우편물 중에서 거의 절반은 직전 전달자가 세 명으로 압축됐다. 특히 도착한 우편물의 25%는 한 명한테서 온 것이었다. 즉, 타깃에게 도착하기 직전 단계에서 이들에게 우편물이 집중되었다는 얘기다.

이들의 실험에 관한 이야기는 빠르게 퍼져나갔다. 저널에 실리기 전 예비적인 수준으로 연구 결과를 게재하는 것 이외에도, 밀그램은 유명 잡지인 〈사이콜로지 투데이Psychology Today〉에 추가로 그 실험 결과를 기고했다.[16] 밀그램에게 이 실험은 자신이 방문했던 가장 멀리 떨어진 외국 땅에서조차 생면부지의 사람과 연결된 인맥을 어떻게 그토록 자주 찾을 수 있었는지를 이해하게 해주었다. 신기하게도, 그의 연구 결과는 지인들을 통해 몇 차례 소개받기만 하면 우리 전부가 서로 연결된다는 것을 의미했다.

그러나 연구 결과가 충격적이긴 했지만, 밀그램과 트래버스의 실험은 관계의 경로가 단지 짧다는 것만 보여주었을 뿐이다. 정작 이들 네트워크가 어떤 원리로 어떻게 작동했는지는 제대로 설명할 수 없었다. 그로부터 30년이 지나서야 코넬대학교의 두 과학자가 이 모든 것을 설명하는 이론을 제안하게 된다.

1990년대 말, 코넬대학교 교수 스티븐 스트로가츠Steven Strogatz와 박사 과정 학생 덩컨 왓츠Duncan Watts는 반딧불이를 연구하고 있었다.[17] 파푸아뉴기니에 사는 독특한 종의 반딧불이였는데, 이 종은 신기하게도 주위에서 날고 있는 동족의 반짝임에 맞춰 일사불란하게 반짝일 수 있었다. 이유는 알 수 없지만, 어둑어둑해질 무렵부터 자정까지 이들은 무리 전체의 반짝임이 정확히 일치할 때까지 주위를 나는 반딧불이들과 하나둘씩 반짝임을 동조시킨다. 동조가 완료되면 숲 전체가 반딧불로 가득 차 동시에 반짝이게 된다. 스트로가츠와 왓츠는 그 이유를 알고 싶었지만 실험실에서의 연구는 제자리걸음만 할 뿐이었다.

어느 날 반딧불 생각에 잠겨 있던 왓츠는 언젠가 아버지가 했던 말을 떠올렸다. 그의 아버지는 자신을 비롯한 모든 사람이 미국 대통령에게 도달할 때까지 단지 여섯 번의 악수만 거치면 된다고 말한 적이 있다. 그때는 밀그램의 연구 결과가 발표된 후였는데, 당시 왓츠는 연구 결과를 아직 보지 못한 상태였기에 그런 생각이 약간 황당한 것으로 보였다. 하지만 나무 한 그루에 가득한 반딧불이 무리가 합창하듯 동시에 반짝인다는 것 역시 믿기 힘든 사실이었으므로, 이것을 좀더 깊이 파헤쳐보기로 했다.

그는 도서관으로 가서 밀그램의 논문을 찾아냈고, 그 과정에서 '약한 유대관계의 힘'에 관한 그래노베터의 연구 자료도 찾아냈다. 다만, 그것 말고 다른 수확은 없었다. 그 외에 그가 찾아낸 연구 자료들은 모두 실망스러운 수준이었으며, 자신이 지금 느끼고 있는 의문을 해소해줄 만한 자료는 없었다. 혹시 반딧불 문제를 설명하는 데 도움이 될 수 있을까 하는 생각에 왓츠는 '6단계 분리' 현상의 이면에서 어떤 일이 일어나는지를 알아내 보자고 스트로가츠에게 제안했다.

두 연구자는 이 딜레마를 원칙적으로 수학적 문제로 봤으며, 특히 그래프 이론(수학의 하위 분야)과 놀랄 만한 유사성을 지닌 문제라고 생각했다. 하지만 이 문제에 손을 대려는 수학자는 거의 없었다. 결국 왓츠와 스트로가츠는 그래프, 다이어그램, 그리고 수학을 통해 이 문제를 풀어내기로 마음먹었다. 맨 첫 단계로 그들은 완벽하게 질서 있는 네트워크를 그렸다. 일련의 점들을 원을 따라 배열하고 각 점은 오직 주변의 가장 가까운 점들하고만 연결했다.[18]

이 네트워크에서 의도한 수신자에게 도달하기 위해 각각의 점을 하나하나 거쳐야 한다면, 메시지를 보내거나 2개의 점을 서로에게 소개하는 일은 아주 오랜 시간이 걸릴 것이었다. 하지만 왓츠와 스트로가츠가 원을 가로지르는 연결선 몇 개를 무작위로 더하자 놀라운 일이 일어났다. 단지 몇 개의 연결선을 더했을 뿐인데, 이 네트워크의 커뮤니케이션 체인이 기하급수적으로 짧아진 것이다. 그들은 컴퓨터 시뮬레이션을 사용해서 같은 과정을 수백 개의 새로운 모델에 반복했다. 특정한 크기와 일관된 연결 관계를 맺는 질서 있는 네트워크로 시작해서 네트워크를 가로지르는 몇 개의 무작위 연결선을 더하면, 커뮤니케이션 체인이 극적으로 줄어드는 과정을 매번 관찰할 수 있었다.

편지를 오마하에서 보스턴으로 보내는 것이 몇 명으로 충분했듯이, 커다랗고 밀집도가 높은 세상을 갑자기 아주 작게 만드는 데에는 단지 몇 개의 링크면 충분했던 것이다. 왓츠와 스트로가츠는 이 '스몰 월드 효과small world effect'가 생기는 이유를 알아냈다. 다시 말해, 인적 네트워크들이 놀라울 만큼 광활하게 느껴지면서도 동시에 작고 촘촘히 연결된 것으로 느껴지게 할 방법을 알아낸 것이다.

이 스몰 월드 효과가 어떻게 작용하는지 이해하려면, 당신이 원형으로 둘러앉은 스물네 명 가운데 한 명이고 모든 사람이 자신의 양쪽 옆에 앉은 사람에게만 말할 수 있다고 상상해보라. 원에서 당신의 반대편에 앉은 사람에게 메시지를 보내려면 반드시 열두 사람을 거쳐야 할 것이다. 하지만 그중 네 사람(모두가 아니라 단지 네 사람!)은 원을 가로질러서도 메시지를 보낼 수 있다고 상상해보라. 당신이 그 원에서 어디에 앉아 있든, 메시지를 반대편으로 보내는 데 필요한 사람의 숫자가 대략 반으로 확 줄어든다. 그렇게 되기까지 필요한 것은 지름길을 제공하는 그 네 사람이 전부다. 그러면 이제 70억 명의 사람이 앉아 있고, 거기에 수백만의 사람이 다른 사람들에게 지름길을 제공해주는 원을 상상해보자. 세상은 겨우 몇 차례 소개를 통해 하나로 연결된다. 다시 말해, 당신은 우리가 사는 세상을 가지게 될 것이다.

왓츠와 스트로가츠는 이 연구 결과를 서둘러 보고서로 작성하고, 논문을 저명한 학술지인 〈네이처Nature〉로 보냈다. 그러면서 그들은 전 세계에서 가장 유명한 스몰 월드 사례 중 하나에 이 가설을 시험해보기로 했다. 바로 케빈 베이컨 말이다. 왓츠와 스트로가츠는 베이컨의 오라클을 만들어낸 사람 중 하나인 브렛 탸덴에게 연락해서 그의 데이터를 쓸 수 있게 해달라고 부탁했다. 왓츠와 스트로가츠는 탸덴의 데이터와 IMDB의 데이터를 사용하여 영화 네트워크를 재구성했다. 영화들을 연관 짓는 연결고리로는 공동 출연한 배역 관계를 이용했다. 대략 22만 5,000명의 배우 중에서 어떤 배우 둘을 선택하더라도 두 사람 간의 연결 경로는 충격적일 만큼 짧았다. 모든 사람은 다른 모든 사람에게 4단계 미만으로 연결될 수 있었다. 왜냐하면 할리우드는 왓츠와 스트로가츠가 만든 수학적 모델처럼, 클러스터 cluster(비슷한 사람 또는 기업들로 구성된 인적 또는 지역적 집합체-옮긴이) 가 심화된 네트워크이기 때문이다. 즉 광활하고 폭넓은 인맥을 넘나들며 다른 사람들에게 지름길 역할을 해주는 개인을 다수 포함하고 있다는 의미다.

흥미로운 점은 케빈 베이컨이 그런 사람 중 하나가 아니라는 것이었다. 그에게서 모든 사람에게 도달하는 경로가 세 단계 미만으로 약간 짧긴 했지만, 이것은 가장 짧은 수치와는 거리가 있었다. 할리우드에서 어떤 사람에게든 도달하는 경로가 가장 짧은 사람이라는 영광은 로드 스타이거Rod Steiger에게 돌아갔다. 그는 딱히 스타라고 할 순 없었지만, 자그마치 148개나 되는 다양한 장르의 영화에 출연했다.[19] 오히려 베이컨은 '인맥이 가장 잘 연결된 배우' 리스트에서 669위를 차지했다. 이 정도면 우주의 중심이라고 말하기는 좀 어렵지 않을까.[20]

이것이 베이컨에게는 나쁜 소식일지 모르지만, 우리에게는 좋은 소식이다. 그가 '상상을 초월할 만큼 폭넓은 인맥을 가진 배우'로 유명세를 타게 된 것은 역사적으로 우연히 발생한 행운으로 보인다. 앞서 얘기한 영화광 삼총사가 예컨대 텔레비전 채널을 보고 있었더라면 아마도 '척 노리스의 6단계Six Degrees of Chuck Norris'가 됐을지도 모른다. 베이컨이 다른 사람들과 연결되는 거리가 짧은데도 '인맥이 가장 잘 연결된 배우' 명단에서 낮은 순위를 얻었다는 것은 아마도 대부분 사람이 실제로는 자신이 생각하는 것보다 더욱 잘 연결되어 있다는 것을 뜻하는 것일 수도 있다. 덩컨 왓츠는 그것 또한 알고 싶어 했다.

스몰 월드 효과가 존재하는 이유를 공동으로 발견한 이후, 왓츠는 규모를 키워 이를 입증하는 데 관심을 쏟았다. 먼저 피터 도즈Peter Dodds, 로비 무하마드Roby Muhamad와 함께 밀그램의 실험을 재구성했다. 다만 이번에는 현대적인 기술과 훨씬 더 커다란 규모의 샘플을 사용했다.[21] 그들은 참가자들을 모집하는 웹사이트를 만들었다. 그런 다음, 섭외한 참가자들을 전 세계에 흩어져 있는 열여덟 명의 목표 인물 중 한 명의 수신자에게 무작위로 배정했다. 목표 인물들은 미국에 있는 대학교 교수에서부터 오스트레일리아의 경찰관, 인도의 기술 컨설턴트에 이르기까지 다양했다.

참가자들에게는 이메일을 사용해서 지인에게 메시지를 보내고, 그가 그것을 다시 목표 인물에게 더 가까이 보낼 수 있도록 전달하라는 지침을 주었다. 이 실험에는 2만 명 이상이 참가자로 등록했으며, 실험이 끝날 때까지 166개국에 걸쳐 6만 명 이상의 사람들이 메시지를 전달하는 데 도움을 주었다. 최종적으로, 그 결과는 밀그램의 실험과 놀라울 정도로 유사했다. 지리적 차이가 크고 목표 인물이 무척 다양한데도 연구 결과가 추정하는 커뮤니케이션 사슬의 길이는 다섯 명에서 일곱 명 사이였다. 다만, 밀그램의 실험과 달랐던 점은 메시지들이 전달된 공통의 경로가 없었다는 것이다. 밀그램의 실험에서는 메시지가 도달하는 최종 구간의 상당 부분을 두세 사람이 차지했던 것과 달리, 새로운 실험의 메시지들은 거의 커뮤니케이션 사슬 숫자만큼이나 많은 참가자를 통해 최종 목표에 도달했다.

왓츠는 나중에 이렇게 적었다. "보통 사람들 역시 뛰어난 사람들과 마찬가지로 사회적·직업적 벽, 국가, 사는 지역을 초월하는 능력을 가지고 있다."[22]

케빈 베이컨은 우주의 중심에 있지 않다

케빈 베이컨은 우주의 중심에 있지 않으며 누구도 그럴 수 없다. 그리고 그 우주는 우리가 처음 예상했던 것보다 더 작을지도 모른다.

2011년부터 페이스북은 수학자 및 사회학자들과 연합하여 서비스 이용자들 간의 분리 단계를 추적해왔다.[23] 놀랍게도, 사용자 수가 증가하고 페이스북에 접속할 수 있는 지역이 전 세계적으로 넓어지면서 사용자들 간의 거리는 계속해서 줄어들었다. 2011년에는 7억 2,100만 명이 페이스북 계정을 가지고 있었으며, 사용자들 간 사슬의 길이는 3.74명이었다(즉, 세 명 또는 네명). 페이스북이 2016년에 같은 조사를 다시 했을 때는 사용자 수가 15억 9,000만 명으로 2배 이상 증가했고, 사슬의 길이는 3.57명으로 줄어들었다(여전히 세 명 또는 네 명이지만 세 명에 점차 가까워졌다). 달리 말해, 당신이 페이스북 계정을 가지고 있다면 10

억 명 이상의 이 인적 네트워크에서 네 번의 소개를 거치면 누구와도 아는 사이가 될 수 있다는 뜻이다.

다만, 한 가지 조건에 주목할 필요가 있다. 페이스북은 가능한 자료만을 기초로 사람들의 분리 단계 수치를 계산했고, 그 결과로 평균 3.57명을 얻었다. 이에 비해 원래 연구를 진행했던 밀그램과 왓츠의 연구팀은 참가자들에게 특정 행동을 취하라고 요청한 뒤 그 행동을 추적했다. 그렇다고 해도 페이스북의 연구 결과는 지구상 70억 명 이상의 사람들 사이에 가능한 연결 경로의 숫자가 왓츠와 밀그램이 얻은 결과보다 훨씬 적다는 것을 보여준다.

우리는 실제로 이 세상의 누구와도 '6단계 분리' 보다 훨씬 더 적은 단계 내에 있는지도 모른다. 아마도 각자가 생각하는 것보다 훨씬 더 잘 연결되어 있을 것이다. 밀그램 역시 그 사실을 알았을 수도 있다. 밀그램과 트래버스의 연구를 흔히 '6단계 분리' 의 증거라고 말하는 경향이 있지만, 밀그램 자신은 그런 용어를 한 번도 사용하지 않았다.[24] 그 용어는 네트워크 과학 연구 결과에서 영감을 받아 1999년에 희곡을 집필한 존 궤어John Guare에서 시작됐다. 그 연극은 이후 영화로도 제작됐는데 말미에 다음과 같은 독백이 있다.

"나는 어디에선가 이 지구의 모든 사람이 겨우 여섯 사람을 건너

나뉘어 있다고 하는 것을 읽었어. 6단계의 분리. 이 행성에 살고 있는 우리와 다른 모든 사람 사이에. 미국 대통령, 베네치아의 곤돌라 뱃사공, 아무나 원하는 대로 선택하라고. (…) 단지 유명한 사람들뿐만이 아니야. 누구라도 그래. 열대우림의 원주민, 아르헨티나 티에라 델 푸에고에 사는 사람, 에스키모. 나는 이 행성에 사는 모든 사람과 여섯 사람의 끈으로 연결되어 있는 거야. 이것은 심오한 생각이야. 한 사람 한 사람 모두가 또 다른 세상의 문을 열어주는 새로운 통로가 될 수 있다니.”[25]

궤어의 연극은 스몰 월드와 분리 단계에 대한 연구 결과의 가르침을 다음과 같이 요약한다. “우리는 네트워크를 키우거나 새로 만들지 않는다. 사실은 우리가 이미 네트워크 내부에 존재하고 있는 것이다.” 우리의 인적 네트워크는 우리에게 쓰이기 위한, 별개로 존재하는 연락처 목록이 아니다. 그렇다기보다는 우리 자체가 더욱 커다란 전체를 이루는 일부분인 것이다.

70억을 넘어 계속 늘고 있는 인류 집합의 전체는 한마디로 얽히고설키며 촘촘히 연결된 하나의 인적 네트워크다. 모든 사람이 친구의 친구인 것이다. 설령 우리가 아직 그 친구를 만나지 못했다고 하더라도 말이다. 우리가 새로이 만나는 사람 하나하나가 그 네트워크에서 길을 찾아가게 해준다. 누구를 선택하든, 그 사람은 또 우리를 완전히 새로운 세상으로 인도할 수 있다.

네트워크에서 길 찾기

새로운 네트워크에서 길을 찾는 방법을 안다는 것이 미셸 매케나-도일Michelle McKenna-Doyle이 미식축구 리그NFL에서 꿈의 직장을 얻게 해준 비결이다.

매케나-도일은 어려서부터 스포츠 팬이었다. 당시 학교 스포츠는 대부분 남자 중심이었지만, 그녀는 거의 모든 운동팀에 지원해서 테스트를 받았다. 그중에는 미식축구도 포함돼 있었다. "당연히 떨어졌지요"라며 매케나-도일은 농담하듯이 말했다.[26] 하지만 그녀는 고등학교 시절 실제 운동경기에 다가가기 위해 안 해본 일이 없었다. 미식축구 경기장에 선을 그리는 것부터, 간식 판매대에서 핫도그를 파는 것까지 경기 가까이에 머물기 위해 무엇이든 했다.

미식축구에 대한 그녀의 열정은 가족의 피를 타고났다. 그녀의 아버지는 전설적인 쿼터백 조 나마스Joe Namath의 절대적인 팬이었으며, 남동생은 앨라배마대학교에서 전액 장학금을 받고 미식축구 선수로 활약했다. 실제로 그녀의 아버지는 언젠가 자기 자식이 NFL에 가는 걸 보게 되리라고 거의 확신했다. 그리고 그의 생각은 맞아떨어졌다. 다만, 그 자식이 아들이 아니었을 뿐이다.

매케나-도일은 대학에서 회계를 전공하기로 하고 오번대학교를 선택했다. 이는 그녀의 '앨라배마대학교 동문' 가족이 달 가워하지 않는 결정이었다(오번대학교와 앨라배마대학교는 미식축구 명문으로 서로 전통적인 경쟁 관계다-옮긴이). 그녀는 오번대학교의 스포츠 부서에서 일하면서 계속해서 미식축구와 관련된 활동으로 시간을 보냈다. 유명 미식축구 선수인 보 잭슨Bo Jackson에게 개인과외를 한 적도 있다. 하지만 졸업 후 매케나-도일은 미식 축구 또는 그것과 관련된 분야에서 일하는 꿈을 거의 접었다. 대신 회계와 재무 분야에서 몇 년간 일하다가 월트디즈니로 옮겨 14년간 근무했다. 처음에는 순수한 재무 업무에서 출발하여 나중에는 고객 경험 향상을 위해 엄청난 양의 고객 데이터를 수집하고 분석하는 IT 직무로 분야를 옮겼다. 얼마 후 그녀는 유니버설 올란도 리조트의 최고정보책임자CIO가 됐다.

매케나-도일은 계속해서 변신하며 돌아다녔다. 오래지 않아 콘스텔레이션에너지Constellation Energy의 CIO가 됐는데, 이 회사는 볼티모어시에 있는 포천 500대 에너지 기업이었다. 그러다가 2011년에 엑셀론Exelon이 콘스텔레이션을 인수하여 본사를 시카고로 옮긴다고 발표했을 때, 매케나-도일은 한 번 더 큰 이직 기회를 맞이했다. 그녀는 모든 짐을 싸서 시카고로 이사하든지 아니면 새로운 직장을 찾아야 했다. "시카고로 가고 싶진 않았습니다. 그렇다고 다른 일자리를 찾고 싶지도 않았죠"라고 매케나-도일은 말했다.[27] 바로 그때, 그녀의 미식축구에 대한 애정이 커리어를 인도했다.

그녀는 자신의 판타지 미식축구(실제 선수들을 조합해 가상의 팀을 운영하는 미국의 인터넷 놀이-옮긴이) 팀을 관리하기 위해 인터넷을 보던 중 NFL의 웹사이트를 돌아다니고 있는 자신을 발견했다. "화면 맨 아래에는 '회사 소개'라는 메뉴가 있었고, 그 아래에 구인 공고 링크가 있었어요."[28] 매케나-도일은 올려진 구인 목록을 훑어보기 시작했고, 그러다가 익숙하게 들리는 공고를 발견했다. CIO 직책으로 올려져 있지는 않았지만 요구하는 커리어가 그녀와 거의 완벽하게 일치했다. "저는 공고 내용을 읽고 '이 사람들에게 필요한 건 CIO네'라고 생각했어요." 그 모집 공고를 남편에게 보여주자, 남편도 그녀의 추측이 맞다는 것을 확인해줬다. 하지만 당시 그녀는 NFL에 아는 사람이 하나도 없었고, 복잡한 채용 과정을 통과할 자신도 없었다. 그래서 NFL에 대한 생각을 마음 한구석에 그냥 묻어두었다.

그런데 며칠 뒤, 한 친구가 그 생각을 그녀의 머릿속 한가운데로 다시 가져다 놓았다. 그 친구도 인터넷에서 똑같은 모집 공고를 봤고, 공고 내용이 얼마나 그녀의 이야기처럼 들리는지를 적은 메모와 함께 그녀에게 보내준 것이다. '그래, 이렇게 생각하는 사람이 나 말고도 두 명이나 있네'라고 매케나-도일은 생각했고, 반드시 지원하기로 했다.[29] 문제는 그녀가 NFL 경영진의 사무실로 직접 이어지는 커넥션이 전혀 없다는 것이었다. 더욱이 그녀는 리그 경영진에게 NFL에 정말 필요한 것은 공고에 올린 그 직책이 아니라 고위 임원 중 하나인 정식 CIO 자리라는 것을 설명해야만 했다. 통상적인 인터넷 지원서만으로 이 일을 해낸다는 것은 거의 불가능했다. 그래서 그녀는 채용 결정을 내리는 사람들에게 가까이 접근해야만 한다는 것을 알았다. 다만, 어떻게 해야 할지 그 방법을 전혀 몰랐다. 처음에는 그랬다.

그녀가 가진 약한 유대관계에서조차 NFL에서 일하는 사람은 정말이지 하나도 없었다. 하지만 몇 단계를 뻗어 나가자, 그녀를 거기에 닿게 해줄 하나의 경로가 발견됐다.

"저는 제 인적 네트워크를 동원하기 시작했어요. 그랬더니 제가 디즈니에서 전에 함께 일했던 사람이 러셀레이놀즈Russell Reynolds에서 일하고 있더군요"라고 매케나-도일은 말했다.[30] 그 사람은 과거 디즈니의 프로그램 출연자였지만, 나중에 유명한 임원 채용 컨설팅 업체인 러셀레이놀즈에서 헤드헌터가 되어 있었다. 그도, 그의 회사도 해당 NFL 일자리의 채용을 맡고 있지는 않았다. 하지만 운 좋게도 그는 어느 회사가 그것을 맡고 있으며, 어떻게 그들의 관심을 얻을지를 알고 있었다. 그는 매케나-도일을 정확한 회사에 연결해주었고, 또 그 회사는 그녀를 NFL에 연결해주었다.

일단 이렇게 연락이 닿아 연결되자, 그녀는 NFL의 경영진에게 자신을 홍보하고 아이디어를 어필할 수 있었다. 약간 시간이 걸리긴 했지만, 6개월간 연락을 주고받은 뒤 NFL은 그녀에게 일자리를 제안했다. 그 제안은 부사장 겸 CIO의 직책을 맡아달라는 것이었다.

NFL에서 근무하기 시작했을 때 매케나-도일은 남성 중심의 스포츠 리그에서 여성으로선 가장 높은 위치에 임명된 것이었다. 무엇보다 그녀의 아버지가 드디어 자식 중 하나가 NFL에 가는 것을 보게 됐다.

매케나-도일의 이야기는 영감을 불러일으키고, 누구든 자신의 열정과 관련된 의미 있는 일자리를 찾을 수 있다는 희망을 준다. 이는 또한 '6단계 분리 법칙'의 중요성과 함께 우리 모두가 더욱 커다란 네트워크의 내부에서 움직이고 있다는 사실을 잘 보여주는 사례이기도 하다.

친구의 친구 네트워크는 우리가 누군가를 직접 알지 못하는 경우조차 강력한 도구가 될 수 있다. 스몰 월드 효과의 가르침과 6단계 분리의 법칙이 주는 교훈은 어떤 특정한 사람들이 우주의 중심을 차지하고 있는 게 아니라는 것이다. 우리 모두가 거기에 있다. 그리고 우리 모두는 그 네트워크를 통해 꿈을 이루는 경로를 찾을 수 있다.

과학에서 실천으로

첫 장에서 이야기한 것처럼, 당신의 휴면 인맥에는 놀라운 힘이 잠들어 있다. 당신과 연락이 끊긴 과거의 지인들은 종종 당신에게 없는 새로운 정보를 가지고 있기도 하다. 하지만 이 장에서 본 것처럼, 과거의 지인들은 그보다 더 커다란 가치를 가지고 있다. 과거의 끈끈했던 관계가 휴면 상태에 빠지는 가장 흔한 이유는 당신이나 그 사람 둘 중 하나가 있던 자리에서 떠나 상대방을 잊었다는 것이다. 둘 중 한 사람이 멀리 다른 지역으로 이사했거나, 직장을 옮겼거나, 아니면 단지 인생의 다른 단계에 접어든 것일 수 있다.

하지만 이동한다는 것은 단지 떠난다는 뜻만을 가지고 있지 않다. 이는 또한 어딘가 새로운 곳에 도착한다는 뜻이기도 하다. 미셸 매케나-도일이 자신의 인적 네트워크를 둘러보고 거기에서 길을 찾았듯이, 누군가가 이동하면 더욱 커다란 네트워크의 새로운 부분을 잇는 중요한 연결고리가 되기도 한다. 옛 지인들과 다시 연락하는 것은 당신 인맥의 큰 그림을 보게 해준다. 나아가 정말 얼마나 많은 잠재적 관계가 당신 가까이에 있는지도 보여준다. 달리 말해, 과거의 직장 동료들은 당신이 생각하는 것보다 더 큰 가치를 가지고 있다.

과거의 동료들과 꾸준히 연락을 유지하거나, 다시 연락을 취하는 가장 좋은 방법은 '동문' 네트워크를 통하는 것이다. 매케나-도일에게는 활용할 만한 동문 모임은 없었지만, 과거 디즈니의 동료들과 꾸준히 연락해왔으며 그래서 그 덕을 봤다.

요즘은 이렇게 하기가 더욱 쉬워졌다. 대부분의 대학교가 상당히 활발한 동문 네트워크를 유지하며(그들은 이것을 앞으로 들어올 기부금의 원천이라고 생각한다), 많은 기업과 심지어 비영리단체들조차 과거 멤버들과 연락을 유지하기 위해 동문 네트워크를 만들기 시작했다. 휴면 인맥에 대한 연구들이 예측한 것처럼, 그들은 이 사람들을 소중한 정보의 원천으로 본다. 이와 더불어 각종 산업협회와 전문직 단체는 당신의 네트워크에 새로운 커넥션을 더해 확장하는 것뿐만 아니라 같은 분야 내에서 다른 직책으로 옮겨간 과거의 동료들과 다시 커넥션을 맺기에도 훌륭한 장소다.

만약 다시 커넥션을 맺기 위해 활용할 동문 네트워크나 산업협회, 전문직 단체 중 아무것도 찾을 수 없는 경우라면 당신이 새로 시작하는 것은 어떨까? 거창하지 않아도 된다. 단지 과거의 동료들에게 연락해서 점심에 초대하거나, 아니면 오랜만에 전화 한 통 하는 것만으로도 동문 네트워크를 시작하기에 충분할 수도 있다.

바로 이것이 P&G에서 일어난 일이다. 전직 P&G 직원 몇 명이 비영리 동문 클럽을 시작했는데, 이것이 발전하여 영향력이 커졌다. 그러자 P&G는 모든 과거 직원과 그들의 커뮤니티를 지원하기 위해 그들과 파트너십을 맺기로 했다. 이제 P&G 동문 네트워크는 대학교나 컨설팅회사들처럼 네트워크에 더 적극적인 조직들과도 견줄 만한 수준이 됐다.

페이스북과 링크드인과 같은 소셜미디어 서비스는 옛 동료들과 끊겼던 연락을 다시 주고받을 수 있는 도구가 된다. 그뿐만 아니라 몇 번의 소개를 거쳐 당신이 접할 수 있는 더 커다란 인적 네트워크의 규모를 가늠해볼 수 있는 훌륭한 공간이기도 하다. 이들 두 서비스를 포함하여 대부분의 소셜미디어 역시 개인이 관심사나 지역 또는 과거 직장 동료 등을 중심으로 모임을 만들 수 있는 '그룹' 기능을 제공한다.

혹시 당신의 옛 직장이 공식적인 동문 네트워크를 가지고 있지 않다고 하더라도 누군가가 인터넷 버전을 만들어놓았을 가능성은 상당히 크다. 그렇지 않다면 당신이 시작하면 된다. 이들 서비스는 당신이 새로운 모임을 시작하는 비용을 거의 제로에 가까이 낮춰준다.

FRIEND OF A FRIEND OF A FRIEND OF A FRIEND OF A FRIEND OF A FRIEND OF A FRIEND OF A FRIEND OF A FRIEND OF A FRIEND OF A FRIEND OF A FRIEND OF A FRIEND OF A FRIEND OF A FRIEND **OF A** FRIEND OF A FRIEND OF A FRIEND OF A FRIEND OF A FRIEND OF A FRIEND OF A FRIEND OF A FRIEND OF A FRIEND OF A FRIEND OF A FRIEND OF A FRIEND OF A FRIEND OF A **FRIEND**⋯

빈틈을 채워주는 브로커가 되라

3

왜 단계적으로 승진 사다리를 오르는 것이 꼭대기에 이르는 가장 나쁜 방법일 수도 있는가

사람들은 보통 성공하는 길이 자신에게 주어진 진로를 충실히 따라가거나, 회사의 승진 사다리를 차근차근 밟아 올라가는 거라고 생각한다. 또는 자기 분야에서 전문가가 되어 업계에 영향력을 미치는 사람을 만나는 것이라고 생각한다. 그러나 놀랍게도, 인적 네트워크에 관한 연구들은 하나의 산업에서 가장 많은 인맥을 가진 사람들이 밀집된 그룹 안에 있을 경우 그들은 산업 내 여러 그룹을 넘나들며 정보를 중개하는 사람들보다 가치가 적다는 사실을 보여준다. 이 연구 결과는 커리어를 어떻게 관리하고, 나아가 조직을 어떻게 관리할 것인가에 대해 시사점을 던져준다.

제인 맥고니걸Jane McGonigal은 비디오게임을 할 것인가 아니면 머리의 상처를 치료받을 것인가를 놓고, 선택의 기로에 서 있었다. 그녀는 두 가지를 다 하기로 했고, 그 선택이 그녀를 살렸다.

2009년 여름, 맥고니걸은 사무실 바닥에 떨어진 종이 몇 장을 줍기 위해 몸을 숙였다. 다시 일어서는 도중에 캐비닛 문에 머리를 세게 부딪혔다. 눈앞에 별이 번쩍거렸지만 '대수로운 일은 아니겠지' 생각하고 그냥 넘겼다. 하지만 뭔가 잘못됐다는 것을 알았다. 그녀는 "엄청나게 아파!"라고 남편에게 말했다.[1] 몇 시간 후, 그녀는 이상한 기분이 들기 시작했다. 그리고 하루가 지나자 두통과 함께 어지럼증이 느껴졌고 말이 어눌해지기 시작했다. 그녀는 글을 읽거나 쓸 때마다 이런 증상이 나타난다는 것을 알게 됐다. 결국, 뭔가 정말 심각한 일이 있어났다는 생각이 들었다.

다음 날 병원에 갔더니 의사는 뇌진탕으로 진단하고 일주일 동안 쉬면 나아질 거라고 했다. 그러나 일주일 후에도 증상은 여전했고 한 달이 지나도 계속됐다. 그러자 의사는 회복 예상 기간을 3개월로 늘리면서 뇌진탕이 정상적으로 회복되지 않고 있어서 그런 증상들이 훨씬 더 오래가게 될 것이라고 말했다. 담당 의사는 그녀에게 문제의 증상들을 유발할 만한 행동은 모두 피하라고 권고했다. 글을 읽어서도 안 되고, 무언가를 써도 안 됐다. 운동도 안 되고, 일을 해서도 안 되며, 술이나 카페인을 섭취하는 것도 안 되고, 비디오게임도 금지였다. 그녀는 의사에게 "살아야 할 이유가 없네요"라고 농담조로 말했다.[2]

그렇지만 3개월 동안 아무것도 안 하면서 기다릴 수는 없었다. 머리를 부딪힌 지 34일이 됐을 때 그녀에게 '아하'의 순간이 찾아왔다. 그녀는 문득 생각했다.

'그냥 죽어버릴까. 아니면 이걸 게임으로 만들어볼까.'[3]

그녀가 느낀 자살 충동은 보기 드문 게 아니다. 외상을 입은 환자 세 명 중 한 명은 증상이 심하지 않은 경우에도 우울증에 빠져들기 시작하고, 회복 여부에 대해 너무나 심한 의구심이 들면 삶을 끝낼 생각을 하기도 한다. 당시 맥고니걸도 그런 사람들 중 하나였다. 자신은 절대 회복하지 못할 테니 차라리 죽는 게 낫다는 생각이 계속 들었다. 그런데 이런 경험을 게임으로 만들어보겠다는 발상은 결코 흔한 것이 아니었다. 사실 이는 그녀였기에 할 수 있는 생각이었다.

사고를 당하기 10년 전, 맥고니걸은 게임의 심리학을 공부하면서 세상을 더 나은 곳으로 만드는 비디오게임을 디자인했다.[4] 사회에 진출해서는 뉴욕에서 게임 디자이너로 일하면서 다양한 기업 프로젝트에 참여했다. 그러나 그런 삶은 그녀가 가졌던 기대에 완전히 미치지 못했다. 그녀에게는 쌍둥이 자매가 있었는데, 스탠퍼드대학교에서 심리학을 공부하기 위해 캘리포니아주로 떠났다. 이를 계기로 맥고니걸도 미국 서부로 이사할 마음을 먹었다. 맥고니걸은 UC버클리의 퍼포먼스 전공 박사 과정에 등록했다. 학위 과정이 어느 정도 유연했기 때문에 자신의 관심 분야를 충분히 반영할 수 있었다. 그래서 맥고니걸은 심리학을 자신의 게임 디자인 커리어와 융합할 수 있도록 과정을 짰다.

이제 새로운 지식으로 무장한 맥고니걸은 게임과 사회과학의 교차로에 서서 사회적 문제들을 해결하기 위해 나섰다. 다시 말해, 게임에 대한 열정과 창의력을 필요로 하는 프로젝트에 매진하기 시작했다.[5] 그녀는 '석유가 없는 세상World Without Oil' 이라 불리는 6주짜리 시뮬레이션을 만들어냈다. 이 게임에서 사용자들은 가상의 석유 부족 상황을 견뎌낼 방법들을 찾아야 한다. 그뒤 그녀는 월드뱅크World Bank와 힘을 합쳐 '이보크Evoke' 라는 게임을 만들었다. 여기서 사용자들은 빈곤 퇴치를 도울 방법들을 찾아야 한다. 이보크는 단지 게임만으로 끝나지 않았다. 약 50개의 회사와 사회단체의 탄생으로 이어져 사용자들의 아이디어를 현실 세계에서 실천하게 됐다. 맥고니걸은 자신의 모든 작업을 통해서 게임이 단순히 현실로부터의 탈출구가 아니라 진정으로 인류의 삶을 향상시킬 수 있음을 입증해왔다.

이제 뇌를 다쳐 침대에 앉아 있는 맥고니걸은 과거 어느 때보다 더 자신의 가설을 입증해야 하는 도전에 직면해 있었다. 과연 그녀는 자신을 치유하는 데 도움이 될 게임을 디자인할 수 있을까?

그녀는 자신이 만든 게임을 '뇌진탕 사냥꾼 제인Jane the Concussion Slayer' 이라 불렀는데, 이는 그녀가 좋아하는 가상의 영웅인 '뱀파

이어 사냥꾼 버피Buffy the Vampire Slayer'에서 따온 것이다.[6] 그녀는 쌍둥이 자매와 남편처럼 주위에서 자신을 도와줄 사람을 모았고, 그들과 함께 뇌진탕 환자로서 자신이 도전할 만한 과제들을 만들어냈다. 도전 과제들의 목적은 그녀의 회복 과정을 돕는 동시에 그녀의 증상들을 유발하는 '나쁜 놈들'을 피할 수 있도록 돕는 것이었다. 매일 일과를 마치면서 그들은 그녀가 얼마나 잘했는지 점수를 매겼다.

이 게임은 놀라울 정도로 짧은 기간에 그녀의 상황을 호전시켜주었다. 여전히 물리적인 증상들은 상당수 있었지만, 정신적 증상들은 사라지기 시작했다. 우울증과 긴장감이 줄어들면서 그녀는 점차 정신적, 육체적으로 기운을 되찾기 시작했다. 그녀는 "저에게는 증상들이 여전히 있었고, 계속해서 고통도 느꼈지만 더는 괴롭지 않았습니다. 제가 좀더 저 자신의 운명을 통제하고 있다고 느꼈어요"라고 말했다.[7]

몇 개월 동안 게임을 해본 뒤, 맥고니걸은 그것을 세상에 공개했다. 자신의 경험을 인터넷에 올렸고, 게임의 룰을 설명하는 짧은 동영상도 함께 올렸다. 게임의 이름도 바꾸었다. 그녀가 회복하는 동안 너무나도 많은 사람이 "빨리 회복하세요!"라고 격려해주었다. 그녀는 그들에게 용기 있게 화답하고자 단순히 조금 더 나아지는 데 그치지 않고 '엄청나게 좋아지기super better'로 마음먹었다. 이렇게 해서 이 게임은 '슈퍼 베터'라는 이름으로 다시 태어났다.

얼마 후부터 맥고니걸은 전 세계에서 슈퍼 베터 게임을 자신들의 버전으로 만들어 플레이하는 사람들로부터 연락을 받기 시작했다. 그들은 단지 만성 통증과 우울증에 맞서 싸우기 위해서만이 아니라 해고를 당한 뒤의 스트레스를 해소하거나 이별의 고통을 이겨내기 위해서도 이 게임을 활용하고 있었다. 지금까지 50만 명이 넘는 사람이 슈퍼 베터를 플레이했다. 이름 그대로 슈퍼 베터가 되기 위해서였다.

또한 이 게임은 맥고니걸에게 뇌진탕 회복에 버금가는 도움을 주었다. 아이를 가지기 위해 노력할 때 그녀는 남편과 함께 이 게임의 한 버전을 플레이했다. 마침내 임신이 되고 쌍둥이가 10주나 일찍 태어났을 때도, 아이를 신생아 중환자실에 두어야 했던 끔찍한 2개월을 이 게임으로 견뎌냈다.[8]

그녀는 수많은 사용자와 훌륭한 연구 사례들을 얻은 것에 만족하지 않았다. 이제 슈퍼 베터 자체를 연구해서 게임이 회복 과정에서 유용할 수 있다는 것을 증명하거나, 그렇게 할 수 있도록 슈퍼 베터를 변경하고 싶었다. 그녀는 비디오게임 세계와 의학 세계를 연결해서 사람들을 치유하는 게임을 만들고 싶었다. 이런 목표가 그녀를 펜실베이니아대학으로 이끌었고, 유명한 과학자 마틴 셀리그먼Martin Seligman 박사를 만나게 했다. 셀리그먼은 긍정심리학, 성취, 번영, 그리고 삶의 만족에 관한 연구의 아버지로 불린다(이는 대부분의 심리학이 정신 질환에 초점을 맞추는 것과 대비된다). 당시 셀리그먼은 '의미 있는 삶'의 필수적 요소들에 대해 연구하고 있었고, 맥고니걸은 그의 연구 결과를 공부하고 있었다. 드디어 두 사람이 만났을 때, 그녀는 곧장 본론으로 들어가 슈퍼 베터가 어떻게 도움이 될 수 있을지를 설명했다. 그녀는 자신이 슈퍼 베터를 통해서 하고 있던 일과 셀리그먼 박사가 연구에서 발견한 '의미 있는 삶을 가능하게 하는 것'들이 같은 방향으로 움직이고 있다고 느꼈다. 그녀는 셀리그먼에게 "이것은 찰떡궁합이에요"라고 말했다.[9]

셀리그먼 역시 맥고니걸의 연구에 흥미를 느꼈기에 그녀에게 함께 일하자고 제안했다. 머지않아 그들은 펜실베이니아대학교 동료인 앤 마리 뢰프케Ann Marie Roepke와 함께 연구를 하게 됐다. 우울증과 긴장감에 대한 치료법으로서 슈퍼 베터를 사용하는 무작위-통제 방식의 연구였다. 그들은 이 게임이 증상을 현저히 완화하고 행복감과 만족감을 높이는 데 도움이 된다는 것을 알아냈다. 이를 기반으로 맥고니걸은 국립건강재단NIH으로부터 재정지원을 받아 오하이오주립대에서 임상실험을 했다. 그 결과 슈퍼 베터가 기분을 향상시키고 재활 과정의 고통과 긴장감을 줄여준다는 점이 입증됐다.

맥고니걸은 여기서 그치지 않았다. 게임을 디자인하는 것 이

외에도 그녀는 자신의 역할이 게임 사용자 커뮤니티와 과학 및 의학 연구의 세상을 이어주는 중개자라고 생각한다. 그녀는 이 두 세계가 연결되어야 한다는 생각을 절실히 하고 있다. 수많은 직업적 성공과 의미 있는 영향력의 비밀이 그렇듯이 이 분야도 예외가 아니다.

"제각기 혜택을 제공하는 다양한 게임의 특징을 알아낸 연구 사례가 1,000개 이상 있지만, 이들은 모두 학문의 벽으로 둘러싸여 있습니다"라고 그녀는 설명했다. "지구상에서 12억 3,000만 명이 비디오게임에 하루 평균 1시간을 소비하고 있습니다. 그들 중 연구 논문을 접할 수 있는 사람이 몇 퍼센트나 되겠어요?"[10] 그녀의 예측에 따르면 1% 미만이다. "저는 진심으로, 더 행복하고 더 건강하게 사는 데 도움이 되는 정말 실용적인 연구 결과들을 사람들이 접하도록 돕고 싶어요"라고 그녀는 덧붙였다. 슈퍼 베터는 그런 노력을 하는 데 하나의 도구일 뿐이다.

맥고니걸은 자신이 얼마나 더 많은 일을 해야 하는지 알고 있다. 그녀는 게임 디자이너 누군가가 노벨 의학상을 받는 것이 자신의 유쾌한 목표 중 하나라고 농담을 하곤 한다. 그녀 자신이나 슈퍼 베터가 아니더라도 말이다. 맥고니걸은 자신이 심사위원이라면 그 상을 테트리스 게임을 발명한 사람에게 주겠다고 말하기도 했다. 아마도 맥고니걸이 조만간 노벨상을 손에 쥐는 일은 일어나지 않겠지만, 적어도 몇몇 노벨상 수상자만큼이나 많은 사람을 도왔다는 사실은 분명하다. 실제로 지금까지 약 100만 명에 이르는 사람이 슈퍼 베터의 도움으로 '엄청나게 좋아졌다.'[11] 거기에 더해, 그녀가 의학 연구자들과 과학자들 곁에서 함께 이뤄낸 연구 결과들은 앞으로도 수백만 명을 더 도울 것이다.

맥고니걸에 대한 이야기의 발단이 독특하고 그녀의 게임 역시 독창적이지만, 그녀가 성취해낸 것들이 엄청난 영향력을 갖게 된 과정은 전혀 특별한 것이 아니다. 그녀는 인적 네트워크에서 꽤 흔한 종류의 기회를 이용했다. 그녀의 작업은 자신이 속해 있는 더 큰 인적 네트워크상에서 '구조적 빈틈structural hole'을 채움으로써 다른 사람들에게 엄청난 가치를 만들어주었다. 버클리에서 공부하기 위해 뉴욕을 떠난 순간부터, 그녀는 사회과학과 비디오게임 두 분야의 지식을 융합하고 그 두 커뮤니티가 서로 소통하게 하는 길에 올랐던 것이다. 그녀는 그렇게 다리 역할을 함으로써 양 커뮤니티에 엄청난 가치를 창출했다. 당신도 그녀가 한 일을 배움으로써 똑같이 해낼 수 있다.

브로커가 되기

사람들은 대개 촘촘하게 짜인 커뮤니티나 클러스터의 내부에만 머무르는 경향이 있다. 이 때문에 인적 클러스터들 사이에는 빈틈이 생긴다. 시카고대학교의 사회학자 로널드 버트는 사회 조직들의 이런 빈틈에 존재하는 기회들, 즉 그가 이름 붙인 '구조적 빈틈'이라는 것에 대해 최초로 가설을 세웠다. 버트는 처음에는 모두가 서로를 알고 있는 사람들의 그룹을 '중복 그룹redundancy'으로 칭하다가 '클러스터'로 바꿨다. 하나의 인적 클러스터에서 모든 사람이 서로를 알고 있을 경우 저마다의 지인은 중복되기 마련이다. 따라서 각각의 지인은 클러스터 내에서 다른 사람들과 차별화된 어떤 이득도 제공하지 못한다. "늘 같은 사람들과 시간을 보내다 보면 서로를 잘 알게 된다"라고 버트는 적었다.[12] 이런 인적 클러스터 내부에서는 정보가 빠르게 이동하고 협력이 쉽게 이루어지지만, 대부분 정보가 그 클러스터 내에만 묶여 있게 되고 외부에서 새로운 정보가 들어오기는 어려워진다는 단점이 있다.

이와 대비해서 "구조적 빈틈은 두 사람의 지인 간에 중복이 없는 관계다"라고 버트는 적었다. 그 빈틈은 마치 전기회로의 절연체처럼 일종의 완충 공간이라 할 수 있다.[13] 그렇다고 클러스터 내부에 있는 사람들, 즉 중복하여 연결되어 있는 사람들이 바깥에 있는 다른 사람들의 존재를 모른다는 얘기는 아니다(쉽게 망각할 수는 있다). 더 정확히 말하자면 다른 그룹들의 존재를 알고는 있지만, 그들과 연결할 방법을 가지지 못한 것이다. 그들은 자신들의 그룹 안에서 일어나는 활동에만 집중하고, 자신들의 그룹과 다른 그룹들을 연결할 필요성에는 관심을 두지 않는다. 따라서 새로운 정보를 얻는 방법만이 아니라 정보를 다른 사람들과 공유하는 방법 역시 갖지 못하게 된다. 버트는 클러스터들 간의 빈틈은 정보라는 측면에서 커다란 이점을 지니며, 따라서 그 틈을 메우고 클러스터들을 서로 연결하는 사람은 그 이점을 활용할 수 있다고 주장했다.

실제로 구조적 빈틈을 메우는 사람들, 즉 '브로커broker'는 정보의 흐름을 장악하게 되어 종국에는 인적 클러스터 내부에 있는 사람들보다 더 많은 힘을 갖게 된다. "구조적 빈틈을 메우는 사람들은 자신의 인맥을 통해 다양하고 가끔은 상반된 정보 및 그에 대한 해석을 접한다. 그리고 이는 좋은 아이디어를 구별할 수 있는 경쟁우위를 제공해준다"라고 버트는 적었다.[14]

바로 이것이 200여 년 전 세쿼이아Sequoyah라는 이름의 아메리칸 원주민이 체로키 국가Cherokee Nation에 '글자'라는 것을 선물해주었을 때 생긴 일이다. 누구의 도움도 없이 혼자서 말이다. 세쿼이아는 은 세공업자로 일했는데 직업이 직업인 만큼 미국 이주민들과 자주 접촉했다.[15] 그는 영어를 배웠고, 머지않아 자신이 만든 제품에 서명을 새기는 법도 배웠다. 또한 1813년부터 1814년까지 지속됐던 크리크 전쟁Creek War에서 미국 육군의 병사로 복무하기도 했다.

그가 군대에 오래 머문 건 아니지만, 전선을 오가는 편지를 통해 병사들이 지휘관은 물론 가족들과 어떻게 연락을 주고받는지를 눈여겨보기에는 충분한 시간이었다. 세쿼이아는 글로 소통하는 능력이라는 선물을 조국에 가져다주기로 했다. 당시 체로키인들은 그런 개념으로부터 너무나도 동떨어져 있었으며 글로 쓰는 것을 일종의 마법으로 여겼다. 그는 그리스 문자, 로마 문자, 킬 문자, 아라비아 문자에서 많은 심볼들을 빌려오면서 수년간의 시행착오를 거쳐야 했다. 하지만 결국에는 체로키 언어의 88개 음절 모두를 심볼로 표시하는 글자체계를 만들어 냈다.

그 글자를 체로키 국가에 가져갔을 때, 처음에는 다들 부정적이었다. 심지어는 마법을 사용했다는 죄목으로 재판에 회부되기도 했다. 그런데 오히려 재판 과정이 이 글자체계가 얼마나 배우기 쉬운지를 보여주는 기회가 됐다. 몇 주 만에 수천 명의 체로키인이 이 글자체계를 사용하기 시작했다. 세쿼이아의 글자체계는 아메리칸 원주민의 첫 번째 신문인 〈체로키 피닉스 Cherokee Phoenix〉를 창간할 수 있게 했다. 이 신문은 그 자체로 2개의 클러스터를 연결하는 일종의 브로커였다. 체로키어와 영어로 동시에 발행됐기 때문이다.

텍사스주의 유명 정치인 샘 휴스턴Sam Houston은 세쿼이아에게 이렇게 말했다고 한다. "당신이 발명한 글자체계는 당신의 민족에게, 모든 체로키인이 금이 가득한 가방 2개씩을 가지고 있는 것보다 더 커다란 가치를 선사했습니다."[16] 이 글자체계는 오늘날에도 여전히 사용되고 있으며, 체로키 국가의 수도인 오클라호마주 탈레쿠아 곳곳에서 볼 수 있다. 길의 표지판에 영어와 함께 쓰이고 있으며, 학교에서도 가르친다. 이 일은 인류 역사에서 문자가 없는 사회의 한 개인이 독창적인 문자체계를 개발한, 아주 드문 사례 중 하나다. 만약 세쿼이아가 미국 사회와 체로키 국가 간의 브로커가 아니었다면 절대 일어나지 않았을 것이다.

오늘날에도 클러스터 간의 빈틈을 메우는 브로커들은 더 생산적이고 더 큰 보상을 받는 커리어를 갖게 된다는 점이 연구에서 확인됐다. 병을 낫게 하는 게임을 만들어내거나 새로운 언어를 만들지 않는다고 하더라도 말이다. 이를 보여준 사람이 로널드 버트다. 그는 대형 전자제품회사에서 공급망을 담당하는 673명의 매니저를 대상으로 조사를 했다.

버트는 매니저들에게 공급망 운영을 개선하는 아이디어를 한 가지씩 내도록 요청했다. "당신의 시각에서 회사의 공급망 운영을 개선하기 위해 바꿀 것을 한 가지 선택한다면 무엇을 바꾸겠습니까?"[17] 이 간단한 질문으로 455개의 아이디어가 나왔다. 그리고 이어서 자신의 아이디어를 다른 사람과 논의한 적이 있는지를 묻고, 공급망 문제를 보통 누구와 논의하는지 얘기해달라고 했다. 또한 그런 지인들을 각각 얼마나 오랫동안 알고 지냈는지, 각 개인과의 관계가 얼마나 긴밀한지에 대해서도 질문했다.

그 답변들을 정리하자 비공식적인 인적 네트워크 지도가 만들어졌다. 이 지도는 누가 누구와 이야기하고, 누가 평균보다 더 다양한 인맥을 가졌는지를 보여주었다.

그다음부터는 최고 경영진에게 판단을 맡기기로 했다. 그 회사에서 공급망 운영에 상당한 경험이 있는 두 사람의 고위 관리자에게 이들의 아이디어가 실행될 때 어느 정도의 가치를 창출해낼지를 기준으로 각각의 아이디어를 평가해달라고 요청했다. 또한 버트는 이 회사와 아주 긴밀하게 협력하고 있었기 때문에 각 매니저의 연봉, 실적 평가, 승진 내용, 재직 기간 등에 관한 데이터를 얻을 수 있었다. 이 모든 데이터를 취합하여 인적 네트워크 지도와 비교하자, 브로커들(조직 내 다른 클러스터나 그룹에 속하는 개인들과 아이디어를 논의하던 사람들)이 개선에 대해 가치 있는 아이디어를 가지고 있을 확률이 훨씬 높다는 사실이 드러났다.

그는 "인맥 조직에서 빈틈 가까이에 서 있는 사람들이 좋은 아이디어를 가질 가능성이 더 컸다"라고 적었다.[18] 더욱이 회사의 네트워크 내부에 있는 브로커들은 높은 보수를 받고, 긍정적인 실적 평가를 받았으며, 승진할 확률도 더 높았다. 다양한 정보를 접하고, 그 정보를 결합하여 새로운 아이디어를 만들어내는 두 가지 능력을 모두 가진 사람들은 단지 회사뿐만 아니라 그들 자신의 가치도 확실히 높이고 있었다.

이후 다양한 분야의 학자들이 버트가 주창한 구조적 빈틈 가설을 수없이 검증했다. 그러나 이 모든 연구 결과는 한 가지 중요한 질문을 던지게 한다. 즉, '브로커로서의 커리어는 어떻게 구축하는가?' 라는 질문이다. 버트가 최초로 구조적 빈틈 가설을 제안한 지 20년 만에 애덤 클라인바움Adam Kleinbaum이 그 답을 찾았다.

다트머스대학의 터크 경영대학원 교수인 클라인바움은 대형 IT 기업 내부에서 연구를 진행했다.[19] 버트가 그랬던 것처럼, 클라인바움도 처음에는 직원들을 섭외하여 지인들에 대해 설문조사를 하기 시작했다. 그러나 버트와 달리 클라인바움은 그들에게 단순히 지인의 명단만을 묻는 데 그치지 않았다. 이번에는 직원들의 이메일에도 접근할 수 있었다.

지난 수십 년 동안 인적 네트워크 연구는 참가자들이 자신의 지인들을 나열하고 그들과 어떤 관계를 맺고 있는지를 써서 응답하는 자필 설문에 의존했다. 버트의 연구도 대부분 이런 방식으로 이뤄졌다. 그런데 이메일 사용이 일반화되면서 연구 방법도 크게 업그레이드됐다. 이제 클라인바움과 같은 학자들은 참가자의 기억에 의존하는 대신 다양한 지인들 간의 커뮤니케이션을 거의 실시간으로 추적함으로써 고품질 데이터를 접할 수 있게 됐다.

클라인바움은 이 연구에 자원한 직원들로부터 3개월 분량의 이메일 커뮤니케이션 자료를 얻었다. 자그마치 3만 622명의 회사 내부 사람들에 관한 자료였다. 클라인바움은 회사의 이름을 밝히지 않고 '큰 회사BigCo'라는 가명을 사용했는데, 네트워크의 규모가 그만큼 컸기 때문인 것으로 보인다. 클라인바움은 직원들이 자기 의사로 주고받은 메시지에만 집중하기 위해 모든 단체 공지나 단순 복사본은 제거했다. 그런 다음 회사 내의 대략적인 인적 네트워크 지도를 만들었다.

클라인바움은 또한 자원 참가자 직원들의 인사 자료도 모았다. 이를 통해 성별 같은 인구통계학적 정보를 포함하여 급여 수준과 지난 72개월간의 커리어 경로까지 알 수 있었다. 그 경로에는 그들이 속했던 사업부서, 업무, 직책, 그리고 지역이 포함되어 있었다. 그림이 최종적으로 완성되자, 놀라운 점이 발견됐다. 브로커가 되어 구조적 빈틈들을 메우고 서로 연결하는 고리 역할을 해줄 가능성이 가장 큰 사람들이 드러난 것이다. 클라인바움은 이들을 '조직의 이단아들organizational misfits'이라고 불렀다. 그들은 대부분의 직원처럼 꾸준히 사다리를 오르는 커리어 경로를 좇는 대신 통상적이지 않은 커리어를 가지고 있었고, 여러 부서를 옮겨 다니며 여러 직책을 맡고 있었다. 그는 "커리어가 여러 그룹에 걸쳐 있을수록, 연결 가능성이 희박하다고 생각됐던 카테고리들을 연결해줄 확률이 더 높다"라고 적었다.[20]

이 연구 결과는 직관적으로 이해가 간다. 예컨대 당신이 조직 내에서 다양한 클러스터에 걸쳐 커리어를 쌓고 인맥을 활발하게 유지한다고 생각해보자. 그러면 당연히 회사 조직도상의 한 분야에서 단순히 위로 오르기만 하는 이들보다 더욱 다채로운 인맥을 가지고 있을 확률이 높지 않겠는가.

이 같은 연구 결과는 기업 또는 산업 내에서 커리어를 구축하는 방법에 대한 통상적인 생각과 상당히 어긋난다. 사람들은 한눈팔지 말고 열심히 일하면서 사다리를 오르는 데에만 집중하라고 흔히 얘기한다. 그러나 구조적 빈틈에 관한 연구 결과들은 '사다리에서 사다리로 건너뛰는 것'이 더욱 효과적인 전략이며, 조직 내의 수평 이동 또는 심지어 하향 이동조차 장기적으로는 더욱 희망적이라는 점을 보여준다. 바로 이것이 새롭고 다양한 지인을 만드는 방법이기 때문이다. 그와 반대로 전통적인 조언을 따르면, 결과적으로 새로운 지인들이 점점 더 중복됨으로써 오히려 손해를 보게 될 수도 있다.

직원 개인 차원의 커리어만이 아니라 '사다리를 오르거나, 아니면 나가라'라는 식의 커리어 전략을 강요하는 조직 역시 의도치 않게 해를 자초할 수도 있다. 모든 사람이 꾸준히 앞으로 나아가는 것에만 초점을 둔다면 구조적 빈틈이 채워지지 않고, 그런 조직은 혁신하고 생존하기 어렵다. 더욱이 생존이 위협당할 때는 구조적 빈틈을 채워줄 브로커들을 육성하는 것이 유일한 해법일 수도 있다. 이것이 바로 스탠리 매크리스털Stanley McChrystal 장군이 이라크 바그다드에서 얻은 교훈이다.

구조적 빈틈을 메운다는 것

이라크 전쟁이 발발한 2003년, 스탠리 매크리스털 장군은 미국 합동특수작전사령부US Joint Special Operations Task Force의 지휘를 맡았다. 그는 이라크에서 전통적인 전술이 얼마나 크게 실패하고 있는지를 보았으며, 그 원인이 군대의 조직구조에서 비롯된다는 사실을 빠르게 깨달았다. 미국 군대는 육군 레인저Army Rangers 부대와 델타포스Delta Force, 해군의 네이비실Navy Seals을 포함한 혼합부대로 이뤄져 있기에 육·해·공군 그리고 해병대 간에 수많은 구조적 빈틈이 발생해 있었다. "서로 다른 팀들 간에 의미 있는 관계는 거의 없었다"라고 매크리스털은 적었다.[21]

각 팀은 훈련받은 부분에 대해서는 뛰어났지만, 이라크의 알카에다AQI에 맞선 치열한 전투는 훈련받은 바와 맞아떨어지지 않았다. 알카에다는 요원들이 물 흐르듯 움직이며 계속 바뀌는 네트워크 조직이었다. 따라서 미군의 내부적 커뮤니케이션 단절은 알카에다에 커다란 기회가 됐다. 알카에다는 미국 군대의 조직 간 빈틈을 이용함으로써 훨씬 더 많은 자원을 가진, 더 잘 훈련된 적과 싸우면서도 살아남고 번창했다. 이 모든 것이 팀 간의 빈틈 때문이었다. 매크리스털은 "각 부대가 신경 쓰는 것은 조직도 상자 안에 그려진 전쟁이 전부였다"라면서 "그들은 각자의 사일로 안에서 제각각 전투를 치르고 있었다"라고 회고했다.[22]

이런 단절이 가장 극명하게 나타난 사례 중 하나는 그가 사령부의 지위를 맡은 지 얼마 안 됐을 때 발견됐다. 당시 매크리스털은 바그다드 국제공항 기지에 있는 한 정보시설을 검열하고 있었다. 보급품 캐비닛을 열었는데 그 안에는 천 주머니와 플라스틱 봉지가 가득했다. 이게 무엇이냐고 물었더니 임무 수행 중인 특수부대Special Forces와 네이비실 팀들이 수집해서 보낸 증거물이라고 했다. 각 팀은 임무 수행 중에 발견한 모든 증거물을 아무 봉투에나 황급히 집어넣고 조그마한 꼬리표를 달거나 짧게 설명을 적은 포스트잇을 붙인 다음, 기지로 돌아가는 운송편에 그 봉투들을 던져 넣었다. 몇 시간 뒤 그 증거물 봉투들이 도착하면, 정보팀은 그 증거물들만 분석하는 것이 아니라 왜 그것이 기지로 보내졌는지에 대한 맥락까지 분석해야 했다. 대부분 설명문 쪽지들이 떨어져 나간 상태로 도착하기 때문이다.

매크리스털은 "작전 수행 요원들(미션 팀)은 자신들의 역할에는 능숙하지만 정보 분석의 세부사항에 관해서는 별로 아는 것이 없었다. 그래서 어떤 설명이 도움이 될지, 어떤 맥락이 의미가 있을지, 어떤 자료들을 빨리 보내야 하고 어떤 것들은 천천히 보내도 되는지를 제대로 알지 못했다"라고 설명했다. 이런 두 클러스터 사이의 물리적 · 업무적 거리는 많은 것을 중간에서 잃게 되는 결과로 이어졌다. "그들은 정보 분석가들을 직접 알지도 못했다. 막연히 그들을 가까이하기 어려운, 자기 영역을 침범당하기 싫어하는 사람들이라고 생각했다"라고 매크리스털은 적었다.[23] 그 때문에 많은 증거물이 보급품 캐비닛 안에서 먼지만 쌓여가고 있었던 것이다.

매크리스털은 당장 무엇을 해야 하는지를 알았다. "개봉되지 않은 채 버려진 증거물 봉투들은 더욱 커다란 문제가 존재한다는 것을 시사했다"라고 그는 적었다.[24] 자신이 이끄는 조직을 한 발 물러서서 바라본 그는 많은 팀이 훌륭하게 작전을 수행하고는 있지만, 낯선 환경에서 긴밀히 소통하는 적을 두고 개별적으로 행동하고 있다는 것을 알게 됐다. 바로 그날 저녁, 그와 그의 팀은 실제로 작전을 수행하는 방식에 따라 조직도를 새로 그렸다. 그러면서 문제를 일으키는 구조적 빈틈들을 찾아내고자 했다. 그는 이를 '블링크blinks'라 불렀는데, 사방에서 발견됐다.

우선 사령부에 속한 팀들은 수평적 관계는 거의 가지고 있지 않았다. 같은 기지에 배치되어 있는 경우조차 팀들은 대부분 육군이나 해군, 공군, 해병대 등 자신들의 소속 내에서만 머물렀다. 서로 다른 지역에서 생활하고 업무를 봤으며, 심지어 체육관도 다른 곳을 이용했다. "이런 '블링크' 문제는 사령부와 우리 파트너 조직들 간에 더욱 심하게 나타났다"라고 매크리스털은 지적했다.[25] 사령부는 중앙정보국CIA, 국가정보국NSA, 연방수사국FBI이 제공하는 정보에 의존했지만 사령부 조직이 이들 부처와 긴밀한 관계를 가진 것은 아니었다. 마찬가지로, 사령부가 협력해야 했던 군 조직들 간에도 커다란 틈이 있었다.

"네이비실 팀이 육군 특수부대를 신뢰하고, 또 특수부대가 CIA를 신뢰해야 했다"라고 매크리스털은 적었다. "사령부의 모든 멤버가 다른 모든 사람을 알 필요가 있었던 건 아니다. 다만 누군가 한 사람은 다른 모든 팀의 '누군가'를 알고 있어야 했다"라고 그는 말했다.[26] 다시 말해, 매크리스털은 미국 군대 전체의 구조적 빈틈을 메우거나 적어도 자신의 임무에 속하는 군 멤버들 사이에서라도 그런 빈틈들을 메울 방법을 찾아야 했다. 사령부 전체를 하나의 거대한 클러스터로 만들 필요는 없었지만, 각 팀 또는 클러스터에서 적어도 한 사람이 다른 모든 팀의 누군가와 관계를 맺게 할 방법을 찾아야만 했다. 전쟁에서 이기려면 관계된 모든 팀이 이 작업을 수행해야 했다. 이를 매크리스털은 다음과 같이 표현했다. "우리는 '팀들의 팀'을 만들어야 했다."[27] 이것을 로널드 버트의 말로 바꾸면, 사령부는 우선 '브로커'들을 만들어야 했던 것이다.

매크리스털이 이를 실행에 옮긴 첫 번째 방법은 이미 존재하는 브로커를 업그레이드하고 그들에게 에너지를 불어넣어 주는 것이었다. 원래는 정보부처들이 연락 장교라는 역할을 맡는다. 따라서 문서상으로는 연락 장교들이 제각기 다른 클러스터들을 연결하는 브로커여야 했다. 그러나 실제로는 이런 역할들이 주로 팀과 잘 들어맞지 않거나, 퇴역을 앞두고 마지막 파견근무를 하는 사람들로 채워졌다. 다시 말해, 연락 장교라는 직책이 몇몇 장교의 임시직 정도로 간주됐던 것이다. 곧 떠날 사람 또는 현장에서 떼어놓을 필요가 있는 사람들이었다(이는 애덤 클라인바움이 '조직의 이단아'라고 불렀던 사람들과도 비슷하다).

연락 장교가 좋은 직책이라고 생각하는 사람은 거의 없었다. 따라서 신뢰도는 낮았고, 이들을 통한 정보 공유의 수준도 형편없었다. 많은 경우 연락 장교들은 자신들이 파견된 곳의 기록관 정도로 여겨졌다. 사람들은 그들이 단순히 회의에 참석해 내용을 기록한 다음, 자기 소속 부대로 가서 보고하는 게 전부라고 생각했다. 심지어는 스파이로 생각하기까지 했다. 결론은 연락 장교들이 중요한 역할을 한다고 생각하는 사람이 없었다는 것이다.

그러나 매크리스털은 자신에게 필요한 소통 채널을 만들려면 그 역할이 필수적임을 알았다. 그래서 연락 장교들에 대한 인식을 바꾸는 작업에 착수했다. 우선 가장 뛰어난 군인들을 연락 장교에 임명하기 시작했다. 그들을 전선에서 빼내 군복 대신 정장을 입히고 긴밀한 관계를 맺어야 할 대사관과 정보부처들에 보냈다. 처음에는 별로 바뀐 것이 없었다. 대부분 사람은 가장 똑똑하고 훌륭한 인력을 현장에서 빼내는 걸 싫어했고, 대부분 파견 부처들도 단지 새로운 얼굴들이 뒷자리에 참석했다고 해서 행동을 바꾸진 않았다. 그러나 시간이 지나면서 이 새로운 장교들의 능력과 태도에 정보기관들이 마음을 돌리기 시작했다.

아마도 맥크리스탈이 시행한 것 중 가장 논란이 많았던 것은 임베딩Embedding(의도적으로 포함시켜 집어넣기-옮긴이) 프로그램일 것이다. 이것은 군 작전 수행 요원들에 대한 일종의 교환 프로그램처럼 운영됐다. 예를 들어 네이비실과 같은 팀에서 누군가를 골라 육군 특수부대에 배치하는 식이다. 이 아이디어는 처음에는 엄청난 저항을 받았다. 반대하는 사람들 대부분은 각 팀의 훈련과 표준적인 작전 수행 능력이 얼마나 다른지를 근거로 들었다. 너무나도 다르기 때문에 이런 교환이 심각한 문제가 될 수도 있다는 것이었다. 그리고 초반에는 그 말이 정말 맞아 보이기도 했다.

하지만 시간이 지나면서 교환된 군인들은 '임베드' 된, 그러니까 의도적으로 심어진 부대의 문화적 표준과 행동을 배워나갔다. 그들은 긍정적인 관계를 맺었으며, 해당 부대 내부에서만 볼 수 있는 임무 전반에 대한 새로운 안목도 얻게 됐다. 그들이 친정 부대로 복귀했을 때는 그들의 긍정적인 경험과 새로운 시각이 그 팀의 다른 멤버들에게도 퍼지게 됐다. 마찬가지로, 이 병사들이 파견됐던 부대에서도 그 교환병사들이 원래 소속 부대를 대표하는 것으로 보게 됐다. 시간이 지나면서 부대들 간의 유대감이 놀라울 정도로 강화됐으며, 이는 전체적으로 더 훌륭한 작전을 수행할 수 있게 했다. "신뢰의 띠가 형성되기 시작했고, 다른 부대 출신의 사람들이 점점 더 익숙해졌다. 나중에는 심지어 얼굴을 모르는 낯선 사람조차 익숙하게 여겨지고 신뢰할 수 있는 부대 일부가 됐다"라고 매크리스털은 설명했다.[28]

브로커들을 키우고 강화하여 구조적 빈틈을 메움으로써 사령부는 알카에다를 제압하는 데 필요한 작전 능력과 유연성을 갖게 됐다. 작전 수행의 기세가 바뀌기 시작했으며, 매크리스털의 새로운 전술들이 그들을 승리에 더 가까이 이끌어주었다. "네트워크를 무너뜨리기 위해서 우리는 네트워크가 됐다. 우리는 팀이 됐다"라고 매크리스털은 썼다.[29]

제인 맥고니걸, 세쿼이아, 그리고 합동특수작전사령부의 연락장교들은 구조적 빈틈을 채워준 브로커들로서 그들 자신만이 아니라 소속된 네트워크에 엄청난 가치를 창출했다. 이것은 일반적으로 승진을 위해 요구되는 끊임없는 아부나 조직도의 사다리 오르기와 비교할 때, 이해할 수 없는 전략처럼 들릴 수도 있다. 그러나 클러스터 사이를 오가며 서로를 연결해주는 것은 단지 브로커들 자신뿐만 아니라 그들이 속한 조직에 엄청난 혜택을 가져다줄 수 있다.

과학에서 실천으로
___

구조적 빈틈에 대한 연구는 한 가지 명백한 신호를 보낸다. 다시 말해, 연결되지 않은 2개의 그룹을 서로 이어줌으로써 확보할 수 있는 가치가 실제로 있다는 것이다. 그 가치를 즉시 볼 수는 없겠지만, 당신이 구조적 빈틈을 채워주는 브로커가 된다면 최적의 기회를 찾을 가능성은 더 커질 것이다. 이런 역할의 중요성을 고려할 때, 첫 번째로 할 일은 소속된 네트워크에서 당신이 브로커인지 아닌지를 살펴보는 것이다. 만약 아니라면 실제로 누가 브로커인지를 알아내야 한다.[30]

다음의 간단한 과제를 통해 당신이 구조적 빈틈을 메워주는 브로커인지 아닌지, 그리고 당신의 네트워크에서 브로커들이 누구인지를 확인할 수 있을 것이다.

1. 백지에 3개의 수직선을 그어 3개의 칼럼을 만들어라.

2. 왼쪽 칼럼에는 당신의 커리어에 가장 많은 영향을 끼친 사람(당신에게 일자리 정보를 알려주거나, 충고 또는 조언을 해주거나, 중요한 프로젝트에 도움을 준 사람) 10~25명을 적어라.

3. 가운데 칼럼에는 왼쪽 칼럼의 이름 옆에 그 사람을 당신에게 소개해준 사람을 적어라. 다시 말해, 당신을 이 영향력 있는 사람에게 연결해준 사람의 이름을 적는 것이다.

4. 오른쪽 칼럼에는 당신이 왼쪽 칼럼에 있는 사람에게 소개해준 사람들을 적어라. 아무도 소개해준 적이 없다면, 빈칸으로 놓아두면 된다.

이들 3개의 칼럼을 살펴보면서 반복되는 이름들에 주목하라. 만약 특정 인물의 이름이 여러 차례 나타난다면, 아마도 그 사람은 당신이 현재 소속된 네트워크에서 중요한 브로커일 가능성이 크다. 조직의 핵심적 빈틈들을 오가면서 당신을 전혀 모르고 있는 사람들에게 당신을 연결해주고 있을 가능성이 크다. 만약 오른쪽 칼럼 대부분이 빈칸이라면, 당신은 현재 브로커로서 활동하고 있지 않다고 볼 수 있다. 그러나 다행스럽게도, 당신은 이제 자신의 삶과 커리어에서 몇몇 중요한 인맥에 대한 지도를 얻었다. 따라서 이들을 다른 사람들과 어떻게 연결해서 도울 수 있는지 생각하게 됐을 것이다.

FRIEND OF A FRIEND OF A FRIEND
OF A FRIEND OF A FRIEND OF A
FRIEND OF A FRIEND OF A FRIEND
OF A FRIEND OF A FRIEND OF A
FRIEND OF A FRIEND OF A FRIEND
OF A FRIEND **OF A** FRIEND OF A
FRIEND OF A FRIEND OF A FRIEND
OF A FRIEND OF A FRIEND OF A
FRIEND OF A FRIEND OF A FRIEND
OF A FRIEND OF A FRIEND OF A
FRIEND OF A FRIEND OF A **FRIEND**···

사일로를 찾아내라

4

왜 클러스터 안에서 시간을 보내야 하며,
왜 너무 오래 머물러서는 안 되는가

현대의 많은 경영학 서적은 사일로 현상의 위험을 경고하고 있지만, 진실은 좀더 복잡하다. 연구에 따르면 지나친 사일로 현상은 기업은 물론 개인의 성장에 해가 되지만, 충분치 않은 사일로 역시 해롭기는 마찬가지라고 한다. 큰 성공을 이룬 사람들은 자신의 발전에 도움이 되는 비슷한 사람들의 클러스터가 필요하다는 사실을 알고 있으며, 그 안에서 너무 오래 머물러 있어도 안 된다는 사실을 잘 알고 있다. 그들은 어떤 사일로에 속해 있지만, 동시에 더 넓은 인적 네트워크와 접촉하며 양쪽을 오간다.

12 91년 무렵, 이탈리아 베네치아 시민들은 역내의 유리 제조업자들 때문에 불안감이 더해져 갔다.[1] 물론 유리 제품 자체가 싫은 것은 아니었다. 불어서 만드는 유리 공예품은 매우 독창적이고 아름다워서 제조업자들에게는 고소득의 원천

이었고 베네치아 시민들에겐 자랑거리였다. 무역로의 허브로서 베네치아는 유리 제품을 전 세계로 보급하면서 부를 축적하고 명성을 날리게 됐다.

문제는 유리 제조가 위험한 일이라는 것이었다. 숙련된 장인들이 유리를 틀에 넣고 모양을 만들어 공예품으로 탄생시키기 위해서는 화덕의 온도를 약 550℃로 유지해야 했다. 보통은 문제가 되지 않지만, 화덕이 목조건물 안에 있고 마을의 집들이 대부분 나무로 지어졌다면 사정이 달라진다. 베네치아가 바로 그런 곳이었다. 그래서 베네치아 사람들은 장인들이 만든 공예품에 자부심을 가지고 있었지만, 그 제품 때문에 도시가 불타버릴 수도 있다는 생각을 떨칠 수 없었다.

결국, 시 당국은 양쪽 진영의 장점을 모두 살리기 위해 유리 제조업자들을 격리하기로 했다. 그들이 강제로 옮겨간 곳은 베네치아의 석호 건너편에 있는 무라노라는 지역이었다. 무라노는 여러 개의 작은 섬이 옹기종기 모여 있는 조그만 마을이다. 사실상 그들은 바다를 사이에 두고 도시와 격리된 채, 이른바 조그맣고 밀집된 사일로로 강제 이주된 것이다. 유리 제조업자들은 한동안 외부와 연락을 유지했으나, 지리적 고립 때문에 그 빈도는 현격히 줄어들었다.

지금까지 클러스터에 대하여 우리가 알고 있는 지식을 동원한다면, 분명히 베네치아의 유리 제조업자들은 치명적인 타격을 입어야 했다. 그간의 연구 결과만 보더라도 혁신적인 아이디어를 생성하고 가치를 창출하려면 여러 클러스터 간에 다리를 놓는 것이 얼마나 중요한지를 보여주지 않는가. 또한 현대의 문헌, 특히 경영 관련 저술들은 기업이나 산업의 내부에서 사일로가 초래하는 해악을 예방하라는 경고로 가득하지 않은가.

잠깐 시선을 돌려 제너럴모터스General Motors, GM의 사례를 살펴보자. 2014년 4월, GM의 새로운 CEO 메리 바라Mary Barra는 하원 감독위원회의 청문회에 불려 나왔다. 최근 발생한 80만 대의 자동차 리콜 사태와 이보다 훨씬 앞서 발견됐음에도 결국 리콜의 원인을 제공한 점화 스위치의 결함에 대해 진술하는 자리였다.[2] 그 문제의 기술적 내용을 보자면, 자동차 시동 키를 누르는 스프링이 약했기 때문에 운전자가 실수로 그것을 살짝 누르기만 해도 '시동' 위치에서 '보조전원' 위치로 열쇠가 돌아갔다. 그리고 이로 인해 충돌사고 때 에어백과 같은 안전장치가 작동하지 않았다. 이런 오작동이 100여 명의 생명을 앗아갔고, 그중 상당수가 10대였다. 즉, 이 저렴한 차를 자신의 생애 첫 차로 선택한 이들이었다.[3]

청문회에서 바라는 "사실 정보의 사일로가 존재했습니다. 직원들은 맥락 없이 단편적인 정보들만 가지고 있었고, 문제제기를 하거나 긴박감을 갖고 행동하지도 않았습니다. 이는 결코 용

납되어서는 안 되는 일이었습니다"[4]라고 말했다.

2014년 1월에 CEO로 취임한 바라는 이를 알지 못했다. 그러나 GM 직원들은 이런저런 경로를 통해 이 문제를 거의 10년 전부터 알고 있었다. 정확히 말해, 2002년에 이미 GM의 엔지니어들은 점화 스위치의 문제를 인지했다. 하지만 같은 엔지니어라하더라도 점화장치와 에어백은 담당 직원이 서로 달랐다. 점화장치 담당들은 전원 문제가 에어백 작동을 막는다는 사실을 생각도 해본 적이 없었다. 즉 그들은 점화 스위치 문제를 안전과 직결되는 것으로 보지 않았고, 따라서 우선적으로 해결해야 하는 문제가 아니었다.

그런 실수가 GM에만 있었던 것은 아니다. 2001년 9월 11일 테러리스트 공격이 있고 난 뒤, 수사관들은 왜 알카에다의 위협을 사전에 탐지하여 적절히 대처하지 못했는가에 대한 답을 찾고자했다. 미국 정보기관들이 그토록 방대한 네트워크를 갖추고 있었음에도 말이다. 조사 결과, 그 테러 공격을 사전에 막을 수도 있었는데 정보기관들의 사일로 때문에 위협을 감지하지 못한 것으로 드러났다.[5]

9·11 테러가 발생하기 2년 전, 이미 FBI는 캘리포니아에서 일상적인 반테러 첩보 활동을 벌이면서 공중 납치 테러범 중 두명인 칼리드 알미드하르Khalid al-Midhar와 나왁 알하즈미Nawaq

Alhazmi를 감시하고 있었다. 그런 한편 CIA는 그 두 사람과 테러 조직 간의 커넥션을 알고 있었다. 하지만 CIA는 그 정보를 FBI 와 공유하지 않았다. 만약 CIA가 샌디에이고에 머물며 테러를 준비하던 그 두 사람을 추적했다면, 그들의 계획을 무산시키고 테러 공격을 예방할 수 있었을 것이다. 그러나 CIA의 사일로 문화 탓으로만 돌릴 수는 없다. 수사관들이 밝힌 바에 따르면, 미 국가안보국NSA이 두 사람의 교신 내용을 입수했고 그들이 나눈 극단주의적인 대화를 관찰 대상으로 지정했다는 것이다. 달리 말해 FBI · CIA · NSA 간에 사일로 현상이 없었다면, 즉 조직 간의 구조적 빈틈을 메울 수 있는 시스템이 존재했다면 테러 공격을 사전에 막을 수 있었으리라는 것이다.

사일로의 폐해를 보여주는 이런 사례들과 구조적 빈틈의 중요성을 고려할 때, 베네치아 당국의 강제 이주로 사일로에 갇힌 유리 제조업자들이 당연히 쇠퇴했으리라고 생각하기 쉽다. 그러나 실상은 그렇지 않았다. 오히려 유리 가공 예술은 새로운 정착지에서 더욱 번성했다. 기술을 놓고 서로 경쟁하긴 했지만, 업종이 가진 특수성과 근친 간의 결혼 풍조는 정보와 아이디어의 공유로 이어졌다. 유리 제조 기술이 더욱 연마되고 창작 활동이 왕성해지면서 공예 기술의 혁신은 일상이 됐고 창의성도 마음껏 발산됐다.

유리 제조업자들이 얇은 금선이 들어간 유리와 광학적으로 투명한 유리를 개발한 곳이 바로 무라노였다. 또한 유리로 보석 모조품과 샹들리에를 만드는 기술을 개발한 곳도 무라노였다. 무라노 유리가 유럽 전역에 걸쳐 사회적 신분의 상징이 되면서 무라노, 나아가 베네치아는 금세 유리 제조업을 독점하게 됐다. 유리 제조업자들은 사회적 지위와 명성을 누렸으며 베네치아에서 가장 주목받는 사람(또는 최고의 사윗감)이 됐다. 실제로 무라노섬은 현재도 '아일 오브 글라스Isle of Glass'로 유명세를 타고 있다.

물론 무라노만이 유일한 예는 아니다. 사일로 현상의 해롭고 고립적인 사례들이 있는 반면, 사회적 네트워크 안에서 클러스터가 어떻게 창조적인 아이디어를 불러일으키고 개인과 팀의 생산성과 효율성을 높여주는지를 보여주는 사례들도 있다.

1921년, 어니스트 헤밍웨이Ernest Hemingway가 파리에 첫발을 내디딜 때 그의 트렁크는 친구이자 동료 저자인 셔우드 앤더슨Sherwood Anderson에게 받은 편지로 가득했다.[6] 그 편지들은 헤밍웨이에게 여행 중 읽으라고 준 것이 아니고, 파리의 유명 작가들에게 보내는 앤더슨의 소개장이었다. 파리는 헤밍웨이가 글 쓰는 기술을 연마하는 데 최고로 좋은 곳이 될 거라고 앤더슨은 장담했다. 파리에는 화가들과 작가들의 모임이 많았고, 그 모임에 갈 때 앤더슨의 소개장이 도움이 될 터였다.

실제로 헤밍웨이는 앤더슨을 다리 삼아 거트루드 스타인 Gertrude Stein을 만나게 됐다. 그리고 스타인을 통해 에즈라 파운드 Ezra Pound와 제임스 조이스James Joyce 같은 작가들은 물론 파블로 피카소Pablo Picasso 같은 화가들과 교류하게 됐다. 스타인은 외국 에서 온 창작인들이 작품을 논의하고 술을 마시면서 교제할 수 있는 모임을 주최해왔다. 그들은 종종 모임을 마친 후 스타인이 제공하는 살롱에서 술자리를 더 갖기도 했다.

헤밍웨이는 파리로 떠나기 전까지 재능 있는 작가로서 장래성 을 보여왔으나, 대부분 잡지사나 신문사에 기고하는 데 그쳤다. 그런데 파리에 머무는 동안 멘토링과 협업이 자신의 글쓰기 실 력을 키웠다는 사실을 알게 됐다. 그는 또한 자신의 소설을 출간 해줄 출판사를 찾기 위해 이 독특한 인적 클러스터에서 인맥을 만들었다. 헤밍웨이가 이렇게 스타인의 예술인 공동체로부터 도 움을 받지 않았다면 그의 작품 활동은 잡지사 기고문 정도로 끝 났을 것이다. 그랬다면 지금처럼 거의 모든 고등학교의 영어 수 업 시간에 그의 작품이 등장하는 일도 없었을 것이다.

스타인의 그룹과는 약 10년의 시간 차이가 나는, 영국 해협을 사이에 둔 또 하나의 유명 작가 그룹을 예로 들어보겠다.[7] 영국 작가인 C.S.루이스C. S. Lewis와 J.R.R.톨킨J. R. R. Tolkien이 작가로서 가장 두드러진 활동을 보인 것은 '잉클링스Inklings' 라는 작가 모임이었다. 이 그룹에는 루이스와 톨킨 외에도 여러 작가가 있었고, 찰스 윌리엄스Charles Williams와 오웬 바필드Owen Barfield 같은 시인들도 있었다(루이스는 《나니아 연대기》 중 몇 권을 바필드의 자녀들에게 헌정하기도 했다). 이 모임은 많은 멤버가 격의 없이 이따금 참석했다. 모임은 통상 목요일 저녁에 옥스퍼드대학교에 있는 루이스의 방 또는 '이글 앤 차일드Eagle and Child' 라는 시내의 선술집에서 열렸다(이 지역 사람들은 그곳을 '버드 앤 베이비Bird and Baby' 라고 불렀다).

작가들은 작품 아이디어와 그것이 미치는 영향을 논의하고, 소설이나 시의 초안을 읽으며 서로 의견을 나누었다. 그렇게 하는 목적은 공동 작업을 하고자 하는 것이 아니며(그들은 여전히 작품 대부분을 혼자 썼다), 완성한 작품을 자랑하기 위한 것도 아니었다. 그 클러스터를 결성한 배경은 동류의 사람들과 교류할 뿐만 아니라 피드백을 주고받고 조언과 아이디어를 나누며 서로의 작품을 더욱 알차게 다듬는 것이었다. 루이스와 톨킨도 이 클러스터를 통해서 돈독한 우정을 쌓았다. 1940년대 후반에 그룹이 해산된 이후에도 그들은 계속 우정을 나누었다. 전해오는 비화에 따르면 톨킨에게 글을 계속 쓰게 하고, 그의 원고를 모임에서 몇 차례 읽어주고, 최종적으로 출간하라고 설득한 사람이 루이스라고 한다. 만약 루이스와 그 클러스터가 없었다면, 톨킨은 《반지의 제왕》이라는 대작을 펴내지 못했을 것이다.

비즈니스와 개인의 커리어를 다룬 현대의 경영 서적들은 사일로를 매도하는 경향이 있다. 그러나 개인들이 그룹(어느 한 지역이든, 부서든, 잉클링스 같은 그룹이든 간에)을 이루어 일할 때, 일의 능률이 오르고 감독의 필요성이 줄어든다는 것은 부인할 수 없는 사실이다. 사일로는 팀원들과 동료들이 서로 책임감을 갖게 하고 빠르게 소통할 수 있게 해준다. 실제로 한동안 사회학자들은 클러스터와 사일로가 보여준 긍정적 효과, 그리고 구조적 빈틈을 메워주는 중개인의 긍정적인 효과를 조화시키고자 애썼다. 다만 클러스터와 사일로가 창의성과 생산성 제고에 중요한 기능을 하는 건 분명할지라도, 사일로 현상이 너무 심화되면 오히려 개인과 조직에 해가 될 수 있다.

그렇다면 찾아서 들어갈 사일로와 무시할 사일로를 어떻게 결정해야 할까? 그 답은 다소 놀라울 수도 있다. 어느 사일로에 참여하고 어느 사일로를 피해야 할지 물을 것이 아니라, 사일로 하나에 시간을 얼마나 투자할지 그리고 언제 그만둘지에 초점을 맞추어야 한다.

클러스터에 언제 참여하고, 언제 떠날 것인가

네트워크 과학의 관점에서 볼 때, 클러스터에 관해 가장 흥미로운 사실은 클러스터들이 원칙적으로는 존재할 수 없다는 것이다. 다소 과장된 표현일 수도 있지만, 인적 네트워크 연구에 수학과 통계학을 도구로 사용하기 시작한 이래로 사회학자들은 인적 네트워크(예를 들어 전기회로나 노드, 연결선들의 수학적 모델과 대조되는 사람들의 네트워크)가 높은 수준의 이행성transitivity을 보인다는 것을 발견했다.[8] '이행성'이란 만약 A가 B를 알고 B가 C를 안다면, A와 C 역시 정말로 서로 알게 될 가능성이 크다는 개념을 거창하게 표현한 용어다.

이행성은 클러스터링, 즉 사람들이 서로를 중심으로 함께 모이는 것으로 이어진다. 무작위로 추출한 일반적 네트워크 모델에서 어느 정도의 이행성과 클러스터링이 발생하기는 하지만, 사회적 네트워크에서 나타나는 클러스터링의 정도는 우연으로 설명하기에는 너무나 큰 것으로 보인다.[9] 달리 말하면, 인간은 클러스터를 이루고 싶어 하는 것으로 보인다. 심지어 자신에게 이롭지 않을 때도 말이다.

하지만 그것이 항상 나쁘다는 것을 의미할까? 사일로와 클러스터에 대해서 통상적으로 어떻게 생각하든지 간에, 최근의 연구 결과는 정보와 기회를 확산시키는 데 어느 정도의 클러스터와 사일로가 필요하다는 것을 보여준다. 터무니없이 들릴지도 모르지만, 펜실베이니아대학교 교수이자 동 대학의 네트워크 다이내믹스 그룹Network Dynamics Group 이사인 데이먼 센톨라Damon Centola는 모든 그룹의 경계가 허물어지면 실제로 집단 전체에 걸쳐 정보의 확산이 느려질 수도 있다는 사실을 발견했다.[10] 어느 정도의 클러스터는 실제로 네트워크 안에서 유용한 정보와 복잡한 아이디어, 새로운 기회들을 더 쉽게 확산시킨다.

센톨라는 아이디어와 행동 방식이 어떻게 퍼지는지를 측정하기 위해 수학적 모델을 활용했다. 이를 통해 그는 네트워크 내의 구성원들이 타인과 공통적이라고 느끼는 특성들의 유사성을 측정할 수 있었다. 각 개인이 자신과 유사한 사람들에 대해 어느 정도 동질감을 느끼는 여러 네트워크를 대상으로 실험한 결과, 이런 네트워크들은 어느 정도 클러스터화되어 있는 것으로 나타났다.

그는 인적 네트워크의 클러스터를 줄일 경우, 아이디어 확산에 도움을 주긴 하지만 그 상관관계는 단지 어느 정도까지만 유효하다는 것을 발견했다. 그룹의 경계나 클러스터가 제거될 때, 네트워크 내의 구성원들이 다른 사람들에게 거의 영향을 끼치지 못한다는 의미다. 거의 모르는 사람들로 이루어진 네트워크로 변해 아이디어와 정보가 전혀 확산되지 않게 되기 때문이다. 센톨라는 연구 결과에 대해 이렇게 말했다. "사람들은 낯선 이들과 교류를 많이 할수록 새로운 아이디어와 생각이 확산될 것이라는 믿음을 가지고 있습니다. 그런데 이 연구는 다양한 구성원 전체가 복잡한 아이디어들을 받아들일 수 있게 하려면 그룹의 경계가 유지될 필요가 있다는 것을 보여줍니다."[11]

비슷한 생각을 가진 사람들이 서로 영향을 주고받았던 베네치아의 유리 제조업자들 그리고 파리의 작가들이 경험한 바가 이를 입증해준다. 또한 로널드 버트가 구조적 빈틈 가설에서 제기했던 경고도 재확인해준다. 즉, 하나의 클러스터에 너무 오래 머무르는 것은 해로울 수 있다는 얘기다.

2016년에 버트가 장점을 극대화하고 단점은 최소화하면서 클러스터를 활용할 방법을 찾고 있을 때, 그 자신도 이와 유사한 문제와 마주쳤다. 버트는 툴레인대학교 경영학과 교수인 제니퍼 멀루지Jennifer Merluzzi와 팀을 이루어 클러스터의 구조적 빈틈 상태를 유지하면서 클러스터를 활용하는 최고의 방법을 찾고자 했다.[12]

버트는 오래전에 한 대형 투자은행과 일할 때 350명의 일류 투자 은행가들에 대한 데이터를 수집한 적이 있다. 투자은행 업무는 이런 실험에 이상적인 데이터 소스다. 왜냐하면 투자 은행가들은 여러 프로젝트에 팀원으로 참여하고, 일단 그 프로젝트가 끝나면 해산하기 때문이다. 프로젝트를 마치고 나면 각자는 새로운 투자 프로젝트를 찾기 위해 다양한 접근법을 취한다. 어떤 이들은 곧바로 다음 프로젝트에 뛰어들지만, 어떤 이들은 맘에 드는 프로젝트를 기다리면서 파트타임으로 일하거나 자문 업무를 한다. 하지만 머지않아 모든 사람이 새로운 소규모 프로젝트팀에 들어간다. 달리 말해, 어떤 투자 은행가들은 작은 클러스터 안에서 내내 머문 다음, 프로젝트가 끝나면 다음 클러스터로 곧장 갈아탄다. 반면, 어떤 투자 은행가들은 클러스터(프로젝트팀)에서 일하는 것과 중개 역할(새로운 팀들과 프로젝트들 간에 다리 놓아주기)을 번갈아 가며 한다.

버트가 수집한 투자 은행가 350명의 데이터에는 인사고과 등급, 보너스 정보, 급여는 물론 누가 어떤 전략을 사용하는지가 포함되어 있었다. 이 데이터를 이용하여 버트와 멀루지는 다음 프로젝트를 선택할 때 어떤 전략이 가장 효과가 있었는지를 비교했다. 그 결과 여러 프로젝트팀을 옮겨 다니고 연결을 중개했던 사람들이 가장 많은 이득을 봤다는 사실이 드러났다. 이들은 클러스터 안에서 시간을 보냈지만, 또 다른 클러스터로 곧장 넘어가지 않고 해당 조직에서 유대를 쌓았다. 그 덕에 프로젝트가 끝나자마자 다른 클러스터로 곧장 이동한 동료들보다 광범위한 인맥과 훨씬 폭넓은 기회를 얻었다. 멀루지는 "(이와 같은 브로커들은) 단지 같은 유형의 지식을 가진 부류와 대화하는 사람들보다 훨씬 더 일을 잘하는 경향이 있습니다. 그들은 가치 있는 인간관

계 자본을 가지고 있죠"라고 말했다.[13]

그리고 그런 인간관계 자본은 재무적 자본으로도 바뀌었다. 클러스터 내의 활동과 중개 역할 양쪽을 오갔던 투자 은행가들은 어느 프로젝트팀에 고정되지 않았을 때는 실적이 떨어졌지만, 장기적으로는 훨씬 더 많은 보너스와 급여를 받았다.

버트와 멀루지의 연구가 한 조직 내 개인들의 커리어에 초점을 두고 있긴 하지만, 그들의 연구 결과는 거의 20년 전에 특정 산업 전체를 대상으로 이루어진 유사한 연구와 일치한다. 당시 박사 과정을 밟고 있던 사회학자 브라이언 우치Brian Uzzi(지금은 노스웨스턴대학교 켈로그 경영대학원 교수다)는 자신에게 꽤 친숙한 의류 산업의 인적 네트워크를 연구하기로 마음먹었다.

우치의 가족은 이탈리아에서 미국으로 이주하면서 의류 산업에 발을 들여놓았는데, 우치는 그 산업에 대해 심층 연구를 해보고 싶었다. 그는 우선 기업 정보와 뉴욕시의 의류 회사 직원 80% 이상이 가입해 있는 국제여성의류노조International Ladies' Garment Workers' Union, ILGWU에 기록된 거래를 바탕으로 인적 네트워크를 파악했다. 그런 다음, 뉴욕시의 의류 산업을 조사했다.[14] 그리고 그 네트워크에 속하는 23개 회사 그리고 각 회사의 여러 리더와 인터뷰했다. 이처럼 다양한 의류 회사의 비즈니스 실태에 대해 통틀어 117시간 상당의 인터뷰 자료를 수집했다. 그는 또한 회사의 생존율에 관한 데이터도 모았다.

수집한 데이터를 분석한 결과 뉴욕의 의류 산업이 방대한 네트워크를 이루고 있고, 모든 사람이 네트워크 안에서 관계관리를 각기 다르게 하고 있다는 사실이 발견됐다. 버트와 멀루지의 연구에서와 마찬가지로, 개인들의 스타일은 십인십색이었다. 어떤 사람은 더욱 강화된 클러스터를 선호하고 어떤 사람은 개방적인 네트워크를 선호했다. 즉 몇몇 회사와 경영자는 신뢰하는 사람들의 소규모 그룹과만 거래를 했고, 또 어떤 회사들은 광범위한 관계를 맺고 작은 규모의 다양한 비즈니스를 했으며 그들의 관계는 순전히 업무적인 차원에 머물렀다. 우치는 전자를 '긴밀한 관계close-knit ties', 후자를 '적당히 거리를 두는 관계arm's-length ties'라고 불렀다. 대부분의 회사는 이 두 가지 관계 사이 어디쯤에 속했다.

센톨러가 클러스터의 필요성에 대한 연구에서 발견했듯이, 우치는 긴밀한 관계를 가지는 것이 산업 내에서 생존할 가능성을 높여준다는 사실을 알게 됐다. 즉 클러스터들과 소규모의 신뢰 그룹들이 도움이 된 것으로 보인다는 뜻이다. 하지만 어느 정도까지만 그렇다. 궁극적으로, 과도한 클러스터와 너무 적은 거래처 수는 기업의 생존 가능성에 부정적인 영향을 끼쳤다.

연구 결과, 가장 성공적인 기업들은 그 리더들이 긴밀한 관계와 적당히 거리를 두는 관계를 조화롭게 혼합하여 유지하고 있었다는 것이 밝혀졌다. 그들의 실제 세계 네트워크는 센톨라의 모델을 닮았다. 성공한 기업들은 다양한 관계의 조합에서 최상의 옵션을 선택하고 있었다. 그들은 소규모의 신뢰 그룹을 보유함으로써 많은 비즈니스를 공유하고 배우고 성장하며 서로의 관계를 더욱 다져나갔다. 동시에 적당히 거리를 두는 관계(약한 유대관계)를 많이 보유함으로써 전체 환경을 살펴보고, 더 많은 기회를 찾을 수 있었다.

종합해보면, 이 연구는 사일로와 클러스터에 대하여 완전히 다른 얘기를 하고 있다. 우리가 사일로에 끌리는 경향을 보이는 이유는 클러스터가 유익한 것이며 우리의 성장에도 도움이 되기 때문이다. 여기서 중요한 것은 너무 과도하게 클러스터화되어버린 나머지, 구조적 빈틈을 활용할 기회를 놓치지 않도록 하는 것이다. 또한 클러스터들 간의 중개자 역할을 목표로 한다고 해서 나 자신의 클러스터가 없는 상태가 되어서는 안 된다.

이를 요령껏 실천하여 성공시키기는 쉽지 않다. 많은 산업에서 '긴밀한 관계'와 '적당히 거리를 두는 관계'의 균형이 이미 결정되어 있기 때문이다. 만약 당신의 업계도 그렇다면, 아마도 당신만의 해법을 고안해내야 할 것이다.

클러스터를 찾을 수 없다면, 당신이 새로 만들어라

거트루드 스타인의 사교 모임은 어니스트 헤밍웨이에게 영감을 주어 글쓰기 능력을 키우는 데 도움을 주었을 뿐만 아니라 거의 100년이 지난 지금도 사람들이 자기 자신의 클러스터들을 찾도록 북돋고 있다.[15] 그중 하나의 예가 엘리엇 비스노Elliott Bisnow, 브렛 리비Brett Leve, 제러미 슈워츠Jeremy Schwartz 그리고 제프 로젠탈Jeff Rosenthal로 이뤄진 4인조 그룹이다.

2008년, 그 네 명의 친구는 모두 벤처 기업가로 활동하거나 스타트업에서 일하고 있었다. 그들은 작지만 신나는 혁신가 그룹의 일원이 된 것에 만족했지만, 자신들의 영역을 확대하고 흥미로운 회사를 설립하는 다른 동료 기업가들 또한 만나고 싶었다. 이 계획을 수월하게 하기 위하여 스키 여행을 계획하고, 자기들 네 명 외에 열다섯 명이 더 들어갈 수 있는 집을 빌렸다. 그런 다음, 사람들에게 연락을 취했다. 그들은 이상적인 인맥 리스트를 만들어 무작정 전화를 걸고, 이메일을 보냈다. 심지어 소셜미디어 서비스를 통해 자신들을 감화시켰던 젊은 벤처 기업가들에게도 메시지를 보냈다.

그 방법은 효과가 있었다. 유타주 파크시티에 빌린 집은 수많은 유명인사로 꽉 찼다. 페이스북 공동설립자 중 한 명인 더스틴 모스코비츠Dustin Moskovitz를 비롯하여 탐스슈즈TOMS Shoes 설립자

블레이크 마이코스키Blake Mycoskie, '자선: 물' 재단의 스콧 해리슨, 그리고 환경주의자 데이비드 메이어 드 로스차일드David Mayer de Rothschild 등이었다. 네 명의 발기인은 이번의 스키 여행이 일회성으로 끝나서는 안 된다는 강한 열의를 가지고 있었다. 그러려면 그룹을 재결성하고 확대할 필요가 있었다. 그래서 몇 달 후 후속 이벤트를 계획했고, 최초 멤버들에게 친구 두 명씩을 초대해달라고 요청했다.

참가자의 수가 늘어날수록 경력이 화려한 사람들도 많아져 모임이 더욱 활성화됐다. 그들은 이벤트 이름을 '서밋 시리즈 Summit Series'로 정하고, 모임의 목적을 담은 간결한 사명 선언문 mission statement을 만들었다. "전문 분야가 무엇인가를 막론하고 혁신적인 일을 하는 사람들, 개인적 또는 직업적 성공과 무관하게 우리가 함께 시간을 보내고 싶어 하는 사려 깊고 개방적이며 친절한 사람들을 모으는 것이다"라는 내용으로, 언젠가 로젠탈이 기술했던 것이다.[16] 물론 서밋이 더욱 활성화된 요인 중 일부는 그동안 참가해왔던 사람들의 특별한 면모였다. 하지만 서밋의 사업적 성공은 제법 빠르게 다가왔으며, 그 성공 요인 일부는 단순히 당시 사람들에게 마땅한 회합의 장소가 없었다는 점이었다. 그 네 명의 친구가 사실상 수많은 벤처 기업가가 갈망하던 모습의 클러스터를 구축한 것이다.

벤처캐피털리스트이자 연속적인 벤처 기업가인 피터 틸Peter

Thiel(페이팔의 공동설립자이고 페이스북에 처음 투자한 사람 중 한 명)은 이 새로운 클러스터의 가치를 다음과 같이 묘사했다. "세상을 변화시키고자 하는 의욕과 재능을 가진 사람들의 커뮤니티가 있다면 그 일을 더욱 성공적으로 해낼 수 있다는 사실을 서밋 시리즈 팀은 알고 있습니다."[17] 그리고 비교적 신생 커뮤니티임에도 서밋 시리즈는 이미 세상을 변화시켰다.

2009년에 서밋 팀은 오바마 행정부의 새로운 리더들과 기술 스타트업 세계의 기존 리더들 간 미팅을 위해 서밋 팀이 보유한 벤처 기업가 전체 현황을 백악관으로 가져오라는 요청을 받기도 했다. 또한 서밋이 주최한 행사들은 몇몇 스타트업이 성공하는 데 촉매제의 역할을 했다. 예컨대 스포티파이Spotify의 설립자들이 냅스터Napster와 페이스북의 숀 파커Sean Parker를 만난 곳도 바로 서밋 행사였다. 파커는 스포티파이가 미국에서 런칭하는 데 큰 도움을 주었다.[18]

2011년, 서밋은 바다로 나갔다. 서밋 팀은 유람선 하나를 통째로 빌려 1,000명 이상의 젊은 벤처 기업가들이 참가하는 3일짜리 콘퍼런스를 기획했다. 제법 멋지게 이름 붙인 '서밋 앳 시Summit at Sea' 콘퍼런스는 잘나가는 벤처 기업가들과 유명인사들의 강연으로 진행됐다. 그러나 사람들에게 가장 큰 혜택을 제공한 것은 바로 그 배 자체였다. 짧은 유람 시간이었지만, 승선한 모든 사람은 일상의 삶에서 격리되어야 했다(사전에 예고한 대로 무선 인터넷에도 접속할 수 없었다). 대신 서로를 알고 돕는 데 초점을 두었다. 이와 같은 단기간의 클러스터 참여는 인적 네트워크를 개발하는 데 매우 효율적이었으며, 행사를 마친 다음에는 각자 자신의 네트워크로 되돌아갔다. 콘퍼런스의 진행 계획은 버트와 멀루지가 연구를 통해 제시한 시사점을 그대로 반영했다.

이후 진화한 서밋의 다음 단계는 훨씬 더 명확한 그림을 보여주었다. 2013년 4월, 서밋 팀은 유타주에 있는 파우더마운틴이라는 스키 리조트를 샀다.[19] 서밋 참석자 중 한 사람이 "서밋 시리즈를 말 그대로 서밋(산 정상)에서 열면 어떨까요?"라고 이야기한 것이 계기가 됐다. 서밋 팀은 개발 과정에서 투자자가 몇 차례 바뀐 산 꼭대기의 스키 리조트를 발견했고, 타당성 조사를 마친 후 투자자들을 모아 4,000만 달러에 매입했다. 그 리조트는 아직도 개발 중인데, 서밋 팀의 계획은 조그만 타운과 멤버 전용 숙소를 짓는 것이었다. 이 공동체는 약 500개의 숙소로 구성하여 소규모로 유지될 것이며, 그 대부분은 단골 참석자들에게 별장이 될 것이었다.

물리적인 커뮤니티를 건설하면서 서밋은 스타인과 헤밍웨이의 파리 모임과 같은 형태를 재현하고 있다. 파우더마운틴은 공동체가 거처할 수 있는 실제 공간으로, 서밋 멤버들이 일상적인 인적 네트워크를 떠나 이 클러스터와 소통한 뒤 다시 세상으로 돌아가 큰일을 이루게 해줄 것이다. 그리고 멤버들은 '서밋 앳 시'에 장기적이고 반복적으로 참여하게 될 것이다. 이 프로젝트의 최종 결과는 아직 알려지지 않았지만, 그 비전만으로도 감동을 불러일으킨다. 아마 앞으로 100년 후에는 전설과 같았던 스타인의 파리 살롱 이야기는 사라지고 파우더마운틴이 그 자리를 대신할 것이다.

제대로 된 클러스터를 얻기 위해 타운을 개발하는 것이 엄청난 일처럼 보인다면, 다소 작게 시작할 수도 있다. 산 꼭대기에 500개의 별장을 짓는 대신 한 달에 한 번 커피 모임을 갖는 것은 어떤가? 이는 티나 로스 아이젠버그Tina Roth Eisenberg가 생각해낸 것으로, 그 아이디어는 하나의 운동으로 번졌다.

2008년, 스위스 태생의 디자이너 아이젠버그는 하나의 단순한 아이디어에서 자신만의 고유한 클러스터를 만들었다. 그 클러스터는 매달 수천 명의 크리에이티브 업계 전문가에게 커뮤니티의 혜택을 제공하며 국제적인 운동으로 성장했다.

이야기를 처음부터 시작해보자. 1999년 뉴욕으로 이주했을 때 아이젠버그는 직업적, 개인적으로 디자인 업계에 아무런 연줄이 없었다.[20] 그 상태는 오래가지 않았다. 인적 클러스터를 가지는 것이 얼마나 중요한지를 알고 나서 그녀는 자신이 필요로 하고 남들도 이득을 볼 수 있는 커뮤니티를 만들어 업계에 참여하기 시작했다. 오늘날 그녀는 엄청나게 인기 있는 디자인 블로그 스위스미스Swissmiss를 운영하고 있다. 또 사용자들이 디자인을 사용해 중요한 것에 집중할 수 있게 해주는 생산성 앱 '투두TeuxDeux'도 운영하고 있다. 그녀는 세계적인 디자이너들의 일러스트를 바탕으로 한 타투 브랜드 '태틀리Tattly'를 세워 잠시 운영한 바 있으며, 공유 사무 공간coworking spaces도 2개나 열었다. 그러나 그녀가 일구어낸 커뮤니티 구축 프로젝트 중에 단연 최고이자 최대 규모는 바로 크리에이티브모닝스CreativeMornings다.

전문 디자이너로서 아이젠버그는 운 좋게도 연례 디자인 서킷에서 열리는 대규모 콘퍼런스에 참석할 기회가 많았다. 그녀는 자신의 경험을 블로그에 올리곤 했는데, 독자 중 많은 사람이 이런 이벤트에 참석하고 싶어도 금전적 부담이나 거리상의 이유로 참석할 수 없었다고 토로했다. 심지어 참석해본 경험이 있는 사람들조차 오랫동안 지속되는 뭔가를 갈망했다. "나는 대부분 사람이 생각이 비슷한 사람들을 만나고자 콘퍼런스에 참가한다는 것을 알게 됐습니다. (…) 그러나 콘퍼런스가 안고 있는 문제는 이런 커뮤니티들이 일시적이고 1년에 한 번밖에 열리지 않는다는 것이었죠"라고 그녀는 회상했다.[21] 아이젠버그는 반복적이고 현지의 지역적 특성을 반영하는 무언가를 만들고 싶었다.

그래서 그녀는 월례 토론 시리즈를 조직하고 행사를 주최하기 시작했다. 다소의 시행착오를 겪은 후 '한 달에 한 번의 아침 모임' 방식을 택하기로 하고 모임의 이름을 '크리에이티브모닝스'라 지었다. 뉴욕에서 열리는 이 모임은 창작자들을 한자리에 모이게 하는 것으로 외부의 도움 없이 시작됐다. 이벤트에는 누구나 자유롭게 참석할 수 있으며 후원 기업이 커피와 가벼운 아침을 제공했다. 이벤트는 공동체와 관련 있는 연사의 강연과 토론으로 이루어진다. 그게 전부다. 여타 콘퍼런스와 달리 이 모임은 참가자들에게 많은 시간을 빼앗는 며칠짜리 행사가 아니다. 크리에이티브모닝스 웹사이트는 참가자들이 금요일 아침 모임에 참석하고 다소 늦게 출근할 수 있도록 상사들을 설득하는 코너도 두고 있다.

크리에이티브모닝스가 뉴욕 전역에 걸쳐 열광적으로 확산되는 데는 오랜 시간이 걸리지 않았다. 다양한 커뮤니티가 모여 교류하고 난 다음, 다시 더 넓은 업계로 흩어지기 때문이다. 매달 수백 명이 모임에 참석하여 동료 창작자들과 교류하면서 클러스터의 혜택을 누리고 있다. 사일로의 부정적인 효과는 피하면서 말이다.

이런 회합은 새로운 인맥을 더해줄 뿐만 아니라 옛 친구들과도 다시 연락을 주고받게 해주므로 참가자들은 '적당히 거리를 두는 관계'와 '긴밀한 관계'를 혼합할 수 있다. 이는 우치의 연구 결과에서도 중요하다고 했던 내용이다. 미국 내에서만이 아니라 국제적으로도 소문이 퍼지면서 크리에이티브모닝스는 여러 도시에서 행사를 열기 위해 자원봉사자들의 도움을 요청해야 할 정도가 됐다. 현재 150개 이상의 도시에서 매월 크리에이티브모닝스가 열리고 있다. 글로벌 커뮤니티로 성장한 크리에이티브모닝스는 그달의 주제를 정하고 모든 도시의 모임 주최자들에게 그 주제를 다룰 연사를 찾도록 독려한다. 그리고 여러 도시에 걸쳐 수천 명의 사람이 해당 주제에서 나온 아이디어를 공유한다. "이것은 마치 모든 현지 지부들과 글로벌 대화를 나누는 것과 같습니다"라고 아이젠버그는 말했다.[22]

처음 그 일을 시작할 때만 해도 글로벌 커뮤니티를 구상한 것은 아니었다. 실은 한 달에 한 번 지인들과 만나는 정기 커피 모임을 생각했다. 그러나 오늘날 그녀는 크리에이티브모닝스가 자신의 커리어에서 가장 큰 성취라고 말한다. 이 모임은 그녀의 통제를 벗어나 세계적인 운동으로 성장했다. 그녀가 모임을 시작할 때 열망했던 핵심 요소를 사람들에게 제공하기 때문이다. 그 핵심 요소란, 의미가 있을 정도로 충분히 자주 만나면서도 이를 위해 준비할 것이 많지 않은 커뮤니티에 속하는 것이다. "내가 간절히 원했던 것은 나를 현지의 창작 커뮤니티와 연결해주고, 일과를 시작하기 전에 한 번의 강연으로 나에게 영감을 주며, 접근하기도 쉬운 이벤트였습니다"라고 그녀는 설명했다.[23]

그리고 전 세계에 걸쳐 수천 명의 사람이 원했던 것도 바로 그것이었다.

서밋 시리즈 팀과 티나 로스 아이젠버그는 헤밍웨이와 스타인, 루이스와 잉클링스 그리고 무라노의 유리 제조업자들이 발견한 것들과 똑같은 것을 우연히 발견했다. 그들은 작은 클러스터에 속하는 것이(갇히는 것이 아니고) 성장과 능력 개발에 필수적이라는 사실을 알게 됐다. 여러 연구 결과 역시 클러스터가 어느 정도 존재할 때 산업 네트워크나 지역 공동체가 더 빠르게 지식을 공유할 수 있다는 사실을 보여준다.

하지만 명심해야 할 것이 있다. 클러스터에 안주한 나머지 사일로에 갇혀서는 안 된다는 것이다. 커뮤니티의 깊이와 네트워크의 넓이 양자 간에 현실적이고 의미 있는 균형을 찾는 것이 직업적 성공의 필수 요소다. 우리에겐 네트워크 전체에 공명을 일으킬 수 있도록 스킬과 지식을 개발하는 데 도움을 줄 클러스터가 필요하다.

과학에서 실천으로

현대 경영 서적들은 사일로에 대해 강력하게 경고하고 있지만,

함께 교류하고 나누고 배우고 성장하며 발전할 일반적인 클러스터를 가지는 것이 직업적 성공에 필수적이라는 연구 결과가 있다. 거대한 인맥을 보유하고 커다란 성취를 이룬 사람들은 다양한 팀으로 옮겨다니면서 자신의 주된 팀과 조직 내 다른 조직을 연결하는 중개자 역할을 한다.

헤밍웨이를 도와준 거트루드 스타인의 파리 살롱이나 현대 벤처 기업가들에게 영감을 주는 서밋 시리즈 이벤트처럼, 당신은 그 안에서 성장할 수 있는 커뮤니티에 연결되어 있어야 한다. 만약 당신에게 정기적으로 교류할 수 있는 팀이 없다면, 이 장에서 이야기한 수많은 사람처럼 당신 자신의 클러스터를 시작할 때가 됐다. 그 방법은 다음과 같다.

1. 당신과 같은 분야에서 일하거나 경험을 공유할 수 있는 사람 10~15명의 목록을 만들어라. 당신이 이미 알고 있는 사람들 또는 클러스터에 참여해달라는 초청에 응할 만한 사람들로 선택해야 한다. 만약 낯선 사람들이나 단지 알고 지내는 사람들에게 일방적으로 연락을 취하는 것이라면, 반드시 그룹이 형성될 수 있도록 몇몇 지인에게 미리 확답을 받아놓는 것이 좋다.
2. 반드시 정기적 미팅을 가져라. 한 달에 한 번이 좋은 출발점이다. 다만 그 빈도는 클러스터 안의 사람들에 맞춰 조절할 수 있다.
3. 커뮤니케이션할 내용에 체계를 갖추어라. 이는 반드시 지켜야

할 사항은 아니다. 하지만 참가자들이 시간 낭비라고 느끼지 않도록 만날 때마다 지켜야 할 절차와 기준을 정하는 것이 좋다. 만약 어디에서 시작할지 모르겠다면, 클러스터의 각 멤버에게 다음 세 가지 질문을 하고 답변을 요청해라.

- '지금 당신이 하고 있는 일은 무엇인가? 지금 어떤 프로젝트가 당신의 최대 관심사이며 당신의 시간을 지배하고 있는가?'

  이 질문은 클러스터 내 모든 사람에게 우선순위를 염두에 두게 해준다.

- '지금 무엇이 당신의 발목을 붙들고 있는가? 달리 말하면, 클러스터가 당신을 어떻게 도울 수 있는가?'

  클러스터는 아마도 조언이나 자료 제공, 소개를 포함하여 그 밖의 모든 것으로 그를 도울 수 있을 것이다. 이 질문에 시간을 할애한다면, 미팅을 마치고 떠날 때 모두가 뭔가 가치 있는 것을 얻어가게 할 수 있다.

- '당신은 어떤 것을 상기시켜주기 바라는가? 당신이 책임감을 갖고 일할 수 있도록 우리가 할 수 있는 것은 무엇인가?'

  모든 사람은 각자가 해야 할 프로젝트 또는 과제를 알고 있지만, 매일 또는 매주 시간이 경과하면서 종종 잊어버리기도 한다. 클러스터에 속하는 이점 중 하나는 당신을 만날 때마다 할 일을 잊거나 놓치지 않도록 당신이 상기시켜줄 수 있다는 것이다.

모임 초반에는 모든 사람이 모임에 집중하도록 당신이 중재자 역할을 해야 할 수도 있다. 그리고 모임을 이끌어가다 보면 질문을 바꾸거나 전반적으로 주제를 수정해야 할 수도 있다. 그건 괜찮다. 중요한 것은 당신의 성장과 책임감 있는 일 처리를 위하여 정기적으로 만나 의지할 수 있는 클러스터를 찾거나 구축해야 한다는 것이다. 나아가 그 클러스터에 '잉클링스' 같은 멋진 이름을 지어줄 수 있다면 금상첨화다.

FRIEND OF A FRIEND OF A FRIEND
OF A FRIEND OF A FRIEND OF A
FRIEND OF A FRIEND OF A FRIEND
OF A FRIEND OF A FRIEND OF A
FRIEND OF A FRIEND OF A FRIEND
OF A FRIEND **OF A** FRIEND OF A
FRIEND OF A FRIEND OF A FRIEND
OF A FRIEND OF A FRIEND OF A
FRIEND OF A FRIEND OF A FRIEND
OF A FRIEND OF A FRIEND OF A
FRIEND OF A FRIEND OF A **FRIEND···**

페이팔 마피아처럼 팀을 운영하라

5

왜 최고의 팀들은
오랫동안 함께하지 않는가

클러스터와 협업의 중요성을 고려할 때, 최고의 팀들은 오랫동안 끈끈한 관계를 유지하며 계속해서 함께 일할 거라고 생각하기 쉽다. 하지만 연구 결과는 이와 달리 최고의 팀들이 성공하는 이유가 단지 그들이 임시로 모였기 때문이라는 사실을 밝혔다. 많은 최고의 팀이 잠시 만나 일하고 해산하며, 일부 멤버는 다른 팀으로 가기도 한다. 즉 임시로 구성된 팀과 느슨한 네트워크를 가지는 것이 아주 가까운 멤버로 구성된 팀과 거대한 네트워크를 가지는 것보다 유용하다는 결론이다.

20 05년 여름, 실리콘밸리에서는 친구 몇이 모여 뒷마당 바비큐 파티를 열고 있었다. 아마 그날 바비큐 파티가 열린 곳이 그곳만은 아닐 것이다.[1] 하지만 이 바비큐 파티는 장차 기술의 역사와 인터넷상에서 사람들이 교류하는 방식에 극적인 변화를 이끄는 중대한 사건이 된다.

그 자리에서 스물여섯 살의 컴퓨터 프로그래머인 자베드 카림Jawed Karim은 열 살 많은 키스 라보이스Keith Rabois에게 자신이 개발 중인 웹사이트를 보여준다. 그 웹사이트에 깊은 인상을 받은 라보이스는 또 다른 친구 롤로프 보타Roelof Botha에게 이야기했다. 보타는 벤처캐피털인 세쿼이아캐피털Sequoia Capital의 파트너였다. 보타 역시 관심이 생겨 자신의 프로젝트 직원들과 카림이 만나는 자리를 주선했다. 몇 달 후, 세쿼이아캐피털은 이 웹사이트에 350만 달러를 투자했다.[2] 그로부터 몇 주 만에 그 웹사이트는 공식적으로 일반에 공개됐고, 하루에만 800만 명 이상이 방문하는 사이트가 됐다. 바로 '유튜브닷컴YouTube.com'이다.

유튜브닷컴은 런칭을 하자마자 사용자 수가 급속도로 늘어났다. 세쿼이아로부터 첫 번째 투자가 이뤄지고 1년이 지나기도 전에, 검색엔진의 강자인 구글이 인수전에 뛰어들어 16억 5,000만 달러에 매입했다.[3] 이 웹사이트는 구글에 인수된 후에도 가파른 성장세를 이어갔으며, 마침내 세계에서 두 번째로 많은 사람이 방문하는 사이트가 됐다.[4]

카림과 그의 친구들은 불과 18개월 만에 유튜브를 하나의 동영상 데모 웹사이트에서 16억 5,000만 달러짜리 회사로 만들었다. 그들이 거기까지 도달하는 데에는 두말할 것도 없이 세쿼이아캐피털의 투자가 큰 도움이 됐으며, 세쿼이아도 그 투자로 엄청난 이득을 봤다. 이 사례는 일종의 판타지나 놀라운 요행처럼 보인다. 하지만 작은 아이디어를 기반으로 엄청난 투자를 받은 회사가 유튜브만은 아니다. 아이디어에서 출발하여 2년 이내에 수십억 달러 가치로 성장한 회사가 한둘이 아닌데, 사실 마피아가 출동할 때면 언제나 그런 일들이 일어난다. 아, 당신이 생각하는 그 마피아 말고 '페이팔 마피아PayPal Mafia' 말이다.

유튜브 창업자들인 자베드 카림, 스티브 첸Steve Chen, 채드 헐리Chad Hurley 그리고 이들의 친구인 키스 라보이스와 벤처캐피털리스트 롤로프 보타가 바로 그 마피아의 멤버다. 이들은 금융 관련 스타트업인 페이팔에서 함께 일했다(페이팔은 2002년 이베이eBay에 15억 달러에 인수됐다). 그러나 그들이 페이팔 마피아의 전부는 아니다. 심지어 대다수를 차지하는 것도 아니다. 그 밖의 멤버로는 피터 틸, 일론 머스크Elon Musk, 리드 호프먼, 앤드루 매코맥Andrew McCormack, 데이비드 색스David Sacks, 켄 하워리Ken Howery, 맥스 레브친Max Levchin, 러셀 시먼스Russel Simmons 그리고 수백 명이 더 있다(페이팔 마피아로 분류되는 사람의 정확한 숫자에 대해서는 논란이 있다. 다만 페이팔 CEO인 피터 틸은 약 220명으로 추정한다).[5] '마피아'라는 꼬리표는 2007년 〈포천〉에 실린 기사에서 공식적으로 굳어졌는데, 그 전에도 실리콘밸리를 중심으로 널리 퍼져 있었다.

이 페이팔 마피아가 설립하거나 투자한 회사는 링크드인, 페이스북, 옐프Yelp, 야머Yammer, 케바Keva, 팔란티어Palantir, 슬라이드Slide, 플리커Flickr, 디그Digg, 모질라Mozilla, 테슬라Tesla, 스페이스XSpaceX 등으로 한결같이 유명하다.[6] 이 회사들의 설립 과정은 스타트업 천재들이 회사를 얼마나 사랑했는지만이 아니라, 어떤 인적 네트워크에 속한 개인이 자신의 경력은 물론 산업 전체에 어떻게 영향을 끼쳤는지를 보여주는 믿지 못할 이야기다.

당연하게도, 페이팔 마피아는 페이팔에서 시작됐다. 피터 틸, 맥스 레브친, 루크 노섹Luke Nosek이 설립한 페이팔은 포켓용 컴퓨터인 팜 파일럿Palm Pilots과 휴대용 정보 단말기PDA를 이용하는 개인 간 모바일 송금 서비스를 시작했다(페이팔의 초기 이름은 컨피니티Confinity였다). 처음부터 이 회사는 주로 설립자들의 인적 네트워크를 통해 직원을 채용해 모두가 연결되어 있다고 느끼는 회사를 만들었다. 즉, 가까이에 있는 스탠퍼드대학교(틸의 모교)와 일리노이대학교 어바나샴페인 캠퍼스(레브친의 모교) 출신들을 주로 채용했다는 얘기다. 틸은 "친구들만 불러들인 것은 아닙니다. 하지만 우리와 좋은 친구가 될 만한 사람들을 채용했습니다"라고 말했다.[7]

몇 년이 안 되어 이 회사는 이메일을 통한 송금 쪽으로 사업 모델을 변경했으며, 이베이 옥션 플랫폼에서 신뢰받는 거래 파트너로서 성공을 거뒀다. 그러나 P2P 전자결제를 날쌔게 구현한 회사가 페이팔만은 아니었다. 2001년 여름, 페이팔은 일론 머스크가 설립한 스타트업인 X닷컴x.com과 합병했다. 머스크는 자신의 첫 번째 회사인 집2Zip2를 매각한 돈으로 X닷컴을 설립했고, 고객들이 은행 당좌예금과 보통예금은 물론 퇴직금과 투자 자금을 관리할 수 있는 포괄적인 금융 포털을 구상했다. 이 금융 포털은 친구들에게 온라인으로 송금할 수 있는 수단도 포함하고 있었다. X닷컴과 컨피니티는 서로 경쟁하기보다 힘을 합치는 게 낫다는 것을 깨닫고 합병에 합의했다.

페이팔은 급성장을 이뤘지만, 모든 일이 순조롭게 풀린 것은 아니었다. 아마도 급성장 자체가 가장 큰 원인이었을 것이다. 페이팔은 감독 당국과 싸워야 했고, 금융 사기꾼들을 물리쳐야 했으며, 심지어 고객 기반 대부분을 제공하던 이베이와도 경쟁해야 했다. 또한 내부의 불화도 있었다. 그 불화는 심지어 몸싸움으로 이어져 한바탕 레슬링 판이 벌어질 뻔했다.[8] 한동안 회사의 CEO 자리를 놓고 각축을 벌이기도 했다. 합병 후 빌 해리스 Bill Harris가 회사를 이끌었으나 머스크와 전략에 대한 논쟁을 벌인 뒤 곧바로 사임했다. 뒤이어 지휘봉을 잡은 사람이 머스크인데, 그는 기술에 관한 의견 차이로 이사회에 의해 해고됐고 그다음 피터 틸이 CEO가 됐다.

이런 내분은 결국 공동의 적에게 길을 내주고 말았다. 그것도 뜻밖의 적, 이베이였다. 이베이는 페이팔과 경쟁하기 위하여 자금이체를 업으로 하는 회사 하나를 매입했고, 자사 플랫폼에서 페이팔을 제거하는 전략을 구사하고 있었다. 페이팔은 제품을 개선하고 이베이 사용자들의 지지를 모으며 반격에 나섰다. 2002년 6월에 열린 이베이 사용자 콘퍼런스에서 페이팔은 파티를 열고 참가자 전원에게 콘퍼런스 기간에 입을 파란색 티셔츠를 나눠주었다. 파란색이 바다를 이룬 그 장면을 보고 이베이의 최고 경영진은 어떤 징후를 발견했음이 틀림없다. 한 달 후, 이베이는 페이팔 인수 작업을 진행하고 있다고 전격 발표했다.

네트워크 전반의 인물로 당신의 팀을 구성하라

페이팔 직원들 입장에서 볼 때 이베이에 인수된 것이 금전적으로는 이득이었지만 기업문화 차원에서는 전혀 도움이 되지 않았다. 페이팔은 1990년대 후반과 2000년대 초의 실리콘밸리 문화에서 이른바 '이단아'였다. 그때는 스타트업 신화가 오늘날처럼 두드러지지 않았다. 페이팔의 문화는 이 지역 기업들의 대명사로 알려진 '재빨리 움직여 기존의 질서를 무너뜨려라move fast and break things'라는 경영 철학의 선구자였다. 그에 비해 페이팔을 인수할 당시 이베이는 전문 경영자들이 포진한 대기업이었다. 페이팔 사람들은 이베이의 문화가 숨이 막힐 정도로 관료적이라는 사실을 알게 됐다. 통합 초기부터 페이팔 사람들은 회사에 얼마나 오래 붙어 있을 수 있는지 의문을 품기 시작했다.

예를 들면 통합 초기에 이베이 경영자들은 3시간짜리 미팅 일정을 잡고, 137장이나 되는 파워포인트 슬라이드를 가지고 회의장에 나타났다. "페이팔의 역사에서 3시간짜리 회의를 한 적은 한 번도 없습니다. 절대 농담이 아니에요. (…) 게다가 그들은 3시간 단위로 통합에 관한 회의를 시작했습니다." 당시 페이팔의 선임 부사장이었던 키스 라보이스의 말이다.[9] 결국 200여 명의 페이팔 직원 중 거의 절반이 회사를 떠났다. 초기 멤버 50명 중 단지 12명만이 합병 후 4년간 그곳에 남아 있었다.[10] 페이팔의 전 최고운영책임자COO 데이비드 색스는 이렇게 말했다. "벤처기업가 정신이 매우 투철한 직원들의 대규모 이탈이 있었습니다. 그들은 남들이 포기했을 때 대박 나는 신제품을 쏟아낼 수 있는 매우 혁신적인 기술을 모두 습득한 상태였습니다."[11]

신제품을 쏟아낸다는 표현은 그들이 한 일을 정확히 묘사한 것이다.

피터 틸은 페이팔을 매각한 직후, 매각 자금으로 클라리움캐피털Clarium Capital이라는 헤지펀드를 설립했다. 여기에 페이팔의 베테랑이었던 앤드루 매코맥과 켄 하워리가 합류했다. 또한 틸은 페이스북이라는 신생 스타트업의 최초 외부 투자자가 됐으며, 자신의 친구이자 페이팔 동료였던 리드 호프먼을 투자에 참여시 컸다. 리드 호프먼은 페이스북 외에도 여러 소셜 네트워크에 투자하고 있었으며, 몇몇 사람과 함께 링크드인을 출범했다. 이때 키스 라보이스와 피터 틸로부터 투자금을 받았으며, 페이팔 마피아의 또 다른 멤버로부터 링크드인의 첫 번째 사무실을 제공받았다.[12] 페이팔 매각으로 돈을 벌었고, 테슬라와 스페이스X를 설립한 일론 머스크조차 페이팔 마피아로부터 사업 아이디어와 펀딩에 관한 도움을 받았다. 머스크가 가장 경제적인 우주 로켓 발사를 연속으로 세 번이나 실패하여 스페이스X의 사업자금이 바닥났을 때, 그가 실험을 계속할 수 있도록 충분한 자금을 대준 사람이 바로 페이팔 출신 동료였다.[13]

이 신생 스타트업들의 관계가 돈독했던 이유 중 하나는 페이팔 시절부터 유지해온 '친구' 인맥이었다. 그러나 그들의 유대를 극적으로 강화해준 또 하나의 요인은 경제적 상황이었다. 그들이 이베이로 합류하지 않고 자유로운 몸이 된 2000년대 초반에는 소비자 기반의 기술 스타트업들에 자금이 거의 들어오지 않았다. 키스 라보이스는 "아무도 그들에게 돈을 대주려 하지 않았어요. (…) 단지 리드 호프먼, 피터 틸, 그리고 우리 몇 명과 세쿼이아캐피털 정도가 있었습니다"라고 말했다.[14]

페이팔 마피아들은 단지 돈을 관리하기만 한 것이 아니라 여러 아이디어를 짜냈다. 또한 페이팔 난민들이 시작한 스타트업 대부분에 새로운 멤버들이 합류함에 따라 페이팔 마피아의 경영철학과 문화가 점차 확산됐다. 마피아가 스타트업과 직접적으로 일하지 않고 단순히 투자만 한 곳에서조차 그들의 영향력은 막강했다. 그들이 관여했던 신규 벤처 회사 하나하나에 남긴 선명한 발자취는 오늘날 실리콘밸리의 문화와 기풍 일부를 설명해준다. 페이팔 마피아가 영향을 끼친 기업들의 사업 규모와 시장가치가 수십억 달러에서 수백억 달러에 이른다는 점을 고려하면, 그들이 남긴 발자취가 매우 긍정적이라는 점에 대해서는 이론의 여지가 없을 것이다. 즉, 이베이에서 쫓겨난 이단아 무리가 눈부신 혁신을 이룬 강력한 네트워크의 중앙 노드가 된 것이다.

하지만 페이팔 마피아의 성공은 단지 과거의 인연과 그들의 엄청난 부만으로 설명할 순 없다. 최근 네트워크 인맥이 어떻게 교류할 때 가장 효과적인가를 연구한 결과, 페이팔 마피아의 특별한 협업 방식이 성공으로 이끌었다는 점이 드러났다. 즉, 일시적 협업이다.

일시적인 협업이 최고의 성과를 낸다

2000년 초, 브라이언 우치는 최고의 성과를 내는 팀들이 어떻게 서로를 찾고 협업을 하는지 관심을 갖게 됐다. 특히 인적 네트워크들이 각각의 산업에서 서로를 찾고 협업했던 사람들에게 어떻게 영향을 끼쳤는지 알고 싶었다. 그는 처음에는 과학 분야만 살펴봤으나 점차 다양한 영역으로 연구 범위를 확대했다. 예를 들어 과학 분야에서 우치와 그의 동료들은 혁신들이 점점 더 협업을 통해 이루어지고 있다는 사실을 알게 됐다.

브라이언 우치가 동료인 스테판 우치Stefan Wuchty, 벤저민 존스Benjamin Jones와 함께한 연구에서 협업 확대를 통해 파급력 있는 과학 논문이 나오는 비율이 빠르게 증가하고 있음이 발견됐다. 연구팀은 1955년에서 2000년까지 거의 2,000만 건의 상호 심사 논문peer-reviewed papers과 200만 개 이상의 특허를 수집했다.[15] 이를 분석한 결과, 협업으로 일하는 사람들의 수가 꾸준히 늘어나고 있음을 알게 됐다. 거의 2배로 말이다. 예를 들어 1955년에 출간된 논문 1편당 공동 저자의 수는 평균 1.9명이었는데, 이는 연구자들이 홀로 일하던 당시의 추세를 잘 보여준다. 50년이 흐른 후에는 그 숫자가 3.5명으로 늘어났다.

과학자들이 참여한 팀 작업과 단독 작업의 비율 또한 변화했다. 특히 사회과학자들을 보면, 1950년대의 논문 중 팀을 이루어 쓴 것은 단지 17.5%에 불과했다. 50년이 지난 후, 그 비율은 51.5%로 늘어났다. 50년 전에는 연구소에서 혼자 일하는 천재의 이미지를 연상할 수 있지만, 오늘날 대부분의 천재성은 확대된 협업을 통해 구현되고 있다는 의미다.

공동 작업이 어떤 분야에 미치는 파급력 또한 단독 작업에 비해 늘어났다. 그 파급력은 논문의 인용 숫자로 판단하는 것이 최상의 방법이다. 즉, 어떤 논문이 다른 논문에서 인용된 횟수를 보는 것이다. 이는 실제로 그 연구 인력과 질에 대한 간접 지표로 빈번히 사용된다. 대상 기간 50년에 걸쳐, 공동 저술 논문이 단독 저술 논문보다 훨씬 더 빈번하게 인용됐고, 인용된 공동 저술 논문의 비율도 증가했다. 1950년대에는 인용된 공동 저술 논문의 숫자가 단독으로 쓴 논문 숫자보다 1.7배 많았다. 이 수치는 2000년에 2.1배로 늘어났다. 자가 인용(자신의 이전 논문을 인용하는 것)을 제외하여 통계 처리한 후에도 공동 저술 논문의 파급력은 여전히 증가한 것으로 나타났다.

팀 활동에 의한 연구 실적이 증가했다는 사실은 당연히 '무엇이 최고의 팀을 만드는가?' 라는 질문을 던지게 한다.

우치와 다른 한 팀의 연구자들 역시 그 후속 질문을 파헤치고 있었다. 이 연구팀은 1955과 2004년 사이에 출판된 논문 데이터 세트를 모았다.[16] 이 자료 역시 매우 방대한 것으로, 다양한 과학 분야에 걸친 22개 저널에서 9만 편의 논문과 11만 5,000명의 저자를 포함하고 있었다. 우치는 로저 기메라Roger Guimerà, 루이 아마라우Luís Amaral, 재럿 스피로Jarrett Spiro와 함께 특히 단골 협업의 횟수를 살폈다.

천재의 영감은 작은 그룹의 과학자들이 오랫동안 함께 일한 결과에서 나올까, 아니면 한시적인 협업에서 나올까? 앞서 언급한 것처럼, 이 분야에 대한 우치의 연구는 그가 후자의 가능성을 더 크게 보고 있음을 시사한다. 왜냐하면 그가 공동 저술한 논문 각각이 조금씩 다른 상대와의 협업을 통해 작성됐기 때문이다.

이 질문에 답하려면 논문들의 질을 평가해야 했다. 이를 위해서 연구팀은 각각의 논문이 게재된 저널의 영향력을 간접 지표로 사용했다. 놀랍게도, 단골 상대와 협업한 논문은 영향력이 낮은 저널에서 훨씬 더 많이 발견됐다. 반면 영향력이 높은 저널에서는 이전에 함께 일한 적이 없는 공동 저자들의 논문을 더 자주 볼 수 있었고, 각자는 해당 논문이 출판되고 나면 다른 팀으로 옮겨가곤 했다. 즉, 최고의 팀들은 단지 일시적으로 모인 것처럼 보였다.

이런 연구 결과에 대해서는 과학적 연구의 성격으로 어느 정도 설명할 수 있다. 과학 논문을 출판하기 위해서는 처음 데이터 수집부터 원고 작성에 이르기까지 많은 노력이 투입된다. 그러나 이론 자체만 탁월하다고 파급력 있는 성과가 나는 것이 아니다. 탁월한 이론은 엄청난 양의 데이터로 뒷받침될 때만 완성된다. 그리고 이를 가능케 하는 최상의 조건은 창의적인 아이디어를 구현해온 고참들과 비록 경험은 짧더라도 프로젝트에 엄청난 시간과 에너지를 투자하는 신참들로 팀을 균형 있게 구성하는 것이다.

그러나 실망스러운 부분은 좋은 팀을 찾고 나서 그 팀에 계속 머무를 경우 투자한 시간과 에너지에 비해 돌아오는 이득이 줄어든다는 것이다. 다시 말해 만약 어떤 팀이 첫 번째 프로젝트를 성공시킨다면, 같은 분량의 시간과 에너지를 다음 프로젝트에 쏟을 가능성은 작다. 그 팀에는 '새로운 피'가 필요하다. 그러려면 사람들을 빠르게 모이게 할 뿐만 아니라 새로운 협력자들을 충분히 불러들여 그 프로젝트를 지속시킬 네트워크가 필요하다.

이런 효과, 즉 네트워크의 여기저기에서 인재를 모아 한시적인 팀을 구성하는 것은 단지 과학계에만 국한되지 않는 것으로 밝혀졌다.

페이팔 멤버들이 왜 이베이를 나오자마자 새로운 회사를 차리지 않았는가를 상기해보라. 그들은 오히려 기술 공동체로 퍼져나갔고, 새로운 협력자들을 찾았으며, 옛 동료들이 제공한 아이디어와 자원을 연결해주면서 이득을 얻었다. 이들은 새로운 기업을 만들 때 검증된 기술 혁신가 그룹을 내부에 두는 것보다 네트워크 전반에 퍼져 있는 혁신가들을 활용하는 것이 더 중요하다고 생각했다. "팀 인력의 순환 이동은 창의성을 키우는 데 매우 중요한 요소입니다. 물론 팀 멤버들이 서로의 업무 습관을 잘 알게 될 때 소통이 더 효율적으로 이뤄지는 건 사실입니다. 하지만 네트워크를 속속들이 아는 게 더 중요하죠"라고 우치는 말했다.[17]

페이팔 마피아 멤버들의 입장에서 보면, 페이팔이 이베이에 인수된 후 그들은 어쩔 수 없이 새로운 팀을 찾고 다양한 프로젝트를 돌아다닐 수밖에 없었다. 마피아 멤버 개인이 이전 직장 동료들과 새로운 창업자들이 만든 팀에 합류하여 잠시 어떤 역할을 하고, 또 다른 프로젝트로 갈아타는 것은 흔하게 볼 수 있는 일이었다. 심지어 상당수는 자기 회사를 세우고, 다른 회사에 투자하고, 또 다른 회사에 자문을 제공하는 등 동시에 여러 개의 프로젝트에서 일했다. 실리콘밸리의 전체 네트워크 안에서 페이팔 마피아 멤버들이 협력하는 방식은 과학 연구자들의 협업 방식과 아주 유사해 보인다.

개인 차원에서 보면, 페이팔 마피아의 성공이 의미하는 바는 대단히 의외이면서도 동시에 아주 분명하다. 중요한 것은 단순히 네트워크를 가지는 것만으로는 충분하지 않고 그 네트워크가 밀도 있어야 한다는 점이다. 이전 장에서 클러스터와 협업자들을 찾는 것이 매우 중요하다고 말한 것을 상기해보라. 만약 당신이 네트워크를 활용해 과거 인맥과 새로운 인맥으로 팀을 구성할 수 있다면 대단한 조합을 이룬 것이다. 그렇지 않다면, 당신은 아마 이전의 사람들과 너무 자주 일하고 있는 것이다. 또한 프로젝트나 기회가 있을 때마다 새로운 사람들을 소개받아야 한다면, 당신의 네트워크는 바람직한 유형이 아니다.

조직 차원에서 보면, 페이팔 마피아의 성공이 의미하는 바는 좀더 중요하다. 대부분의 회사는 협업을 가로막는 조직도를 기반으로 세워진다. 즉, 효과적인 협업을 가능케 하는 조직 형태와 정반대다. 회사에 더 유익한 조직구조를 만들고 싶다면 계층적 조직구조 대신 과학자들의 협력 네트워크나 페이팔 마피아 수준의 밀도를 가진 조직구조를 설계해야 할 것이다.

조직도를 어떻게 유연한 네트워크로 바꿀 것인가

대부분의 조직에서 네트워크의 형태를 결정짓는 것은 조직도다. 회사가 성장하고 조직이 커감에 따라 모든 직원이 서로를 만나거나 함께 일한다는 것은 불가능해진다. 그래서 자연스럽게 보고체계가 개발된다. 직원들은 그룹으로 나누어지고, 전문성에 따라 조직화되며, 통상 보고할 관리자가 지정된다. 조직 계층을 오르내리는 소통의 속도는 대체로 빨라지는 반면, 수평적인 소통의 속도는 매우 느려져 거의 정지 수준이 된다. 더욱 심각한 문제는 프로젝트팀 멤버로 새로운 협력자를 찾을 확률이 거의 없어진다는 것이다. 일반적으로 팀은 '같은 관리자에게 보고하는 사람들'로 정의되며 팀 멤버들을 순환시키는 것은 비정상적인 것으로 간주된다. 하지만 일부 회사는 인재를 순환 배치하고 다양성을 키우는 것을 예외적인 상황이 아닌 표준으로 만들었다.

세계적으로 유명한 디자인 컨설팅 업체 IDEO가 하나의 완벽한 예다. 이 회사는 1991년에 3개의 디자인 스튜디오가 합병하면서 탄생했다.[18] 창업자 중 한 사람이고 여전히 회사의 주요 인사인 데이비드 켈리David Kelley는 한 가지 목표를 가지고 회사를 시작했다고 입버릇처럼 말했다. 그 목표란 '최상의 친구들로 구성된 일터를 만드는 것'이었다.[19] 그래서 '친구와 함께 일하는 느낌'을 유지하기 위해 직원 수가 마흔 명을 넘는 회사로 키우고 싶지 않았다. 하지만 이 회사는 빠르게 성장했다.

IDEO는 일찌감치 대중적인 성공을 경험했다. 예컨대 애플 컴퓨터의 마우스를 처음 디자인했고, 영화 〈프리 윌리〉를 위해 7.6m짜리 기계식 고래 로봇을 만들었다. 표준형 쇼핑 카트도 이들의 작품이다. 높은 성장세 속에 ABC 방송국의 〈나이트라인〉이라는 보도 프로그램에서 IDEO의 전 창작 과정을 다루기도 했다. 또한 이 회사는 1990년대 내내 어떤 디자인회사보다 업계의 상을 많이 받았다. 성공은 더 많은 성공을 낳았고, 그 성공으로 더 많은 일이 생겼다. 다시 말해, IDEO는 성장을 '요구받았던' 것이다.

오늘날 IDEO는 전 세계에 사무실을 가지고 있으며 650명이 넘는 직원을 고용하고 있다.[20] 당연하게도, 회사의 성장은 '친구들과 함께 일하는 작은 회사'라는 느낌을 유지하기 어렵게 했다. 그러나 그 목적을 계속 달성할 방법이 아예 없는 건 아니었다. 주요 방법 중 하나가 사람 중심이 아니고 프로젝트를 중심으로 조직도를 설계하는 것이다. 새로운 고객 프로젝트가 들어오면, IDEO는 처음부터 프로젝트별로 팀을 구성한다. 엔지니어와 건축가를, 또는 심리학자와 인류학자를 결합하는 등 매우 다채롭게 구성된다.[21] 다양한 배경의 혼합은 다른 기업들은 꿈도 못 꾸는 수준의 다양성과 창의성을 제공해준다. 하지만 IDEO가 창의적 성공을 거두는 데 무엇보다 핵심적이었던 요인은 한 팀에 모여 과제를 수행한 후 새로운 팀에 합류하기 위해 해산할 수 있는 독특한 조직구조다.

팀들은 각 프로젝트에 맞게 구체적으로 조직되는데, 신규 프로젝트가 각각 다르기 때문에 모든 팀이 다를 수밖에 없다. 그러나 모든 팀이 유능한 디자이너들과 스페셜리스트들을 결합하기 때문에 위대한 일이 일어난다. "IDEO 사람들은 매우 똑똑하고 유능하기 때문에 신규 프로젝트가 들어오면 그 시기에 동원 가능한 디자이너들을 무작위로 모아 팀을 꾸릴 수 있습니다. 그러면, 획기적인 아이디어들과 행복해하는 고객들을 통해 마술 같은 일이 일어납니다"라고 데이비드 켈리는 설명했다.[22]

IDEO의 팀 구성 프로세스가 무작위로 진행되는 것처럼 보이지만, 실상은 전혀 그렇지 않다. IDEO는 각 팀에 맞는 완벽한 직원을 뽑기 위해 소셜 플랫폼을 이용한다.[23] 그 플랫폼에는 임

직원의 학력, 역량, 과거 프로젝트 실적 등 모든 프로필이 등록되어 있다. 이 프로필은 회사 전체에 공유되며, 컴퓨터에서 키워드로 검색할 수 있다. 이 플랫폼은 그저 한 개인이 가지고 있는 과거의 협업 경험 그룹보다 더 광범위한 인재풀에서 적절한 팀 동료를 효과적으로 찾게 해준다. 그 방법은 거꾸로도 효과를 낸다. 다시 말해, 직원들이 자신의 스킬 세트와 관심사에 맞는 신규 프로젝트 기회를 검색할 때도 이 플랫폼을 사용할 수 있다.

일의 독특한 성격과 독창적인 팀 구성 방식을 반영한 IDEO의 조직도는 실리콘밸리의 페이팔 마피아 네트워크처럼 보인다. 이것이 전적으로 내부에서 일어난다는 점을 빼곤 말이다. 어떤 새로운 프로젝트가 들어오면, 시스템 내에서 참여 가능한 사람들로 새로운 팀이 구성된다. 프로젝트가 2~3개월 정도 계속된 후 해산되면 멤버들은 IDEO 직원으로서 광범위한 네트워크로 되돌아가 다음 과제를 기다린다(팀이 해산될 때쯤에는 이미 어느 정도 다음 과제에 참여하고 있는 경우가 많다). 그러다가 다음 프로젝트를 찾으면, 새로운 사람들로 구성된 새로운 팀에 들어간다. 이전의 멤버는 몇 명에 불과하다.

그 새로운 팀이 페이팔 마피아의 대규모 네트워크, 과학 실험실, IDEO 같은 디자인회사 사무실 어디서 구성되든 간에 우리에게 주는 교훈은 최상의 네트워크가 유동적인 팀을 만들어준다는 것이다. 사람들은 대개 평생 함께 일할 믿을 만한 사람을 찾아 네트워크를 구축하려 든다. 그리고 최상의 팀이란 오랫동안 단단한 결속을 유지하는 사람들로 구성돼 있다고 생각하는 경향이 있다. 그러나 팀과 네트워크의 특성에 관한 구체적인 연구 결과들은 생산성이 가장 높은 최상의 팀들은 한시적으로만 유지된다는 점을 보여준다.

과학에서 실천으로

협업 네트워크에서 배울 점은 최상의 팀들이 어떤 프로젝트에서 일하거나, 심지어 자문을 제공할 때도 한시적으로 운영된다는 것이다. 최상의 팀들은 아마도 당신이 생각하는 것보다 훨씬 짧은 기간 함께 일하면서 진정한 효과를 낸다.

하지만 당신이 그런 팀을 얻기 위해서는 빈번하게 새로운 팀을 구성하거나 재구성할 만큼 충분히 다변화되어 있고 느슨한 네트워크를 가져야 한다. 당신이 그런 네트워크를 가지고 있는지를 판단하는 가장 좋은 방법은 당신의 일정표를 살펴보고 현재 여러 팀의 사람들과 어떻게 교류하는지를 점검해보는 것이다. 당신의 팀 미팅들을 평가해보고 당신이 필요로 하는 팀들을 구성할 수 없을 만큼 네트워크가 너무 빠듯한지 어떤지를 판단하는 방법은 다음과 같다.

1. 지난 3개월의 일정표를 되돌아보고 당신이 참가했던 프로젝트 미팅을 모두 나열해라.

2. 각각의 미팅에 참여했던 사람들의 이름을 모두 적어라. 그 목록이 길어질 수도 있다. 왜냐하면 하나의 프로젝트팀이 정기적으로 만난다면, 모든 사람의 이름을 매번 다시 작성해야 하기 때문이다.

3. 그 리스트를 작성할 때, 복수의 팀에서 당신과 함께 일하는 사람이 있다면 그 이름 옆에 별표(*)를 붙여라.

4. 다음으로, 당신이 직접 만나는 복수의 팀에 당신과 마찬가지로 참여하는 사람이 있다면 그 이름 옆에 플러스 기호(+)를 붙여라. 당신과 그 사람이 복수의 팀에 공통으로 속해 있다는 의미다.

리스트가 완성되면, 전체 리스트에 올라온 팀 동료의 몇 퍼센트가 복수의 팀에서 일하고 있는지를 살펴봐라. 이런 계산 방식이 다소 자의적일 수도 있겠지만, 당신의 리스트에 있는 사람 중 절반 이상이 복수의 팀에서 일하고 있다면 그것은 심각한 경고 신호다. 이상적으로는 당신이 하나의 주요 프로젝트팀에서 일할지라도, 당신의 네트워크 또는 다른 사람들의 네트워크에서 새로운 참석자들을 끌어들일 수 있는 다양한 미팅이 열려야 한다. 만약 같은 사람들이 정기적으로 같은 방에서 만난다면 그것도 또 하나의 경고 신호다.

FRIEND OF A FRIEND OF A FRIEND
OF A FRIEND OF A FRIEND OF A
FRIEND OF A FRIEND OF A FRIEND
OF A FRIEND OF A FRIEND OF A
FRIEND OF A FRIEND OF A FRIEND
OF A FRIEND **OF A** FRIEND OF A
FRIEND OF A FRIEND OF A FRIEND
OF A FRIEND OF A FRIEND OF A
FRIEND OF A FRIEND OF A FRIEND
OF A FRIEND OF A FRIEND OF A
FRIEND OF A FRIEND OF A **FRIEND**…

슈퍼 커넥터가 되라

6

왜 몇몇 사람은 그토록
많은 사람을 알고 있을까

사람들은 자신의 것이든 다른 사람들의 것이든, 네트워크의 크기는 실상 비슷비슷하리라고 생각한다. 하지만 인적 네트워크에 대한 연구에서 평균보다 훨씬 많은 인맥을 가진 사람이 있다는 사실이 밝혀졌다. 이른바 '슈퍼 커넥터super-connector' 다. 그런데 더 중요한 사실이 있다. 대부분 사람이 슈퍼 커넥터가 되기에 충분할 정도로 인맥을 넓힐 능력을 가지고 있다는 것이다. 우리에게 필요한 것은 그 인적 네트워크를 주의 깊게 키워나가는 것이다.

브라이언 그레이저Brian Grazer는 좋은 인맥 가운데 태어나진 않았지만, 대신 호기심이 많은 아이로 태어났다. 그의 강한 호기심은 그를 성공적인 영화제작자와 슈퍼 커넥터의 길로 이끌었다. 아니 호기심이 그를 슈퍼 커넥터로 만들었고, 그래서 영화제작자로 성공할 수 있었다고 보는 것이 더 적절한 순서일 것이다.

그레이저는 자신이 세운 이매진엔터테인먼트Imagine Entertainment를 통해 〈아폴로 13호〉, 〈라이어 라이어〉, 〈뷰티플 마인드〉, 〈8마일〉과 같은 블록버스터 영화와 〈못 말리는 패밀리〉, 〈24〉와 같은 TV 드라마를 제작했다. 그러나 그레이저의 원래 계획은 할리우드에서 일하는 것이 아니었고, 영화제작자는 더더욱 아니었다. 그의 호기심과 인맥이 그를 그곳으로 이끈 것이다.

그레이저는 원래 로스쿨에 가기로 되어 있었다. 그는 사우스캘리포니아대학교를 졸업하고 계속해서 그 대학의 로스쿨을 다닐 준비가 되어 있었다. 그러나 운명과도 같은 어느 여름날, 우연히 엿듣게 된 하나의 대화가 그의 인생을 통째로 바꾸어버렸다.

그는 이렇게 회고했다. "어떤 두 남자가 얘기를 나누는 걸 들었어요. 그중 한 사람이 '세상에! 워너브러더스 같은 직장도 없을 거야. 내가 한 일은 정말 식은 죽 먹기였어. 게다가 보통 1시간 정도면 되는 일에 급여는 8시간어치를 받았거든' 이라고 말하더군요."[1] 호기심 많은 그레이저는 잔뜩 귀를 기울였고, 그 사람이 법률사무원 일을 막 그만두었다는 것을 알게 됐다. 심지어 그 남자의 직전 상사 이름까지도 듣게 됐다.

호기심 많고 당찼던 그레이저는 워너브러더스의 전화번호를 찾은 다음, 그 남자의 전 상사에게 전화를 걸어 면담을 요청했다. 그레이저는 자신은 로스쿨 학생이고 여름철 아르바이트 자리를 찾고 있다고 말했다. 그 상사는 다음 날 오후 3시에 만날 수 있느냐고 물었다. 그레이저는 "그분은 3시 15분에 나를 채용했고, 나는 그다음 주 월요일부터 워너브러더스에서 일을 시작했습니다"라고 당시를 회고했다.[2]

실제로 그 자리는 할 일이 별로 없고, 중요성도 떨어졌다. 그에겐 겨우 옷장만 한 크기에 창문도 없는 사무실이 주어졌다. 그러나 그것은 시작에 불과했다. 그레이저는 "나는 그렇게 조그마한 사무실에서 영화의 세계에 입문했습니다. 그 뒤로 나는 영화 말고 다른 일을 해보고 싶다고 생각한 적이 한 번도 없습니다"라고 회상했다.[3]

비록 출발은 초라했지만, 그레이저는 그때부터 영화 산업에 대한 열정을 키워나갔다. 그의 직함은 '법률사무원'이었지만, 사실 문서수발원에 불과했다. 그가 하는 일은 이런저런 계약서나 문서 자료들을 워너브러더스 프로젝트에서 일하는 사람들에게 배달하는 것이었다. 그 일은 단순하고 지루했다. 예를 들어 수신처가 주어지면 문서를 그곳에 갖다 놓으면 됐다. 그것이 전부다. 만약 식을 줄 모르는 호기심과 재미있게 일하겠다는 의지가 없었다면, 아마도 그는 답답하고 우울하기만 했을 것이다.

그레이저는 "문득, 내가 전달하는 문서들이 아주 유명한 사람들에게 가는 거라는 사실을 깨달았습니다. 다만, 그와 나 사이에 중간자들이 있었죠"라고 말했다.[4] 그래서 그는 유명인들

주변에서 일할 기회를 찾기 위해 무언가를 하기로 했다. "수신처에 도착하면 비서나 수위가 나를 맞이했죠. 그때마다 나는 확실히 배달하기 위해 문서를 수령인에게 직접 건네야 한다고 말했습니다."[5] 놀랍게도 그 작전은 잘 통했다. 아무도 그의 말을 의심하지 않았다.

그레이저는 영향력 있는 임원들과 영화배우들을 직접 만나게 됐다. 심지어 그중 상당수는 그를 방으로 불러 잠깐 얘기를 나누기도 했다. 그는 빌리 프리드킨Billy Friedkin 같은 오스카상 수상 감독들을 만났고, 워런 비티Warren Beatty 등 영화배우들도 만났다. "영화 비즈니스가 로스쿨보다 훨씬 더 재미있다는 사실을 금세 알게 됐습니다. 로스쿨 입학을 뒤로 미뤘고 결국에는 가지 않았습니다"라고 그레이저는 말했다. 대신 그는 감독이나 배우들과의 대화를 통해 많은 것을 배우는 데 몰두했고, 할리우드에서 커리어를 쌓기 시작했다. 그렇게 하기 위해서는 더 많은 조언을 얻을 필요가 있었다. 또 이를 위해서는 잘나가는 업무 쪽으로 다가가야 했다.

그가 이런 깨달음을 얻었을 무렵, 때마침 워너브러더스의 고위 임원 한 사람이 해고되어 그의 사무실이 비게 됐다. 그가 떠난 사무실은 회장, 부회장, 사장이 일하는 임원실 바로 옆에 있었다. 그레이저는 모험 삼아 그 사무실이 비어 있는 동안 거기서 일해도 되느냐고 상사에게 물어보았다. 상사는 "물론이지!" 하고 흔쾌히 수락했으며 그가 자리를 옮기도록 조치해주었다. 그레이저는 그저 평범한 법률사무원이었지만, 이제 중요한 사무실에서 일하게 됐다. 심지어 비서도 두게 됐다. 더 중요한 것은 워너브러더스의 부회장인 존 칼리John Calley가 옆 사무실에 있었다는 것이다. 그는 곧바로 그레이저를 맘에 들어 했고 수시로 그를 자기 사무실로 불러 대화를 나누었다. 그레이저는 영화 비즈니스에 대해 단기간에 많은 것을 알게 됐다. 그는 또한 인맥을 넓히기 위해 훨씬 더 대담한 아이디어를 개발했다.

그레이저는 "어느 날, 워너브러더스와 일하는 사람들만 만날 필요는 없다는 것을 깨달았습니다"라고 옛날을 떠올렸다. 만약 적절한 형식을 갖추어 면담을 요청한다면, 아마도 업계에 속한 사람들을 거의 다 만날 수 있으리라는 생각이 들었다. 단순히 전화만 걸면 되는 일이고, 더구나 끈질기게 요청한다면 대부분의 약속을 얻어낼 수 있으리라고 생각했다. 그래서 만나고자 하는 이유를 간단하게 정리한 다음, 전화를 걸기 시작했다.

그는 영향력 있는 임원의 보좌관들에게 전화를 걸어, 사전에 준비하고 연습한 내용으로 이렇게 면담 요청을 했다. "안녕하세요? 제 이름은 브라이언 그레이저입니다. 워너브러더스 총무팀에서 일하고 있습니다. 전화를 드린 것은 회사 업무와는 관련이 없으며, 일자리를 원하는 것도 아닙니다. 다만 아무개 씨와 만나 5분 정도만 얘기를 나누고 싶습니다." 그러고 나서 자신의 관

심사가 무엇이며 상대방이 시간을 투자할 만한 구체적인 이유는 무엇인지를 밝힌 후 전화를 끊었다.[6]

그레이저가 문서를 배달할 때 그랬던 것처럼, 놀랍게도 그의 요청이 대부분 효과를 발휘했다. 그는 다른 영화사 소속의 제작자와 감독들을 만났으며, 그때마다 유익한 정보를 얻었다. 그리고 자리를 뜨기 전에는 어떤 사람들을 더 만나면 좋을지 꼭 추천을 받았다. "영화계 인사 한 사람과 대화하면 내가 대화할 수 있는 사람이 적어도 여섯 명은 더 늘어났습니다. 미팅이 성공할 때마다 다음 만남에 자신감을 갖게 됐죠. 정말이지 나는 업계의 거의 모든 사람을 만날 수 있었습니다"라고 그레이저는 회상했다.[7]

가끔은 엄청난 노력 끝에 미팅이 잡히기도 했는데, 그런 미팅들은 거의 언제나 그만한 값어치를 했다. 오랫동안 기다려온 미팅 중 하나가 루 와서맨Lew Wasserman과의 첫 만남이었다. 와서맨은 영화사 MCA의 대표였고, MCA는 나중에 NBC유니버설NBC Universal이 됐다. 와서맨은 MCA를 통해 주디 갈랜드Judy Garland, 프레드 아스테어Fred Astaire, 지미 스튜어트Jimmy Stewart 등의 영화배우와 일했고, 특히 영화감독 앨프리드 히치콕Alfred Hitchcock과도 함께 일한 적이 있다. 그레이저가 와서맨을 찾고 있을 때, 그는 영화계에서 가장 영향력 있는 사람이었다.

그레이저는 와서맨을 단 10분 동안 만났지만, 와서맨이 해준 조언은 그레이저의 커리어를 결정지었다. 와서맨은 그에게 "가서 뭔가를 글로 적으세요. 아이디어는 당신이 가져와야 합니다"
라고 말했다.[8]

대화 내용이 아무리 훌륭하고 인맥이 아무리 많다 하더라도,
그는 아이디어를 개발하기 위해 이런 인맥을 활용할 필요가 있
었다. 그렇지 않았다면, 아마도 그는 영화제작자가 되지 못했을
것이다. 궁극적으로 그레이저가 평생 사업 파트너가 되는 론 하
워드Ron Howard 감독을 만나게 된 것 역시 바로 이런 인맥 찾기를
통해서였다.

그레이저가 하워드를 처음 만난 곳은 파라마운트스튜디오
Paramount Studios의 촬영장이었다. 하워드는 당시 텔레비전에서 방
영하는 영화와 같은 다소 작은 프로젝트에서 일하고 있었다. 거
의 모든 사람과 관계를 맺고자 하는 전략에 따라 그레이저는 하
워드에게 전화를 해서 바로 이렇게 말했다. "저는 감독님과 제
가 비슷한 목표를 가지고 있다고 생각합니다. 찾아뵙고 이에 대
해 이야기를 나누고 싶습니다."[9]

며칠 후, 두 사람은 직접 만나 주류 대중 매체에서 일하고자
하는 목표에 대해 논의했다. 그 자리에서 파트너십이 탄생했다.
그들은 처음에 두 편의 영화를 함께 만들었고, 그중 하나인 〈스
플래시〉가 크게 히트하자 이매진엔터테인먼트라는 회사를 만들
었다. 이후로도 그들은 계속 함께 일해왔다. "론과의 관계는 내
인생에서 가장 중요합니다. 가족을 제외하면, 그는 가장 가까운

직장 동료이자 가장 친한 친구입니다"라고 그레이저는 말했다.[10]

하지만 하워드와의 오랜 파트너십과 별개로, 그레이저는 새로운 인맥 개발을 멈추지 않았다. 그는 여전히 이른바 '호기심 대화'를 나누기 위해 새로운 사람들을 끊임없이 찾았다. 35년이 넘는 시간 동안 그는 흥미로운 사람들과의 대화를 일상의 규칙적인 한 부분으로 만들었다. "나의 목표는 2주마다 적어도 한 명이었습니다"라고 그는 설명했다. 그 만남의 대상 중에는 빌 클린턴Bill Clinton 대통령과 과학자 칼 세이건Carl Sagan도 있다. 백신 발명자 조너스 소크Jonas Salk와 억만장자 카를로스 슬림Carlos Slim을 만났고, 래퍼 피프티센트50 Cent와 해양학자 자크 쿠스토Jacques Cousteau도 만났다.[11] 심지어 다이애나비를 만나 그녀와 아이스크림을 나누어 먹기도 했다.[12]

그레이저가 가졌던 수많은 미팅은 의도적으로 영화와 텔레비전의 세계 밖에 있는 사람들과 이루어졌다. 그러나 그는 그런 미팅 중 상당수에서 새로운 영화와 드라마에 대한 아이디어를 얻었다. 이에 더하여 그는 영화계 내부에서 알고 지낼 필요가 있는 사람들은 거의 모두 만났다. 그들과 알고 지내는 것은 영화제작자로서 해야 할 일상 업무의 일부였다. "제작자의 일이란 배우, 작가, 감독, 음악가를 만나는 것입니다. 에이전트, 제작자, 영화사 대표, 배우와의 전화는 아침 일찍부터 시작되고 종종 퇴근 후까지도 이어지죠"라고 그레이저는 말했다. 여러 가지 면에서 그런 일은 제작자가 수행해야 할 책무다. 즉, 영화 또는 텔레비전 드라마 업계에 종사하는 다양한 그룹을 모두 연결하는 허브가 되는 것이다. 그러므로 다양하고 많은 사람을 알고자 하는 그의 욕구가 그를 성공으로 이끈 요인 중 하나라는 것에 의심의 여지가 없다.

그레이저는 슈퍼 커넥터다. 그는 네트워크 내에서 보통 사람들보다 놀라울 정도로 많은 인맥을 쌓은 몇 안 되는 사람 중 하나다. 그레이저에게는 적어도 인맥의 크기가 곧 성공의 크기라고 말할 수 있다.

평균을 훨씬 웃도는 인적 네트워크

브라이언 그레이저의 이야기가 이례적으로 들린다면, 그 이유는 거대한 인맥을 보유한 사람의 네트워크는 훨씬 커야 한다는 우리의 고정관념 때문이다. 앞서도 말했듯이, 사람들은 대체로 다른 사람들도 자신과 비슷한 규모의 인맥을 가지고 있다고 생각한다. 즉, 자신이 기껏해야 몇 명밖에 기억하지 못하기 때문에 다른 사람들도 대략 비슷한 숫자의 인맥을 가지고 있다고 생각한다. 그래서 '운 좋은 몇몇 사람'만이 훨씬 더 영향력 있는 인맥을 가지고 있다고 생각할 수 있다. 하지만 그들이 정말로 보통 사람들보다 더 많은 사람을 '알고' 있는지는 의문이며 단지 운이 좋았을 뿐이라고 여긴다. 사람들은 거대한 네트워크를 가진 슈퍼 커넥터들을 생각할 때, 네트워크 안에서 우리만큼 서로 깊게 알지는 못할 것이라고 믿는다. 그리고 그런 믿음에는 합당한 과학적 근거가 있다.

그런 주장을 처음 한 사람은 옥스퍼드대학교의 진화심리학자 로빈 던바Robin Dunbar다. 1990년대 초, 던바는 원숭이와 유인원 등 영장류 그룹 간의 소셜 커넥션에 대해 연구하고 있었다.[13] 던바는 조사를 통해 관찰된 그룹들의 사이즈는 그 동물이 가진 두뇌의 크기에 영향을 받았을 것이라는 가설을 세웠다. 동물들이 상호작용하고, 어울리고, 유대를 강화하고, 과거의 교류를 기억하기 위해서는 지능을 필요로 하니 말이다. 더 나아가 그는 유인원 하나가 계속 유지할 수 있는 사회적 관계의 숫자는 그 동물의 지능과 비례할 것으로 추론했다. 결론적으로 그 동물의 지능은 뇌의 크기와 비례해야 하며, 특히 신피질neocortex과 상관관계를 가져야 한다는 것이다.

이 연구는 던바를 또 하나의 결론으로 이끌었다. 만약 신피질의 크기가 영장류에게 사회적 집단의 크기를 제한하는 요소로 작용한다면, 이는 인간에게도 확대 적용되어야 한다는 것이다. 던바와 그의 동료인 러셀 힐Russell Hill은 "인간의 신피질 크기는 알려져 있기 때문에 영장류들의 그룹 크기와 그들의 신피질 크

기 간 상관관계를 적용하면 인간이 인지하는 그룹의 크기를 예측할 수 있으리라고 생각했다"라고 썼다.[14]

알려진 인간의 신피질 크기를 기준으로, 던바는 개인이 정보처리 능력과 지능을 최대한 발휘하여 하나의 네트워크에서 교류할 수 있는 인원은 약 150명이라고 계산했다. 이 연구 결과는 유명한 과학 논문들에서 '던바의 법칙Dunbar's number으로 알려졌다. 계속해서 그는 인간의 사회 집단에서 이 숫자에 대한 증거를 찾아 나섰다.

우선 부족사회와 현대 사회에 대한 인류학 현장 조사 보고서들을 검토했다. 그리고 힐과 함께 개인들이 보내는 크리스마스 카드가 몇 장인지까지 조사했더니, 그 수는 매년 평균 약 150장이었다. 그 외에도 로마 제국 군대의 전형적인 부대 또한 150명 단위로 구성됐고, 제1차 세계대전 당시 보병부대의 수도 150명이었다.[15] 현대의 기업이나 군 조직들은 여전히 조직 단위를 약 150명 수준으로 나누는 경향이 있다. 이는 평균이고 편차는 좀 있지만 말이다.

그러나 특정한 인적 네트워크의 크기를 추정할 때 던바의 법칙에는 두 가지 문제가 있다. 첫 번째는 던바의 연구가 주로 비인간 영장류(원숭이와 유인원)에 초점을 두고, 그 데이터를 근거로 인간의 평균치를 추정했다는 것이다. 두 번째이자 더 큰 문제는 150이라는 숫자가 맞지 않아 보인다는 것이다. 연구 결과 실제 숫자는 우리가 갖고 있는 '평균'에 대한 개념을 깨뜨리는 것이었다.

2010년, 컬럼비아대학교 통계학 박사 과정 학생이던 타일러 매코믹Tyler McCormick은 두 명의 연구자와 함께 두뇌의 크기 대신 서베이와 통계수치를 이용하여 개인 네트워크의 평균 크기를 추정하고자 했다.[16] 한 개인이 가진 네트워크 전체의 크기를 측정하는 것은 여러 가지 이유로 어렵다. 연구자들은 어떤 사람의 네트워크가 얼마나 크냐고 물을 수 없다. 더구나 각 조사 대상자의 스마트폰에서 주소록을 훑어볼 수도 없다. 더 정확한 수치를 얻기 위해서 매코믹과 그의 동료들은 다양한 방법을 시도했다.

일테면 지인들의 이름을 생각나게 하는 질문을 사용했는데, 미국의 성인 1,370명에게 특정 성을 가진 사람을 몇 명이나 알고 있느냐고 묻는('당신은 몇 명의 마이클Michael을 알고 있나요?') 식이었다. 그리고 그 결과를 얼마나 많은 사람이 특정한 이름을 공통으로 쓰는지에 대한 폭넓은 데이터와 비교했다(미국 사회보장국은 연도별로 신생아의 이름에 대한 데이터를 보관하고 있다). 여기에 몇 가지 통계적 기법을 사용하여 각 개인의 네트워크 크기를 추정할 수 있었다.

그들은 조사 대상자의 평균적인 네트워크 크기가 611명이라는 것을 발견했다. 그 자체로만 보면, 이 숫자는 던바의 추정치보다 엄청나게 큰 수치다. 그러나 이 데이터에 숨어 있는 또 하나의 비밀은 더욱 놀랍다. 네트워크의 평균mean 크기는 611명이지만, 중간값median은 472명이었다.

보통 사람에게는 그 차이가 대수롭지 않게 보일 수도 있지만, 통계 전문가들에게는 그렇지 않다. 던바의 연구 가설은 네트워크의 평균 크기가 대략 150이라는 것뿐 아니라 그 그래프가 정규분포를 따른다는 것이었다. 정규분포 곡선은 처음에는 점차 올라가고 중앙에서 정점에 도달한 후 다시 내려온다. 고등학교 수학 시간에 익히 보아온 종 모양(벨 커브) 또는 거꾸로 된 U자형이다. 따라서 정규분포에서는 네트워크의 중간값과 평균이 일치한다. 실제적인 인적 네트워크의 크기는 던바의 추정치보다 4배 더 클 수도 있지만, 만약 611명이 평균이고 정규분포를 이룬다면 그 평균은 동시에 중간값이 되어야 한다. 그러나 매코믹과 그의 동료들이 도출한 결과는 이와 달랐으며 그래프상에서 완전히 다른 모양을 그렸다.

그들이 보기에 네트워크의 크기들은 멱법칙power law(소수와 연결된 노드(연결점)는 아주 많은 반면 다수와 연결된 노드는 아주 적다는 이론이며, 다수의 링크를 독점한 소수와 소수의 링크만 보유한 다수가 뚜렷하게 대비된다. 이는 80:20의 법칙으로 유명한 롱테일 분포에 해당한다—옮긴이)에 더 흡사한 듯했다. 멱법칙은 다른 종류의 분포다. 멱법칙을 그래프로 나타내면 종 모양이 아니라 가파른 언덕처럼 보인다. 높게 시작해서 빠르게 떨어지며 가로축에 가까워질수록 거의 평평해진다(순수한 멱법칙에서는 그 곡선의 어느 점도 양 축에 닿지 않는다). 매코믹과 그의 동료들이 발견한 것이 그것이었다. 대부분 사람이 대략 600명 규모의 네트워크를 가진 반면, 소수는 엄청나게 큰 네트워크를 가지고 있었다. 어마어마한 인맥을 가진 소수의 사람이 분포 곡선을 멱함수 법칙이 그리는 곡선 형태로 왜곡한 것이다.

던바의 입장을 변호하자면, 그는 네트워크의 숫자를 계산하는 데 조건을 달았다. 그는 실제로 몇 가지 숫자를 고려했는데, 인맥의 친밀도가 낮을수록 그 숫자는 큰 폭으로 늘어났다. 또한 그는 어느 개인이 네트워크 안에서 가질 수 있는 인맥의 수에는 한계가 있다고 가정했다. 다시 말해, 분명히 한계선은 있지만 평균에서 아주 동떨어져 있다는 것이다.

네트워크에서 멱법칙이 존재한다는 것을 연구한 사람이 매코믹과 그의 동료들만은 아니다. 더구나 그들이 처음도 아니다. 그 법칙을 발견한 공로는 앨버트 라즐로 바라바시Albert-László Barabási와 레카 앨버트Réka Albert에게 있다. 일찍이 1990년대 초에 바라바시와 앨버트는 개인 간 네트워크와 월드와이드웹world wide web, www 같은 기술 네트워크를 연구하고 있었다.[17] 개인 네트워크뿐만 아니라 인터넷에서 웹페이지도 연구하고 있었기 때문에 어떤 웹사이트(네트워크에서의 노드)들이 보통의 웹사이트보다 엄청나게 많은 인터넷 링크를 가지고 있다는 사실을 잘 알았다. 월드와이드웹이 진화함에 따라 어떤 웹들은 인터넷 사용자들에게 인기 있는 시작 페이지가 됐고, 시간이 흐르면서 이 웹사이트들은 다른 웹보다 훨씬 더 자주 링크됐다. 더구나 이렇게 링크된 사이트 중 상당수는 우연히도 더 많은 웹사이트에 링크됐다. 인터넷 시대 초기에 야후닷컴Yahoo.com과 익사이트닷컴 같은 웹사이트들은 다양한 정보 웹사이트를 연결하면서 인터넷 세계로 들어가는 관문(포털) 역할을 하고자 했다. 연구자들은 그런 패턴이 가정된 정규분포를 따르지 않고 오히려 멱법칙을 따랐다는 것을 쉽게 볼 수 있었다.

이를 바탕으로 그들은 같은 현상이 인적 네트워크에도 적용될 수 있지 않을까 하는 궁금증을 갖게 됐다. 그들은 이른바 '케빈 베이컨의 6단계 법칙' 연구 자료에서 할리우드 데이터를 선택했다. 그들이 할리우드의 배우 네트워크에서 연결성의 정도를 그래프로 그렸을 때, 다시 한번 멱법칙이 나타났다. 다시 말해 분명히 평균적인 인맥의 수가 존재했지만, 일부 소수 그룹의 배우는 평균보다 엄청나게 많은 수의 인맥을 가지고 있었다. 사실 이렇게 인맥이 아주 넓은 배우들이야말로 이른바 '스몰 월드' 효과가 일어날 수 있게 한 원인이었다. 그들은 많은 인맥을 가지고 있을 뿐만 아니라 다른 사람들을 훨씬 더 가깝게 연결해주었다.

시간이 지나면서 이 핵심적 인물들(또는 비인간 네트워크에 관해 말할 때는 노드들)은 슈퍼 커넥터로 알려졌다. 그들은 어마어마한 인맥을 가지고 있을 뿐만 아니라 네트워크 안의 거의 모든 사람을 연결해준다. 슈퍼 커넥터로서의 그레이저를 생각해보라. 업무상 그가 가진 거대한 인맥의 중요성은 한눈에 보아도 명백하다. 현재 그는 할리우드 밖에 있는 다양한 개인과 규칙적으로 교류하고 있지만, 일찌감치 영화계에서 거의 모든 사람을 알아놓았기 때문에 업계의 슈퍼 커넥터로 불린다. 그는 슈퍼 커넥터가 되면서 슈퍼 제작자로 변모했다. 제작자로서 하는 일의 상당 부분이 프로젝트의 다양한 관계자들을 연결하고 함께 일하는 것이기 때문이다. 그가 가진 엄청난 인맥과 친교의 규모는 그가 그동안 받았던 오스카상과 에미상의 수와 필적한다.

그러나 슈퍼 커넥터가 된다는 것이 당신이 네트워크에서 단지 가치를 뽑아낸다는 것만은 아니다. 기존 네트워크 안에서 새롭고 가치 있는 인맥을 창출하는 것이 슈퍼 커넥터가 되는 효과적인 방법이다.

수줍은 아이에서 슈퍼 커넥터로

브라이언 그레이저의 네트워크처럼 조던 하빈저Jordan Harbinger의 네트워크도 멱함수의 상단에 있다. 그레이저와 마찬가지로, 하빈저도 슈퍼 커넥터다. 그러나 그레이저와 달리 하빈저는 타고난 호기심과 흥미로운 대화 욕구에서 우러나 네트워크를 개발한 것은 아니었다. 오히려 그는 필요에 의해서 비정상적으로 거대한 네트워크를 구축했다. 어려서부터 조던은 수줍음을 많이 타는 아이였다. 그는 학교에 갈 때마다 대인기피증에 시달렸기 때문에 학교를 자주 빼먹었다. 그렇다고 불량 학생은 아니었다. 사실은 정반대였으며, 미시간대학교를 졸업하고 거기서 로스쿨을 갈 정도로 매우 똑똑하고 근면한 학생이었다.[18]

로스쿨에서 하빈저는 자신의 네트워크를 구축하는 것이 얼마나 중요한지를 깨달았다. '성공하는 데 당신이 알고 있는 지식은 당신이 알고 있는 인맥만큼 유용하지 않다' 라는 사실을 배운 것은 그가 인턴으로 있던 때였다. 그는 엄청나게 많은 사람을 알아야 한다는 점을 깨닫게 됐다. 여름철 인턴 기간에 하빈저는 월가의 로펌에서 일했고 운 좋게도 한 '멘토'와 짝이 됐는데, 평소그를 보기가 어려웠다. 알고 보니 그는 늘 사무실 밖에 있었다. 하빈저가 로펌을 둘러봤을 때, 그의 눈에 이 회사는 오직 부지런함을 토대로 세워진 기업으로 비쳤다. 하빈저는 로펌의 변호사들에 관해 "그 사람들은 1시간이 아니라 6분 단위로 청구하더군요"라고 말했다. "누구나 자문 시간을 될 수 있는 대로 많이 청구하고 싶어 하는데, 선임 파트너가 특정 과제를 하는 데 걸리는 시간으로 얼마가 적당한지 결정해줍니다."[19]

하빈저가 보기엔 모두가 일만 열심히 하고 있었던 것이다. "당신은 1년에 2,000시간 이상을 고객에게 비용으로 청구합니다. 그리고 보너스를 받습니다. 멋진 인생이죠. 하지만 정말 많은 일을 해야 합니다"라고 그는 말했다.

그러던 중에 하빈저는 전담 멘토인 데이브Dave를 만났다. "그분은 피부를 멋지게 태운 브루클린 출신이고 사무실에 있는 적이 없었어요. (…) 그러나 그는 다른 사람들이 모르는 어떤 것을 알고 있었습니다"라고 회고했다.[20] 하빈저는 딱 한 번 데이브와 미팅을 가졌다. 그것도 데이브가 아직 인턴 멘티를 만나본 적이 없다는 걸 인사부가 알고 미팅을 주선해준 것이었다.

하빈저가 당시를 회상하며 말했다. "우리는 스타벅스에 있었어요. 그는 선 채로 무엇이든 물어보라고 하더군요." 하빈저가 "왜 변호사님은 늘 사무실에 안 계세요?"라는 뻔한 질문을 할 때조차 그는 고개를 숙인 채 휴대전화만 들여다보고 있었다.[21] 하빈저는 그 로펌의 변호사들이 온종일 일하고 심지어 주말까지도 일하는 것을 봤다. 그러나 데이브는 전혀 나타나지 않으면서도 돈은 파트너들만큼 버는 것 같았다. 데이브는 솔직한 대답을 들려줬다. "나는 사업을 따 오거든. 내가 의뢰인들을 데려오지. 고객들을 끌어오는 거야. 내가 사업 인맥book of business을 꽉 잡고 있거든."[22]

데이브는 다른 변호사들처럼 많은 시간을 청구하진 않았지만 알선 보너스로 그에 상응하는 보상을 받았다. 데이브는 자신의 역할이 사무실에서 오래 일하는 것이라기보다, 오히려 새로운 고객을 유치하기 위해 인맥을 굴리는 일이라고 생각했다. 그래서 다른 사람들이 청구 시간을 늘리려고 정신없이 일할 때, 데이브는 회사에 언젠가 도움이 될 수도 있는 인맥을 키워나가는 '레인 메이커rainmaker'(미국의 인디언들이 가뭄이 들면 모든 부족이 모인 자리에서 하늘에 제사를 올려 은총의 단비를 청했던 데서 유래한 말로, 높은 매출 실적과 우량 고객을 끌어오는 사람을 일컫는다―옮긴이)로 일하고 있었던 것이다.

사무실로 돌아온 후, 하빈저는 셈을 해보기 시작했다. 그의 멘토는 보너스를 받을 만큼 일을 많이 하거나 청구 시간을 쌓지는 않았지만, 그가 끌어온 모든 고객에 대해 전체 청구 비용의 일부를 받고 있었다. 이는 대다수 변호사보다 그가 더 많은 돈을 벌고 있음을 의미했다. 하빈저의 머릿속에 불이 번쩍 들어왔다. 실제로, 커리어 전략의 관점에서 이때가 그에게는 일대 전환점이었다. 대학생 때 그는 지능이 성공의 많은 부분을 차지한다는 것을 봤고, 로스쿨에서는 지능과 노력이 잘 결합되어야 한다고 생각했다. 그러나 이 순간 바깥세상에서는 타고난 지능과 엄청난 노력만으로 충분치 않다는 것을 봤다. 자신의 인맥을 만들어야 하는 것이다.

하빈저는 마지막 학년을 마치기 위해 로스쿨로 돌아왔고, 여름 인턴 기간에 배운 것을 즉각 실행에 옮기기 시작했다. 그는 단순히 네트워킹만을 공부하지 않았다. 대화 외적인 소통 기술, 보디랭귀지, 발성 기술, 대화 역학 등 인맥을 키우는 데 도움이 될 만한 다양한 주제를 공부했다. 데이트나 개인 간 관계에서도 많은 것을 배웠고, 유익한 것은 받아들여 직업상 인맥을 키우는 데 사용했다. 그는 조그마한 스터디 그룹을 만들었는데, 많은 학생이 그와 관계를 맺고자 스터디 그룹에 가입하고 싶어 했다. 그들 역시 그렇게 하는 것이 학교 성적에 도움이 된다는 것을 알게 됐기 때문이다.

하빈저는 자기가 알고 있는 것을 가르치기 시작했다. 다른 프로그램에 참여하고 있는 한 동료 대학원생과 함께 모임을 열고 학생들에게 네트워크를 구축하는 방법을 강의했다. 두 사람은 미시간주의 앤아버에서 적은 숫자지만 충성도가 높은 추종자들을 유치했다. 개인 생활과 직장에서 관계관리를 통해 성공하는 방법을 알고자 하는 사람들이었다. 머지않아 두 사람은 모임의 규모를 키울 방법을 찾기 시작했다. 2006년, 하빈저와 그의 파트너는 하나의 아이디어를 얻었다. "당시 '팟캐스팅'이라는 새로운 것이 등장했습니다. 대화를 녹음해서 온라인에 올리면 사람들이 그것을 다운로드하여 들을 수 있었죠"라고 하빈저가 설명했다.[23] 그 아이디어를 가지고 하빈저는 인터넷 라디오

프로그램을 만들기 시작했다. 당시는 마이크가 컴퓨터와 별개로 만들어졌기 때문에 두 사람은 악기점에서 장비들을 사다 짜 맞추어야 했다. 어쨌든 그들은 녹음을 마쳤고 곧바로 인터넷에 올렸다.

그들은 대화를 온라인에 올린 것만으로 많은 청취자를 모았다. 이 팟캐스트는 하빈저가 인맥을 만들고 유지하는 새로운 방법을 실습하는 기회도 됐다. 자신의 프로그램에 게스트로 나올 전문가들을 찾아야 했기 때문이다. 대부분의 경우 하빈저는 그저 무턱대고 사람들과 접촉을 시도하고, 빨리 친해진 다음, 프로그램에 초대해야 했다. 그러다가 청취자들이 늘어나고 과거 게스트 명단이 많아지자, 기존 네트워크 내에서 사람들을 연결해주는 것이 자신의 인맥 확대와 커뮤니티 관리에 훨씬 더 좋은 방법임을 알게 됐다.

"나는 지금 이런 네트워크 안을 떠다니고 있습니다. 맞아요. 나는 다음 게스트를 찾을 때 그 네트워크를 활용해왔어요. 그러나 게스트가 마음에 들지 않더라도 잘라내지 않았습니다. 맘에 들지 않는 게스트라면 오히려 그를 돕는 것이 나의 기본 전략이었습니다"라고 그는 말했다.[24] 그는 새로운 사람들을 만나 대화를 나눌 때마다 자신의 인적 네트워크 지형을 살펴보고 그들에게 도움이 될 만한 사람들을 연결하고자 했다.

"당신이 만나는 사람 하나하나는 당신이 알고 있는 다른 모든 사람에게 어마어마한 잠재적 가치를 가지고 있습니다"라고 하빈저는 말했다.[25] 이런 접근 방식은 최고 수준의 팟캐스트인 〈아트 오브 참The Art of Charm〉을 만들기 위해 그가 10년 동안 사용해온 비결이다. 현재 이 팟캐스트는 매월 약 500만 명의 청취자가 접속하고 있다. 자신의 네트워크도 그 규모에 버금가는 수준인데 여기에도 그 비결이 큰 역할을 했다.

하빈저는 자신의 네트워크 안에서 가치 있는 연결고리를 만드는 데 초점을 두는데, 결국 그 네트워크가 하빈저에게 훌륭한 게스트 후보들을 제공해주고 있다. 모든 사람 하나하나가 다른 사람에게 가치가 있다는 그의 말은 슈퍼 커넥터로서의 언어다. 실제로 그의 삶과 직업적 성공은 누구나 슈퍼 커넥터가 될 수 있다는 사실을 입증하고 있다. 대인 기피증 때문에 학교를 빼먹던 수줍은 아이가 이제 기업 오너가 됐다. 그의 네트워크나 주소록에 있는 사람의 수는 셀 수도 없을 만큼 많을 것이다. 하빈저는 10년 만에 멱법칙의 꼭대기 위치로 올라섰으며, 이를 바탕으로 비즈니스도 성공을 거뒀다.

사람들은 자신이 가진 인맥만큼만 네트워크의 힘을 발휘한다고 생각하기 쉽다(마치 포커 게임의 패처럼). 그러나 네트워크 분야의 연구들은 다른 결과를 보여준다. 손에 카드 한 벌을 모두 쥐고 있는 사람들이 있다는 것이다. 이런 슈퍼 커넥터들은 수많은 관계를 개발함으로써 강력한 인맥을 형성했다. 슈퍼 커넥터가 되는 능력은 엄선된 소수만의 몫은 아니다. 많은 시간과 노력을 투입하면 누구나 될 수 있다.

과학에서 실천으로

조던 하빈저가 배웠고 브라이언 그레이저의 할리우드 커리어가 보여주었듯이, 슈퍼 커넥터가 된다는 것의 핵심은 다른 사람들을 연결하여 당신이 속한 네트워크 안의 사람들을 돕는 것이다. 사람들에게 서로를 기꺼이 소개하고 연결해주는 것은 당신 주변 사람들의 가치를 더해주는 일이다. 그들 또한 이에 화답하여 기꺼이 당신을 자신의 지인에게 소개해줄 것이다.

장기적으로는 일주일에 한 명 또는 그 이상을 목표로 소개를 일상화하자. 만약 당신이 소개를 하면서 맘이 편치 않았다면, 어떤 매체를 사용하든지 간에 거의 모든 상황에서 다음과 같은 방법이 효과적일 것이다.

1. 양쪽의 이름을 짧게 소개하는 것으로 시작한다.
   예: "존, 여기는 제인입니다. 제인, 이쪽은 존이에요. 서로 인사들 하세요!"
2. 각자의 배경을 대략 한 문단 정도로 짧게 소개한다.

예: "제인은…."

3. 두 사람이 알게 되면 어떤 면에서 서로 도움이 된다고 생각하는
    지 짧게 의견을 말한다.

    예: "두 분은 같은 업종에서 일하시니까요."

4. 다음에 일어날 일과 그 일을 누가 주도할 것인지를 정하고, 간
    단한 행동 지침을 마련한 후 미팅을 마친다.

    예: "존, 괜찮으시면 다음 주에 제인에게 전화 한 통 주시겠어요?"

어느 한쪽이 바쁠 경우에는 양쪽의 사전 동의double opt-in 방식으
로 조정할 수 있다. 이때는 당신이 먼저 각자에게 개인적으로 연
락을 취한다(앞의 단계 2, 3을 활용한다). 그렇게 해서 일단 두 사람
모두 동의하면, 실제로 소개하는 시간은 훨씬 짧아질 것이다(앞
의 단계 1과 4만 하면 된다).

더구나 소개하는 일이 일상이 되고 나면, 사람들을 소개할 때
마다 당신이 가진 기존 네트워크가 더욱 조밀해질 것이다. 소개
하는 일이 제2의 천성이 될 때, 당신은 현재의 네트워크 안에서
슈퍼 커넥터처럼 행동하게 될 것이다. 이는 네트워크를 확장해
나가는 슈퍼 커넥터의 길로 한참 들어선 것이다.

FRIEND OF A FRIEND OF A FRIEND
OF A FRIEND OF A FRIEND OF A
FRIEND OF A FRIEND OF A FRIEND
OF A FRIEND OF A FRIEND OF A
FRIEND OF A FRIEND OF A FRIEND
OF A FRIEND **OF A** FRIEND OF A
FRIEND OF A FRIEND OF A FRIEND
OF A FRIEND OF A FRIEND OF A
FRIEND OF A FRIEND OF A FRIEND
OF A FRIEND OF A FRIEND OF A
FRIEND OF A FRIEND OF A **FRIEND···**

인맥의 부익부 현상을 활용하라

7

왜 거대 인맥을 가진 사람들은
그 위상을 더 잘 유지하는가

FRIEND OF A FRIEND···

사람들은 거대한 인맥을 가진 슈퍼 커넥터들을 바라볼 때, 그들이 그런 인적 네트워크를 구축하고 유지하기 위해 들였을 엄청난 노력을 상상해보곤 한다. 그러나 연구 결과, 인적 네트워크에 관한 놀라운 사실이 밝혀졌다. 인맥은 시간이 지날수록 더 쉽게 만들어진다는 것이다. 한마디로, 인맥이 많을수록 새로운 인맥을 만들 확률이 높아진다는 얘기다. 가치 있는 인적 네트워크를 구축하는 것이 당장은 많은 일을 필요로 하는 것처럼 보이지만, 시간이 갈수록 힘 들이지 않아도 이뤄질 것이다.

은행에서 기업 대출금을 상환하라는 전화를 받았을 때, 제이슨 게이나드Jayson Gaignard는 별로 대수롭지 않게 생각했다. 대출금을 당장 그리고 전액 갚으라고 요구하는데도 말이다. 사실 조금 문제가 되긴 했지만, 그렇다고 극복할 수 없는 것은 아니었다. 그는 상당한 양의 현금을 기반으로 회사를 설립했기에 대출금 상환은 그리 큰 문제가 아니었다. 그러나 그다음이 문제였다.

게이나드가 세운 '티켓츠캐나다Tickets Canada' 는 온타리오주 토론토 지역에서 돈 많은 고객들을 대상으로 호텔 컨시어지 서비스 사업을 시작했다. "법적으로나 윤리적으로 문제가 없고 당신의 시간을 절약해드릴 수만 있다면, 어떤 일이든 처리해드리겠습니다"라고 게이나드는 설명했다.[1] 이 서비스를 통해 실로 다양한 요구사항을 처리했고, 일부 요구는 법적·윤리적 기준을 아슬아슬하게 피해 가기도 했다.

그런데 시간이 지날수록 콘서트 티켓을 구입해달라는 요청이 많아졌다. 이는 당연한 요청이었다. 호텔 컨시어지 서비스를 신청할 때, 만찬 예약과 티켓 구입은 표준적인 부가 옵션이었기 때문이다. 콘서트 티켓에 대한 수요가 늘어나 게이나드의 회사가 캐나다에서 두 번째로 큰 티켓 도매상이 됐을 때, 그는 회사 이름을 티켓츠캐나다로 바꾸었다.

회사는 매년 약 600만 달러의 매출을 올리며 잘나가고 있었다. 그러나 게이나드는 행복하지 않았다. 자신의 회사가 세상에 많은 감화를 주지 못한다고 느꼈기 때문이다. 그는 자기 대신 누군가가 운영할 수 있는 시스템을 갖추어 회사를 매각한다 해도 1년 넘는 준비 기간이 걸릴 것으로 생각했다. 더구나 대출금 상환을 요구하고 있는 은행은 아무런 도움이 되지 않았다. 회사는 보유 현금으로 대출금을 쉽게 갚을 수 있었으나, 당분간 티켓 구입을 줄이고 재고를 과거 수준으로 줄여야만 했다.

그때 게이나드는 또 한 통의 전화를 받았다. 신용카드 결제 회사였다. 사업 대부분이 신용카드 거래를 바탕으로 이루어지기 때문에 게이나드의 회사는 카드 도용으로 인한 손실과 분쟁 발생의 위험을 안고 있었다. 게이나드의 회사가 카드 도용으로 입은 손실 비율은 티켓 판매 업계에서 이례적일 만큼 낮았다. 그럼에도 이 신용카드 결제 회사는 티켓 판매업의 신용 위험이 크다고 판단하고, 카드 도용 손실이 발생할 경우 즉시 신용카드 사용 금액의 100%를 6개월 동안 자기 회사의 에스크로escrow 계정 (상거래에서 일정 조건이 충족될 때까지 결제금액을 예치해두는 은행 계좌—옮긴이)에 유지해야 한다고 통지했다. 이 전화 한 통으로 회사의 현금흐름은 사실상 완전히 멈췄다.

그는 회사를 살리기 위해 돈을 빌리기 시작했다. 25만 달러를 차입한 뒤에도 그는 여전히 에스크로 계정에서 돈이 나오기만을 기다려야 했고, 회사는 거의 문을 닫을 지경에 이르렀다.

게이나드는 새로운 방안을 마련해야 했고, 결국 마지막 수단까지 모두 동원했으나 실패했다. 그의 네트워크 안에 있는 사람들조차 그를 피하기 시작했다. 이윽고 아무도 그의 전화를 받지 않게 됐다. 어느 날 세어보니 자신의 네트워크 안에는 단 한 명의 지인도 남아 있지 않았다. "2012년에 결혼했는데, 나의 총각 파티에는 남동생과 처남밖에 오지 않았어요"[2]라고 게이나드는 당시를 회상했다. 거의 모든 사람이 그의 곁을 떠났다. 그는 다시 시작할 방법이 필요했다. 새로운 사업이 아닌 새로운 네트워크로 말이다.

"세스 고딘Seth Godin과 함께 뉴욕에서 열린 어느 워크숍에 참석하고 있었습니다"라고 게이나드는 회상했다. 한 친구가 그 워크숍에 참가할 수 있는 여분의 티켓을 고딘에게 주었던 것이다. 이어서 게이나드는 "고딘이 손턴 메이Thornton May라는 남자의 이야기를 들려줬어요. 요지인즉슨 메이가 한 IT회사의 사업개발 부서에서 일하고 있었는데, 기업 CIO들의 관계가 자주 단절된다는 것을 알게 됐죠. 그래서 그는 여러 대도시를 돌아다니며 행사, 조찬, 만찬 등을 통해 CIO들을 연결하는 일을 시작했습니다. 처음에는 그에게 득이 되는 게 아무것도 없었습니다. 그러나 점차 그가 이런 이벤트를 주최했다는 사실이 알려지면서 그 CIO들이 그에게 일감을 보내주기 시작했습니다"라고 말했다.[3]

게이나드는 그런 전략이 자신에게도 도움이 될 수 있으리라는 생각이 들었다. 자신의 네트워크를 재구축하고 다음의 비즈니스 아이디어를 찾는 방법이 될 수 있다고 말이다.

그의 아이디어는 아주 간단했다. 디너를 기획한 것이다. 그는 비즈니스를 하는 사람 중 가장 외로운 사람이 창업기업가들이라고 느꼈다. 그들이 외로운 것은 교류할 사람이 없어서가 아니라 다른 창업기업가들과 교류할 기회가 없기 때문이다. 그는 이 모든 것을 바꾸기 위해 디너 파티를 열기 시작했다. 물론 한 가지 문제가 있었다. 그에겐 창업기업가들과의 네트워크가 별로 없었던 것이다. 그동안 티켓 비즈니스를 키우느라 바쁜 나머지 인간관계를 소홀히 해온 탓이다.

이미 구축된 창업기업가들의 커뮤니티가 없는 상태에서 게이나드는 커뮤니티를 찾아 나서야 했다. 다행히 그는 선택지가 많은 꽤 괜찮은 커뮤니티 리스트를 가지고 있었다. 〈캐나디안 비즈니스〉는 해마다 캐나다에서 가장 빠르게 성장하는 기업 상위 500개사를 선정하여 '프로핏500Profit 500' 리스트를 발표한다. 게이나드는 그 리스트를 보고 그냥 자신과 가까운 곳에 살고 있는 기업가들에게 사전 교감 없이 전화를 걸었다. 그러고는 "제가 역대 '프로핏 500' 선정 기업가들을 위한 디너 파티를 준비하고 있습니다. 관심이 있으시면 저에게 알려주세요"라고 말했다. 그런 전화를 얼마나 많이 했는지 수를 셀 수 없을 정도였다. 하지만 그의 첫 디너 파티에 참석하겠다고 약속한 사람은 여덟 명에 불과했다.

게다가 게이나드는 하마터면 일을 중단할 뻔했다. 엄청난 초조감이 몰려온 것이다. "2시간 전에 거의 취소할 뻔하기도 했어요. 아무도 파티에서 가치를 못 느끼고, 시간만 낭비했다고 생각할까 싶어 무척 걱정했습니다"라고 그는 회상했다. 두 번 연속 실패했다는 꼬리표가 붙을까 봐 걱정이 됐다.

하지만 그와 정반대의 일이 일어났다. 그날 저녁 행사는 대성공이었다. 손님들이 도착한 순간부터 대화가 봇물 터지듯 끊이지 않았다. 게이나드는 창업기업가들의 모임을 만들었고, 그 멤버들은 다양한 산업에서 다양한 사업을 하고 있었다. 그들은 도전 과제와 조언을 공유할 내부 관계자 그룹이 얼마나 가치 있는지를 곧바로 알아차렸다. "기술 기업, 이삿짐 배달 업체, 사무용 가구 업체 등 각계각층의 사람들이 모이게 됐지요. 그리고 이런 디너 파티를 통해 창업기업가들을 연결하는 것, 즉 사람들을 연결하는 것은 나에게도 활기를 불어넣어 주었어요. 제가 평생의 일로 삼을 수 있을 만큼요"라고 그는 말했다.[4]

디너가 몇 차례 더 성공을 거둔 후, 게이나드의 '매스터마인드 디너Mastermind Dinners(최고 결정권자들의 디너 모임)'에 대한 입소문이 퍼지기 시작했다. 이 모임에 대한 수요가 증가하면서 그의 네트워크 역시 확대되기 시작했다. 기존의 게스트들이 새로운 게스트를 소개했고, 게이나드도 계속해서 새로운 잠재 게스트들에게 권유 전화를 걸었다. 동시에 그는 그 모임을 더 빨리 키울 방법을 찾고 있었다. 다시 말해, 자기 자신의 네트워크뿐만 아니라 그 모임을 기업가 전체를 아우르는 네트워크로 키우고자 했다.

또한 모든 일을 한꺼번에 끌고 가느라 점점 비용이 늘어났다. 그가 디너 비용을 대고 있었고, 이전의 사업에서 생긴 빚도 계속 남아 있는 상태였다. 그러나 새로운 돈은 들어오지 않았다. 그는 "우리 가족은 기본적으로 아메리칸 익스프레스 선불카드로 생계를 유지했습니다"라고 말했다. 하지만 그에게 그 시간은 그럴 만한 가치가 있었다. "은행이 내 차를 뺏어가고 내가 가진 자산은 무엇이든지 뺏어갈 수 있지만, 나의 인맥은 가져갈 수 없다는 생각을 계속했습니다"라고 그는 말했다.[5] 게이나드는 그런 인맥을 통해 매출 기회를 발굴할 수도 있을 거라고 상상은 해봤지만, 실제로 매출 기회가 올 줄은 전혀 생각지 못했다.

매스터마인드 디너스가 연속적으로 성공을 거둔 후, 게이나드는 우연히 흔치 않은 기회를 만났다. 좀처럼 대중 앞에서 강연을 하지 않는 베스트셀러 경영서 저자 한 사람이 자신의 신간 4,000권을 사주는 조건으로 모든 행사에서 강연을 하겠다는 제안을 해왔다. 그 저자는 서둘렀고 곧바로 계약하고 싶어 했다. 그 저자가 다른 곳에도 같은 제안을 하고 있었기에 사실상 그 계약은 선착순인 셈이었다. 게이나드는 흥미를 가질 만한 사람으로 새롭게 구성된 창업기업가 네트워크의 한 친구를 떠올렸다. 하지만 그 친구에게 연락이 닿기 전에 다른 사람이 그 제안을 차지할까 봐 걱정이 됐다. 그래서 게이나드는 그 저자에게 재빨리 이메일을 보내 자기가 직접 계약하겠다고 연락했다. 이제 4,000권의 책을 사기 위해 8만 4,000달러를 마련하기만 하면 됐다.

그는 자신의 네트워크를 곰곰이 살펴본 후, 이 행사를 기획하고 책에 투자하여 이익을 내는 데 흥미를 가질 만한 사람 세 명을 골랐다. 첫 번째 사람은 게이나드가 사업에 대한 예측이나 추정치를 제공할 수 없다고 하자 제안을 거절했다. 불과 몇 시간 전에 있었던 일이라 게이나드는 예측이고 추정이고를 할 겨를이 없었다. 두 번째 사람은 더 큰 사업을 함께한다는 조건하에 그 아이디어에 관심을 보였다. 그러나 게이나드는 이 사업 관계가 어디까지 갈지 모르는 상황에서 더 깊이 엮이고 싶지 않았다. 세 번째로 연락한 사람이 딱 들어맞았다. 그는 열중해서 게이나드의 사업 제안을 듣고, "내일 제 사무실에 오시면 수표를 드리겠습니다"라고 말했다. 그는 게이나드에게 돈을 빌려주었다. 계약서도 없고 상환 조건도 없었으며 그저 구두 합의가 전부였다.

그 돈으로, 그리고 결국에는 그 책으로, 게이나드는 매스터마인드 디너스의 콘셉트를 확장해서 '매스터마인드 톡스Mastermind Talks(최고 결정권자 강연회)'라는 이름으로 하나의 이벤트를 만들었다. 그 아이디어는 간단했다. 종전의 디너 파티에서 열두 명 정도의 창업기업가들을 모아 서로 관계를 맺고 사업 이야기를 나누게 했듯이, 이 행사에서도 100명의 창업기업가를 모아 같은 맥락에서 인맥을 형성하고 경험을 공유하게 했다. 그 결과, 종전의 디너 파티처럼 대성공을 거뒀다. 그 이벤트는 커뮤니티 내의 기업가 네트워크를 강화했을 뿐만 아니라 이벤트를 기획하고 실행하는 과정에서 게이나드의 네트워크도 극적으로 확대됐다.

첫 번째 행사가 개최된 이후 게이나드는 매스터마인드 톡스를 연례행사로 만들었다. 인원과 대상은 150명의 창업기업가로 제한했다. 그리고 다음 해로 넘어가면서 75~80명에게만 재참가하는 걸 허용했다. 나머지는 그 공동체에 새로운 사람들이 들어올 수 있도록 돌아가며 자리를 비워달라고 양해를 구했다. 그런 순환 원칙은 게이나드가 네트워크를 확대하는 과정을 훨씬 단축해주었다. "신규 회원은 대부분 종전 회원의 소개로 옵니다"라고 게이나드는 말했다.[6] 참가하는 기업가들이 저마다 새로운 사람들을 추천하기 때문에 게이나드의 인맥은 2배, 3배로 계속해서 늘어났다.

제이슨 게이나드가 항상 슈퍼 커넥터였던 것은 아니다. 사실 그는 그런 용어를 싫어한다. 하지만 오늘날 그는 슈퍼 커넥터다운 네트워크를 가지고 있으며 그의 연락처 목록은 수만 명에 이른다. 단 두 명만이 참가했던 그의 총각 파티와 비교하면, 어마어마한 숫자다. 매스터마인드 톡스가 계속될수록 게이나드의 네트워크는 스스로 성장해간다. 그는 새로운 멤버를 적극적으로 유치하려는 노력 대신, 커뮤니티의 질을 높이기 위해 인원을 적정 수로 관리하고 그들 간의 관계를 증진시키는 역할을 하고 있다. 숫자만 늘린다고 능사가 아니기 때문이다.

그는 이렇게 말했다. "처음 몇 년 동안 전심전력을 다했습니다. 다른 커뮤니티에 가입하고, 네트워킹 이벤트에 나가는 등 사람들을 만나기 위해 내가 할 수 있는 것은 모두 했습니다. 이제 종전 게스트가 새로운 참가자를 소개하는 등 매스터마인드 톡스에 대한 수요가 증가하고 있으며, 이는 나의 네트워크가 기하급수적으로 또 유기적으로 성장하고 있음을 의미합니다. 그래서 이제 나는 멤버의 수를 조절하고 특정 인물들과 깊은 관계를 맺는 데 더 초점을 두고자 합니다."[7]

게이나드는 슈퍼 커넥터가 되기까지의 과정에서 관계의 중요성을 배웠기 때문에 커뮤니티와 인맥 간 연결에 더욱 전념하게 됐다. 첫 이벤트를 마친 후, 게이나드는 구두 합의로 빌린 8만 4,000달러를 즉시 갚았다. 돈을 갚으면서 그는 빌려준 사람에게 이렇게 물었다. "그때 나는 25만 달러의 빚을 지고 있었습니다. 나는 당신에게 최악의 투자처였습니다. 그런데 왜 그렇게 하셨습니까?" 그의 대답은 간단했다. 사업 아이디어가 아니라 게이나드라는 사람에게 투자했다는 것이다.

"그때 두 가지가 분명해졌습니다. 첫째는 네트워크의 필요성을 느끼기 전에는 그 가치를 모른다는 것입니다. 그리고 둘째는 살면서 바닥까지 추락했을 때, 오로지 남는 두 가지는 자신이 한 말과 쌓아온 인맥이라는 것입니다."[8]

이런 두 가지 요소의 중요성을 넘어 게이나드의 경험은 인맥과 커뮤니티에 대한 놀라운 진실 역시 보여준다. 인맥은 시간이 지날수록 더 쉽게 만들어진다는 것 말이다.

당신의 네트워크가 성장함에 따라, 즉 당신의 인맥이 늘어남에 따라 새로운 사람들을 만나는 과정은 더 쉬워진다. 그 이유는 당신이 사람을 소개한 경험이 많아지기 때문이 아니고, 소개받은 사람들이 당신을 찾을 확률이 높아지기 때문이다. 이런 현상을 두고 네트워크 과학자들은 '선호적 연결 법칙preferential attachment' 또는 '인맥의 부익부 빈익빈 현상'이라고 한다. 이 법칙은 거대한 인맥 보유자가 어떻게 그 위치를 계속 유지할 수 있는가를 설명해줄 뿐만 아니라 시간이 지나면서 왜 네트워크 구축이 점점 수월해지는지도 설명해준다.

부는 부를 낳고, 인맥은 인맥을 부른다

당신이 얼마나 많은 인맥을 가지고 있는가와 당신이 새로운 사람들을 만날 확률 간에 관련성이 있다는 사실은 기본적으로 놀라울 것이 없다. 이미 오래전부터, 처음부터 유리한 상황에 있던 사람이 어떻게 더 유리해지는지를 설명하는 데 '부익부 빈익빈'이라는 말을 사용해왔다. 이에 상응하는 용어로 사회학에서는 '매튜 효과Matthew effect'라 부른다. 성경의 마태복음에 나오는 난해한 구절, "무릇 있는 자는 받아 넉넉하게 되되, 없는 자는 그 있는 것도 빼앗기리라"에서 유래했다.[9]

사회학자들도 마찬가지로 이 주제를 짚어본 적이 있다. 이 성경 구절을 처음으로 명성, 사회적 지위, 나아가 자본에 적용한 사람이 로버트 머튼Robert Merton이다.[10] 그리고 바라바시와 앨버트가 소셜 네트워크의 인적 관계를 연구하면서 매튜 효과가 새로운 인맥을 만드는 데에도 적용된다는 사실을 발견했다. 앞 장에서 바라바시와 앨버트가 인적 네트워크상에 '멱법칙'이 존재한다는 사실을 밝혔던 것을 상기해보라. 그들은 많은 네트워크에서 개별 노드(즉, 사람)가 가진 연결고리의 수가 매우 다양하게 분포한다는 것을 알았다. 네트워크 내에는 편차가 작고 신뢰도 높은 평균이 존재하는 것이 아니라 멱법칙의 경향을 보인다는 얘기다. 멱법칙에 따르면, 몇 개의 노드가 엄청난 수의 연결고리를 가지고 있으며 그 노드의 수는 급격히 줄어든다.

이런 멱법칙을 발견한 후, 바라바시와 앨버트는 왜 그런 현상이 일어나는지를 알고 싶었다. 많은 연결고리를 가진 노드들이 더욱더 많은 연결고리를 갖게 해주는 네트워크의 신비한 속성은 무엇 때문인가? 지금에 와서 보면 별다를 것도 없지만, 네트워크 과학 분야에서 멱법칙을 발견할 당시에는 통념에서 벗어난

파격이었다. 바라바시와 앨버트의 연구 이전에, 대부분의 네트워크 모델들은 아마도 고정된 숫자의 노드에 임의로 연결고리를 배정한 것으로 보인다.

멱법칙에 대한 설명 근거를 찾고자 노력하면서 바라바시와 앨버트는 네트워크 과학의 세계에 두 가지의 새로운 개념을 소개했다.[11] 첫째는 성장이다. 대다수의 네트워크 모델은 정적이어서 시간상으로 고정된 채 변하지 않았다. 그러나 실제 세계의 네트워크, 특히 사람들의 네트워크는 진화한다. 네트워크는 자주 변한다. 그리고 가장 공통적인 변화는 새로운 네트워크는 시간이 지나면서 반드시 확장된다는 것이다. 그리고 새로운 사람들은 어딘가에 연결되기 마련이다. 사람들이 네트워크에 들어오기 때문이다.

두 번째는 그들이 '선호적 연결 법칙'이라고 명명한 것이다. 네트워크가 성장한다고 가정하고, 또 그 성장의 의미가 새로운 사람들은 어딘가에 연결된다는 것이라고 해보자. 그러면 2개의 노드 중 하나가 선택될 때, 여기에 연결될 새로운 노드들은 이미 연결고리를 더 많이 가지고 있을 확률이 높다. 즉, 한 노드의 연결고리가 다른 노드보다 2배 많다면 그 노드가 새로운 노드에 연결될 확률은 2배 높아진다. 새로운 사람들이 어떤 네트워크에 들어올 때, 선호적 연결 법칙은 그들이 변두리에 떨어져 있는 사람들보다 인맥이 두터운 사람들을 만날 확률이 훨씬 높다는 것을 가정한다.

당신 자신의 경험을 떠올려보라. 슈퍼 커넥터들은 네트워크 내에서 잠재력이 가장 높은 사람을 다른 사람들에게 소개할 뿐만 아니라 네트워크 내의 다른 사람들도 당신을 이미 슈퍼 커넥터인 사람들에게 소개할 확률이 높다. 새로운 커뮤니티에 들어가 아무나 한 사람을 골라보라. 만약 그 사람이 이미 슈퍼 커넥터에게 연결되어 있다면, 머지않아 당신도 그렇게 될 것이다. 바라바시와 앨버트는 이것을 실제 세계의 현상으로 봤으며, 현실의 모든 네트워크 모델은 선호적 연결 법칙을 받아들여야 한다고 주장했다.

네트워크의 성장과 선호적 연결 법칙에 대해 이런 가설을 세운 다음, 바라바시와 앨버트는 증거를 내놓아야만 했다. 이를 위해 그들은 널리 알려지고 또 높이 평가되는 데이터 세트를 사용하고자 했다.[12] 그들은 '케빈 베이컨의 6단계 법칙' 연구 자료에서 영화배우의 네트워크를 골랐다. 그리고 과학 연구 논문 인용의 세계와 거대하고 끊임없이 진화하는 네트워크인 월드와이드웹도 조사했다.

다른 웹사이트를 연결하는 웹사이트들의 네트워크를 연구 대상으로 삼는 것이 언뜻 이상하게 보일 수도 있을 것이다. 다른 컴퓨터를 연결하는 컴퓨터들에서 우리가 어떤 의미를 도출할 수 있다는 것인가?

바라바시와 앨버트는 1990년대 말에 월드와이드웹을 연구하고 있었다. 당시는 대부분의 링크와 웹사이트 간 연결이 여전히 사람들의 손으로 이루어졌다. 즉, 사람들의 네트워크로, 각각의 상황에서 선호적 연결 법칙은 여전히 들어맞았다. 새로운 노드가 네트워크에 들어왔을 때, 그들은 이미 인맥이 잘 형성되어 있는 사람들과 연결될 확률이 더 높았다. 결과적으로 초기에는 작았던 연결 숫자의 차이는 배우가 가지고 있는 인맥, 과학자들의 논문 인용 관계, 웹사이트가 가지고 있는 링크가 늘어날수록 더욱더 커졌다. "선호적 연결 법칙은 많은 링크를 받고 있는 노드들이 뒤늦게 들어온 노드를 희생시켜가며, 불균형적으로 엄청난 수의 링크를 차지하도록 도와주는 현상을 유발합니다"라고 바라바시는 설명했다.[13]

바라바시와 앨버트가 명망 있는 저널인 〈사이언스Science〉에 연구 결과를 발표하자마자, 미시간대학교의 물리학과 교수이자 산타페연구소Santa Fe Institute의 교수 요원인 마크 뉴먼Mark Newman 이 선호적 연결 법칙의 영향을 방대한 규모로 연구했다.[14] 뉴먼은 물리학, 생물학, 의학 분야의 광범위한 과학적 연구 데이터베이스에서 6년 치의 발표 자료를 모았다. 통틀어 약 170만 명의 사람에 해당하는 자료였다. 그는 그 자료를 이용하여 2개의 거대한 네트워크 모델을 구성했다. 하나는 물리학, 다른 하나는 생물학과 의학 분야에 대한 것이었다. 특히 그는 과학자들이 이전에 수행한 공동 연구의 숫자와 공동 연구자들의 숫자를 살펴봤다.

예상한 대로, 선호적 연결 법칙을 입증하는 강력한 증거를 찾아냈다. 이전에 많은 수의 공동 연구자를 가지고 있는 사람들은 새로운 공동 연구를 할 확률이 더 높았다. 그리고 이런 선호적 연결 법칙은 실제로 인맥의 수를 그래프로 나타낼 때 볼 수 있는 멱함수를 가장 잘 설명했다. 달리 표현하면, 인맥이 넓은 사람일수록 더욱더 많은 사람과 연결된다. 왜냐하면 새로운 사람들이 어떤 네트워크에 들어올 때 그들 역시 슈퍼 커넥터를 만날 확률이 높아지기 때문이다.

선호적 연결 법칙은 단순히 개인들의 인맥에 대해서만 영향을 미치는 것으로 보이지 않는다. 각 개인이 각자의 기호, 취향, 사고 패턴을 습득하는 방식에서도 비슷한 현상이 관찰된다. 새로운 사람들이 시스템에 들어와 선호하는 것을 결정해야 할 때, 이미 인기가 있는 것은 그 인기가 훨씬 더 올라간다는 사실을 입증한 연구자들이 있다. 바로 매튜 살가닉Matthew Salganik, 피터 도즈Peter Dodds, 덩컨 왓츠다.[15] 이 세 명의 연구자는 어떻게 선호도가 올라가고 시간이 지나면서 증폭되는지, 그리고 선호적 연결 법칙이 인기에도 적용되는지를 조사하기 위해 실험을 설계했다.

먼저 실험 참가자들이 접속해서 48곡의 노래를 듣고 무료로 다운로드할 수 있는 웹사이트를 설치했다. 1만 4,000명 이상이 이 사이트에 접속했다. 그러나 실제로는 1만 4,000명이 넘는 사람이 각각 서로의 복사본인 9개의 '(가상)세상' 중 하나에 접속한 것이다. 첫 번째 세계에서 사용자들은 접속 후 노래, 밴드, 음악가의 이름 리스트를 보게 된다(전부 무명 밴드가 공연한 처음 듣는 노래들이었다). 다른 8개 세계의 사용자들은 첫 번째 세계의 사용자들과 같은 정보를 공유하게 되지만, 하나의 정보가 더 주어졌다. 바로 첫 번째 세계의 사용자들이 그 노래를 다운로드한 횟수다.

이렇게 다른 세계들을 설정함으로써 연구팀은 초기 다운로드 수의 차이가 실험이 끝날 때까지 노래들의 전반적 인기에 어떤 영향을 주었는지 관찰할 수 있었다. 이론적으로 볼 때, 어떤 노래의 품질에 따라 그 노래의 인기도가 결정된다면, 다운로드 횟수가 알려진 8개의 세계는 다운로드 횟수가 밝혀지지 않은 첫 번째의 세계와 대략 같아야 했다. 즉, 품질이 더 좋은 곡은 더 인기가 많아야 하고, 안 좋은 곡은 인기가 적어야 한다. 하지만 실제로 일어난 일은 그게 아니었다

모든 노래의 다운로드 수가 '0'에서 시작했지만, 나중에 노래를 다운로드한 사람들은 이미 노래를 듣고 다운로드한 이전의 사용자들로부터 영향을 받았으며, 이전 사용자들이 이미 듣거

나 다운로드한 노래들을 시험 삼아 들어볼 확률이 더 높았다. 작은 차이를 보였던 인기는 시간이 지나면서 커다란 차이를 보였다. 그리고 이런 작은 차이로부터 덕을 본 노래들은 각 '세상' 마다 달랐다. 어느 한 '세상'에서 특정 노래는 실험이 끝났을 즈음 1위였지만, 다른 또 하나의 '세상'에서는 48곡 중 40위에 머물렀다. 다만, 모든 세상에서 일찌감치 다운로드가 가장 많이 됐던 노래가 훨씬 더 많이 다운로드됐다.

사람들이 이미 엄청난 인맥을 보유한 사람들에게 소개되거나 소개받을 사람을 찾을 가능성이 크듯이, 우리는 주위 사람들로부터 무엇을 듣고 어떤 것을 좋아할지 영향을 받을 확률이 높다. 이런 연구 결과는 히트곡, 블록버스터 영화, 베스트셀러 도서 그리고 유명인사에 대해 우리가 이미 알고 있는 많은 부분에 의문을 제기하게 한다. 즉, 어떤 일 또는 공연의 질이 유명세에 영향을 미치는 요소의 전부가 아닐 수도 있다는 의미다. 오히려 점점 더 높아지는 인기는 순전히 당신이 누구를 아는가에 달려 있다고 할 수 있다. 더 구체적으로 말해, 그 작품을 이미 즐기고 있는 친구와 그의 친구들을 얼마나 아는가에 달려 있다. 살가닉과 그의 동료들은 실험실 안에서 이 사실을 분명하게 보여주었다. 역사를 자세히 들여다보면, 우리는 자신이 생각하는 것보다 훨씬 더 선호적 연결이나 사회적 영향을 받을 가능성이 크다는 사실을 알게 된다.

세상에서 가장 유명하기 때문에 세상에서 가장 유명한 미소

세상에서 가장 유명한 여성의 얼굴은 거의 틀림없이 리자 게라디니Lisa Gherardini의 얼굴이다.[16] 한 부유한 실크 상인이 부인의 초상화를 의뢰했다. 그 초상화는 시간이 좀 걸렸으며, 게라디니나 그녀의 남편 어느 쪽도 완성품을 보지 못했다. 아마도 그들은 돈을 지불할 필요가 없었을 것이다. 의뢰받은 지 16년이 지나고 드디어 그림이 완성됐을 때, 그 그림은 프랑스 왕 프랑스와 1세에게 팔렸다.

그림을 판 사람은 이탈리아의 화가이자 발명가인 레오나르도 다빈치Leonardo da Vinci이고 그림의 이름은 '모나리자'다. 아마도 현재 세계에서 가장 유명한 그림일 것이다. 그 그림은 파리의 루브르박물관에 걸려 있는데, 온도가 조절되고 완전히 방탄 처리된 케이스에 보관되어 있다. 매년 600만 명이 직접 보러 온다. 또한 수억 명이 포스터, 커피잔, 토트백, 티셔츠에 이르기까지 모든 곳에서 복제된 그림을 본다.

그러나 아마도 가장 궁금한 것은 레오나르도가 이 그림을 완성하는 데 걸린 기간이 아니고, 유명해지는 데 걸린 기간일 것이다. 이 그림은 1519년에 완성되긴 했지만, 이후 300년 동안 기껏해야 유럽 왕족을 위해 복도 장식용 정도로 쓰였다. 물론 이 그림이 형편없다고 평가된 것은 아니다. 다만 그저 평범하게 여겨졌을 뿐이다. 19세기 초 이 그림이 루브르박물관으로 옮겨졌을 때도 사람들의 관심을 별로 끌지 못했다. 사실 레오나르도는 1800년대 중반까지 대단한 화가로 생각되지 않았다. 그리고 '도둑질'이라는 대담한 애국주의적 행동이 없었다면, 〈모나리자〉는 아마도 여전히 세상에서 잊힌 채 루브르의 복도에 걸려 있었을 것이다.

1911년 8월 21일, 빈센조 페루자Vincenzo Peruggia가 이끄는 한 무리의 남자들이 〈모나리자〉를 훔쳐 갔다.[17] 페루자는 이탈리아 사람이었다. 그리고 몇몇 전해지는 이야기에 따르면, 그는 이탈리아의 전설인 레오나르도의 그림이 프랑스 박물관에 처박혀 있다는 데 분개했다고 한다.[18] 네 남자는 전날 밤 그 박물관에 잠입했다. 당시 박물관 수리 작업을 하고 있었던 페루자가 그들이 들어올 수 있게 미리 조치를 취해놓았다.[19] 그들은 창고에 숨어 그날 밤을 보냈다. 마침 공휴일인 다음 날 아침, 그들은 〈모나리자〉를 벽에서 떼어낸 다음 서둘러 옆문으로 빠져나왔다. 그들을 본 사람은 아무도 없었다. 본 사람이 있었다 해도 그저 일꾼들이라고 생각했을 것이다. 26시간이 지날 때까지 그 그림이 사라졌다는 것을 아무도 눈치채지 못했다. 그 이유의 하나는 마침 공휴일이 끼었고 또 다른 이유는 그 그림이 별로 인기가 없었기 때문이다.

그러고 나서 황당한 일이 일어났다. 사실 페루자와 그의 일당은 정말로 인기 없는 그림을 하나 훔쳤던 것이다. 그러나 〈모나리자〉의 도난을 계기로 그 그림의 인기가 하늘을 찌르게 됐다. 48시간이 채 안 되어 도난에 대한 뉴스가 세상에 퍼졌다. 파리 전역에 수배자 포스터가 걸렸고 군중이 경찰서로 몰려갔다. 온갖 루머와 음모설이 여기저기서 생겨났다. 이 모든 일이 꾸며낸 이야기라고 주장하는 사람들도 있었다. 어떤 사람들은 국제적 미술품 절도 조직과 암시장 수집가들의 소행이라고 주장하기도 했다. 경찰은 단서를 찾기 위해 필사적인 노력을 벌이면서 파블로 피카소까지 심문했다. 경찰로서는 상당수의 화가가 그 그림의 행방을 알지도 모른다고 생각했고, 피카소도 그중 하나였기 때문이다. 또한 경찰은 당연히 페루자도 심문했다. 하지만 그는 문제의 그날 아침에는 전날 밤부터 술에 취해 있었다고 둘러대며 상황을 모면했다.

그러는 동안 그 그림은 페루자의 하숙집 나무 기둥 바닥에 숨겨져 있었다. 페루자가 그림 거래상을 만나러 이탈리아 피렌체로 가는 기차에 몸을 실을 때까지, 그 그림은 2년 동안 거기에 있었다. 애초에 그 거래상은 그 그림을 유명한 우피치미술관에 전시하고자 했다.[20] 하지만 페루자를 만난 후 마음을 바꿔 그를 경찰에 신고했다.

페루자는 체포됐고, 〈모나리자〉는 마침내 루브르박물관으로 되돌아갔다. 그림이 돌아와 전시되고 이틀이 지나는 동안, 10만 명 이상의 관람객이 다녀갔다.[21] 몇 년이 안 되어 〈모나리자〉

는 당대 유명한 화가들의 관심을 받기 시작했다. 1919년, 프랑스 화가인 마르셀 뒤샹Marcel Duchamp은 조잡한 제목과 함께 염소수염과 콧수염을 붙이는 등 그 그림을 풍자한 그림을 그렸다.[22] 스페인 화가인 살바도르 달리Salvador Dalí는 자신의 초상화를 〈모나리자〉처럼 그리면서 뒤샹이 그린 것과 비슷한 콧수염을 곁들였다. 미국 화가 앤디 워홀Andy Warhol은 자신의 실크스크린 기법을 사용한 많은 작품에 영향을 끼친 것으로 〈모나리자〉를 꼽았다.

그 후로도 〈모나리자〉는 일자 눈썹의 모나리자, 우주인 모나리자, 배트맨 모나리자, 레고 미니큐어 모나리자 등으로 수백 번 패러디됐다. 또한 그 그림은 이후에도 많은 범죄의 타깃이 되어왔다. 절도는 아니지만 두 차례에 걸친 반달리즘vandalism(문화유산이나 예술품 등을 파괴하거나 훼손하는 행위–옮긴이)을 겪었다. 패러디와 훼손, 그리고 복제가 반복되는데도 〈모나리자〉의 인기는 계속 오르기만 하는 것 같다.

오늘날의 미술 평론가들과 역사가들이 레오나르도의 예외적인 그림 기법과 르네상스 그림에 끼친 영향 등 〈모나리자〉의 예술적 가치를 논하고 있지만, 페루자에게 도둑맞을 때까지 그 그림이 빛을 보지 못하고 있었다는 사실은 간과할 수 없다. 선호적 연결 법칙의 사례처럼, 그 그림은 수백 년 동안 잊힌 채로 있다가 호기심을 자극하는 사건을 계기로 인기가 치솟은 것이다. 그리고 대대로 새로운 세대에게 〈모나리자〉는 세계에서 가장 유명한 그림으로 소개되고 있다. 이는 살가닉의 실험에서 다운로드 횟수를 본 새로운 실험 참가자들과 같다. 또는 어떤 네트워크 내에서 거대한 인맥을 가진 사람들을 꼭 만나야 한다는 얘기를 듣는 신규 멤버와도 같다.

선호적 연결 법칙은 대부분 사람이 인식하는 것보다 우리의 의사 결정에 훨씬 더 큰 영향을 끼친다. 여기에는 좋은 소식과 나쁜 소식이 있다. 나쁜 소식은 어떤 네트워크를 구축하거나 신규 브랜드, 제품 또는 회사에 대한 인지도를 올리기가 언덕을 오르며 싸우는 전투처럼 힘들다는 것이다. 좋은 소식은 시간이 지날수록 그 일이 쉬워진다는 것이다.

거대한 인맥의 보유자가 되기 위해서(최소한 그렇게 보이기 위해서) 비록 작은 규모의 네트워크일지라도 선호적 연결 법칙을 이용할 수 있다. 앞에서 소개한 기업가 네트워크와 〈모나리자〉의 사례처럼, 다양한 과학적 근거와 사례들이 시사하는 바는 결국 그 힘든 싸움의 언덕은 어느덧 평평해지고 남은 여정은 갈수록 수월해진다는 것이다. 다시 말해, 초기에는 많은 노력이 필요하지만 관계 구축에 들인 초기 투자가 인맥을 제공해줌으로써 결실을 보기 시작하면 그때부터는 그다지 어렵지 않다는 얘기다.

과학에서 실천으로

제이슨 게이나드가 깨달았듯이, 디너 파티를 비롯한 대규모 행사들은 인적 네트워크를 더 빠르게 확장할 수 있는 훌륭한 방법이 될 수 있다. 한두 사람과 짧게 커피 한잔 마시는 것과 달리 두어 시간 동안 식사를 함께함으로써 한꺼번에 열 명 또는 그 이상의 사람들과 더 깊은 관계를 맺을 수 있다. 더구나 디너 파티는 그 구조에 따라 선호적 연결 법칙을 이용하는 방법이 될 수 있다. 당신의 네트워크가 아무리 작을지라도 말이다.

당신은 자신이 살고 있는 지역이나 집에서 만찬 또는 점심을 주최할 수 있다. 또는 지인들을 만나기 위해(그리고 새로운 인맥을 만들기 위해) 여러 도시를 다니면서 정기적으로 만찬을 열 수도 있다. 당신이 주관하는 행사를 반드시 성공시키려면 몇 가지 고려해야 할 사항이 있다.

1. 규모: 초대 인원은 최소한 여섯 명으로 하라. 오래된 친구들이 다시 만날 때 그보다 규모가 작으면 새로운 사람들이 소외감을 느낄 수 있다. 최대 인원은 열두 명을 넘지 않게 하라. 그 이상이 되면 모든 사람이 다른 모든 사람과 대화할 기회를 얻지 못할 것이다.

2. 게스트: 이상적으로, 당신은 오랜 친구와 새로운 사람이 잘 섞

이기를 원할 것이다. 초대하고 싶은 사람들에게 권유 전화를 걸거나 친구한테 소개를 부탁함으로써 그렇게 할 수 있다. 만약 그렇게 할 만한 사람이 없다면, 게스트들에게 동반자를 데려오라고 요청하라. 여기에서 '동반자'는 연인이 아니라 그룹 전체에 도움이 되는 사람을 말한다.

3. 장소: 가장 좋은 곳은 당신의 집이다. 사람들에게 사적인 느낌을 들게 하고, 편하게 돌아다닐 수 있는 곳이기 때문이다. 만약 당신이 여행 중이거나 식당에서 행사를 주관해야 한다면, 사전에 매니저들과 상의해서 반드시 조용한 장소에 큰 테이블을 확보해야 한다(그리고 식사 비용이 어떻게 지불되는지 모든 사람이 분명히 알고 있어야 한다).

4. 빈도: 만약 당신이 처음으로 행사를 주최한다면, 너무 걱정하지 않아도 된다. 일단 시도해보고, 앞으로 어느 정도의 주기로 (매주, 월 2회, 매월, 분기 등) 행사를 열지 생각해라. 한 번의 행사는 선호적 연결 법칙을 이용하기에 충분치 않다.

FRIEND OF A FRIEND OF A FRIEND
OF A FRIEND OF A FRIEND OF A
FRIEND OF A FRIEND OF A FRIEND
OF A FRIEND OF A FRIEND OF A
FRIEND OF A FRIEND OF A FRIEND
OF A FRIEND **OF A** FRIEND OF A
FRIEND OF A FRIEND OF A FRIEND
OF A FRIEND OF A FRIEND OF A
FRIEND OF A FRIEND OF A FRIEND
OF A FRIEND OF A FRIEND OF A
FRIEND OF A FRIEND OF A **FRIEND**…

다수로 보이는 환상을 만들어라

8

왜 어떤 사람은 실제보다
훨씬 더 인기 있어 보이는가

공동체 안에서 알려지길 원한다면, 그 공동체에 속한 모든 개인을 빠짐없이 만나거나 한 번에 모든 사람과 연락을 취할 수 있는 매체를 이용해야 한다고 생각하기 쉽다. 하지만 소셜 네트워크에 관한 심층 연구는 거대한 인맥을 가진 개인들이 전체 그룹의 생각을 이끄는 경향이 있다는 사실을 밝혔다. 이는 누구든 제대로 된 몇 명의 인맥에 초점을 맞춤으로써 어디에나 존재하고 사람들이 찾는 인물이 될 수 있다는 것을 의미한다.

팀 페리스Tim Ferriss는 첫 책을 출간하기 전까지 종합비타민제 판매원으로 일했다. 그 외에 킥복싱 챔피언, 세계 기록을 보유한 탱고 댄서, 투자자, 유명한 스타트업 자문 등 다채로운 커리어도 가지고 있다. 그러나 페리스 자체는 유명한 사람이 아니었다. 그는 온라인 회사를 차려 운동선수의 뇌 기능 향상을 위해 개발된 영양제를 판매하기 시작했다. 자신이 관여하지 않아도 회사 일이 대부분 자동으로 굴러가도록 만들어놓았고, 《재미있게 돈 벌며 약 파는 법Drug Dealing for Fun and Profit》이라는 책에 그 과정을 기록으로 남겼다(출판사의 권고에 따라 《나는 4시간만 일한다The Four Hour Workweek》로 제목이 바뀌었다).[1]

이제 페리스는 진정한 도전에 직면했다. 그는 책을 팔아본 경험이 없었다. 그래서 지금까지 이룬 성공은 새로운 일을 하는 데 전혀 도움이 안 됐다. 그러나 페리스는 이 영역에서도 최소의 노력으로 최대의 성과를 얻을 계획을 세웠다. 그는 타깃으로 삼을 그룹을 구체적으로 알고 있었다. "18세에서 35세 사이의 테크 마니아 남성이 타깃입니다. 부분적인 이유로는 내가 인구통계학적으로 그 그룹에 해당하기 때문입니다"라고 그는 말했다.[2]

자신이 그 그룹에 속하기 때문에 대부분의 새내기 저자들이 군침을 흘리는 대형 매체의 관심을 끄느라 시간을 쓸 필요가 없었다. 〈뉴욕타임스〉에 서평을 부탁하거나 아침 TV 프로그램인 〈굿모닝 아메리카〉와의 인터뷰 기회를 얻을 필요도 없었다. 대신 작은 것에 집중했다. 그는 이렇게 설명했다. "나는 일테면 입체음향 효과를 얻을 수 있는 주요 홍보 채널들을 찾아냈습니다. 예를 들어 10~15개의 블로그를 골라 내가 어떤 시기에 이 블로그들의 절반만 방문하더라도 내 이름이 사방에 존재한다는 인상을 줄 수 있습니다. 그야말로 유비쿼터스인 거죠."[3] 그는 블로그를 집중적으로 방문하면 18세에서 35세 사이의 테크 마니아 남성들에게 자신이 마치 대중의 이목을 끄는 일이면 무엇이든지 추구하는 사람처럼 보일 것으로 생각했다. 실제로는 전혀 그런 사람이 아닌데도 말이다. 페리스는 정확한 타깃, 즉 그 연령대에서 가장 인기 있는 틈새 웹사이트 10~15개를 찾았다. 그리고 그들과 관계를 발전시키는 데 초점을 두었다.

다른 한편으로 그는 콘퍼런스에 참석하고, 여러 출판사의 작가들을 만나 그들과 그들이 하는 일에 대해서 많은 질문을 했다. 얼마 가지 않아 기자들이 페리스에게 무슨 일을 하는 사람이냐고 물었다. 그는 어떤 책을 썼다고 말하고, 그 책에 대한 얘기를 조금 나눈 후 한 권씩 나누어주었다. "그게 전부였습니다. 그게 제 전략이었거든요"라고 회상했다.[4]

그 방법이 먹혀들었다. 대부분의 기자는 결국 페리스 또는 그의 책에 있는 아이디어를 글로 쓰게 됐다. 대다수는 두 가지를 동시에 썼다. 페리스는 18세에서 35세의 테크 마니아 남성들에게 자신의 이름이 거의 모든 곳에서 거론되고 있는 듯한 미디어 환상을 자아냈다. 얼마 가지 않아 입소문이 퍼지기 시작했다. 그의 책은 베스트셀러가 됐고, 따라서 언론의 주목을 더 받게 됐다. 〈뉴욕타임스〉에서 기사화되고 〈굿모닝 아메리카〉에서 인터뷰하는 등 많은 언론 노출로 이어졌다. 페리스는 자신을 모든 곳에 있는 것처럼 보이게 했다. 실제로 모든 곳에 가지 않고도 말이다.

그렇게 한 사람이 페리스만은 아니었다. 창업기업가 앤드루 데
이비스Andrew Davis도 2개의 회사를 설립하고, 단기간에 비약적으
로 성장시키기 위해 이와 유사한 전략을 사용했다.

데이비스는 아역 광고 배우였고, 어른이 되어서는 짐헨슨컴
퍼니Jim Henson Company의 프로듀서 겸 작가가 됐는데 원래는 텔레
비전 업계에서 커리어를 시작했다. 그러나 그는 재빨리 인터넷
스타트업들과 일하는 것으로 방향을 전환했다. "1998년과 1999
년에 1차 닷컴 붐이 일었습니다. 텔레비전 업계에 있던 내 친구
들이 모두 닷컴 쪽으로 직장을 옮겼는데, 다들 나보다 4배나 많
은 연봉을 받았어요. 내가 아는 모든 사람이 그런 것 같았죠."[5]

그래서 데이비스도 텔레비전 업계를 떠나 스타트업에 합류했
다. "거기서 텔레비전 분야에서 경험한 것들을 마케팅 분야에
어떻게 적용할 것인가를 배웠습니다"라고 그는 말했다. 하지만
많은 마케터가 일을 엉망으로 하고 있었고, 그래서 얼마 되지 않
아 그는 회사를 그만뒀다. 그리고 2001년에 티핑포인트랩스
Tippingpoint Labs라는 마케팅회사를 차렸다. 이 회사는 스토리텔링
과 콘텐츠 마케팅에 대해 탁월한 아이디어들을 가지고 있었다.
하지만 그들에겐 고객이 필요했다. 많은 스타트업이 그렇듯이,
티핑포인트는 들어오는 일거리는 무엇이든지 했고 오로지 회사

를 키우는 데 열중했다.

몇 년 동안 무작정 성장을 위해 달리다가, 그는 무언가 고쳐야 할 것이 있다고 느꼈다. "우리는 초점이 필요하다고 판단했습니다. 회사가 성장할수록 더 많은 사람을 고용해야 했고, 그러다 보니 우리가 별로 좋아하지도 않는 고객들을 대상으로 서로 관련성이 없는 일을 하게 됐기 때문입니다. 우리는 회사를 키우는 데 보다 전략적인 접근 방식을 택하기로 했습니다"라고 데이비스는 말했다.[6]

티핑포인트는 특정 산업을 고른 다음 오로지 그들에게만 말하기로 했다. 즉, 그 산업의 콘퍼런스나 행사에서 집중적으로 강연하겠다는 뜻이다. 데이비스는 콘퍼런스에서 강연을 하는 것이 더 많은 고객을 모으는 데 유용한 수단이 될 수 있다는 사실을 진작에 알고 있었다. 그런데 지금까지의 마구잡이식 접근 방식은 틈새시장만 계속 전전하게 하고, 모든 사람이 믿고 찾는 회사로 자리매김하지 못하게 했다.

그들이 고른 첫 번째 산업은 건설과 주택이었다. "그때가 2009년이었어요. 주택 시장이 거의 바닥을 치고 있었죠"라고 데이비스는 말했다. 하지만 그곳에 기회가 놓여 있었다. "그들은 마케팅 차원에서 무엇을 할 것인가를 알아내고자 애썼으며, 우리는 회사가 두각을 나타낼 기회라고 생각했습니다."[7]

데이비스는 건설 업계에서 가장 큰 간행물 출판사를 찾은 다음, 잡지 편집장에게 연락을 취했다. 그는 다음과 같이 제안했다. "귀사의 연례행사가 다가오고 있다는 것을 알고 있습니다. 아마도 예산이 빠듯하리라 생각합니다. 귀사의 연례행사에서 제가 강연을 하고 싶습니다. 저는 강연을 많이 합니다만, 이 업계에서는 안 해봤습니다. 그 점에 약간의 위험 부담을 느낀다면 강연료 없이 여행 경비만 주셔도 좋습니다."[8] 이런 접근 방식은 효과를 봤다. 드디어 데이비스는 행사에서 기조연설을 해달라는 초청을 받았다. 3일에 걸친 콘퍼런스의 클라이맥스인 폐회사를 그가 할 예정이었다.

최근 동향을 파악하기 위해 그는 첫날부터 콘퍼런스에 모습을 나타냈다. "나는 시간이 허락하는 한 모든 세션에서 청중 자리에 있을 예정입니다. 이 산업에 대해 될 수 있는 대로 많은 것을 배우고 싶으니까요. 업계의 전문용어와 약어들을 배운 뒤 나의 마케팅 전문지식을 그들의 시장에 적용할 것입니다"라고 데이비스는 웃으며 말했다.[9] 그런 노력이 성공을 불러와 데이비스의 강연은 좋은 반응을 얻었다. 그 뒤로 유망한 잠재 고객들이 몰려들었으며, 업계의 다른 행사에서도 강연을 해달라는 초청장이 쇄도했다.

데이비스는 그 전략이 단지 행사에만 국한되지 않고 그 이상의 효과를 내고 있음을 알았다. "당신이 출판사의 이벤트에서 강연을 하면, 그들은 예외 없이 자기들 웹사이트와 잡지에서 당신에 관한 글을 씁니다. 동영상도 올리죠. 그러면 어느 순간부터 행사장에 없었던 사람들조차 당신을 연사로 초청하고, 당신이 제공하는 서비스와 시장에서의 전문성을 알게 됩니다"라고 그는 설명했다.[10] 팀 페리스가 테크 마니아들에게 한 것처럼, 업계의 주요 오피니언 리더들을 타깃으로 한 소규모 홍보 활동을 통해 그는 일약 화제의 중심이 됐다.

티핑포인트랩스는 거기서 멈추지 않았다. 다음 해에도 같은 사업 모델을 되풀이했는데, 이번에 택한 업종은 금융 서비스였다. 그다음 해에는 패스트푸드와 간이음식점을 타깃으로 했고, 그다음에는 여행과 관광이었다. 이렇게 매년 자신들의 전문성을 새로운 업종으로 넓혀갔고, 그때마다 인구에 회자됐다. 매번 그들은 가장 크고 커넥션이 많은 업계 간행물 출판사를 타깃으로 하고, 그 출판사가 주관하는 행사에 참석한 뒤, 새로운 강연 초빙을 소개받아 손쉽게 선두가 됐다.

데이비스는 이처럼 다양한 업종의 행사에 참가하고 회사의 잠재고객을 창출하면서 주말을 제외한 대부분의 시간을 보냈다. 그러다가 2012년, 그는 다시 전략 방향을 바꿔 신규 비즈니스를 시작했다. 우선 자신의 지분을 회사에 팔고, 브랜딩과 마케팅에 관한 책을 썼으며, 1인 기업을 시작했다. 그리고 업계 잡지에서 안면을 익힌 사람들을 한 번에 한 사람씩 다시 만나 자신의 강연을 세일즈해나갔다.

그는 당시를 이렇게 회상했다. "나는 보통 이런 말을 했어요. '나는 책을 썼고, 당신의 업종을 잘 알고 있습니다. 그리고 당신도 나를 잘 알고 있을 겁니다. 내가 강연하는 것을 봤을 테니까요'라고요."[11]

뜻밖에도, 그 전략은 효과를 봤다. 강연 섭외가 점점 많이 들어오기 시작했다. 사람들이 데이비스의 강의를 듣고 난 후 그의 전문성에 대해 입소문을 퍼뜨렸기 때문이다. 자신을 강연에 초청한 의뢰인들에게서 전혀 연관성이 없는 세 명이 그를 추천하더라는 얘기도 종종 들었다. "그들은 '어제 이 남자 얘기를 들었어요. 이전엔 전혀 알지 못하던 남자였지요. 그런데 이제 모두가 이 사람 책을 읽고 있다네요'라며 나를 추천했다고 해요"라고 데이비스는 말했다.[12]

팀 페리스와 마찬가지로, 앤드루 데이비스는 실제로는 그렇지 않으면서 사방에 있는 것처럼 보이는 기이한 현상을 만들어냈다. 페리스와 데이비스의 경험에 따르면, 책이나 강연 또는 마케팅 계약을 통해 홍보하지 않더라도 당신이 실제보다 더 많은 인맥을 가지고 있고 더 잘 알려져 있다는 인상을 심어줄 수 있다. 실제로 사회적 네트워크에 대한 연구가 이를 뒷받침하고 있다. 사람들은 통상 사회적 네트워크가 지지하는 것을 토대로 다른 사람, 제품, 트렌드 등에 대해 판단을 내린다. 그래서 때로 네트워크는 사람들을 속여 어떤 것이 실제보다 더 인기 있는 것으로 생각하게 하기도 한다. 일종의 착시 현상 같은 효과를 내는 것을 가리키는데, 연구자들은 이를 '다수로 보이는 환상majority illusion'이라고 한다.

다수가 실은 다수가 아닐 때

다수로 보이는 환상이 어떻게 작동하는지를 이해하려면 앞서 다뤘던 슈퍼 커넥터라는 개념을 다시 살펴볼 필요가 있다. 슈퍼 커넥터들은 연결에 관한 멱함수 곡선에서 가장 높은 곳에 위치하는 사람들이다. 그들의 네트워크는 보통 사람의 네트워크보다 놀라울 정도로 많은 사람으로 구성되어 있다. 대부분의 사람은 상대적으로 적은 수의 인맥을 가지고 있지만 몇몇 사람은 엄청난 수의 친구를 가지고 있다. 이들이 슈퍼 커넥터다. 슈퍼 커넥터들은 당신의 인맥 규모가 그들의 것보다 상대적으로 작다고 느끼게 한다. 나아가 슈퍼 커넥터의 존재는 평균을 왜곡하고 거의 모든 사람이 또래들보다 작은 네트워크를 가진 것처럼 느끼게 한다. 그 이유는 매우 간단하다. 대부분 사람의 네트워크가 평균보다 분명히 작기 때문이다.

이런 현상을 두고 네트워크를 연구하는 사람들은 '친구 관계의 역설friendship paradox'이라고 한다. 이 역설은 퍼듀대학교의 사회학자인 스콧 펠드Scott Feld가 '왜 당신의 친구들은 당신보다 더 많은 친구를 갖고 있는가'라는 제목의 논문에서 처음 주장했다. 이 역설은 우리가 가진 낙관주의적 사고(또는 자기도취)의 모순에서 비롯한다.[13] 설문조사에 따르면, 대부분 사람은 자신보다 자신의 친구들이 더 많은 친구를 가지고 있다고 믿는다. 그러나 당신이 어떤 커뮤니티 또는 어떤 클러스터를 표본으로 선정해보면, 상당수가 평균보다 더 적은 수의 친구를 가지고 있음을 알게 된다.

친구 관계의 역설을 더 잘 이해할 수 있도록, 키로 비유해보겠다. 당신이 친구들의 키를 모두 쟀을 때 평균이 대략 177cm였다고 하자. 이를 그래프로 표시한다면 177cm는 거의 중앙에 위치하게 될 것이다. 양쪽으로 매우 고른 분포를 보이면서 말이다. 즉 앞에서 언급했던 종 모양이 된다. 그런데 친구 중 한 명이 당신보다 엄청나게 크다고 가정해보라. 말은 안 되지만, 30cm가 아니고 거의 300cm가 더 크다고 해보자. 이 한 사람의 키가 전체 평균을 극적으로 왜곡할 것이다. 이 사람의 키가 평균을 177cm보다 훨씬 위로 밀어 올림으로써 평균의 의미를 퇴색시킨다. 그러면 당신은 '내 친구들은 평균적으로 나보다 훨씬 키가 크다'라고 말할 것이다. 즉, 가상의 거인 친구가 평균을 왜곡함으로써 친구 관계의 역설이 생겨나는 것이다.

이런 현상이 사회적 네트워크에서 일어나고 있다. 소수의 사람이 유난히 엄청난 규모의 인맥을 유지하기 때문에 지인들이 당신보다 평균적으로 더 많은 인맥을 갖고 있다고 생각하게 된다(물론 당신이 최대 인맥 보유자일 수도 있지만, 이는 논외로 하자). 결론적으로, 이런 인맥 차원의 거인들이 존재함으로써 당신의 네트워크가 평균보다 작아 보인다는 점은 확실하다.

이런 모순은 소셜미디어의 등장과 함께 훨씬 더 심화됐다. 캐나다 맥길대학교의 연구자들인 나흐메 모메니Naghmeh Momeni와 마이클 래빗Michael Rabbit은 수백만 명의 트위터 사용자와 수억 건의 트윗을 조사했다.[14] 그 결과, 온라인 소셜 네트워크에서도 멱법칙이 적용된다는 사실을 발견했다. 트위터 사용자 중 최상위층에 속하는 소수의 그룹은 수백만 명의 팔로워를 가지고 있었다. 반면, 나머지 사람들은 훨씬 적은 수의 팔로워를 보유하고 있을 뿐이었다. 따라서 수백만 명의 팔로워를 가진 이른바 트위터 백만장자들이 팔로워 수의 평균을 엄청나게 왜곡하게 된다.

슈퍼 커넥터의 존재, 그리고 인적 커넥션은 정규분포 대신 멱법칙을 따른다는 사실은 우리를 둘러싸고 있는 네트워크의 개념을 왜곡한다. 그러나 팀 페리스와 앤드루 데이비스가 배운 바와 같이, 남들에게 실제보다 더 인기가 있는 것처럼 보이기 위해 이런 왜곡 현상을 활용할 수 있다.

이런 가능성을 크리스티나 러먼Kristina Lerman이 이끄는 사우스캘리포니아대학교 연구자들이 처음으로 입증했다.[15] 러먼과 그녀의 동료들은 친구 관계의 역설은 물론 그것과 연계된 가설을 놓고 다양한 시도를 해봤다. 그 가설은 인간으로서 우리는 자신의 네트워크 전체가 어떻게 돌아가는지 알 수 없기 때문에, 사람들과 교류하면서 그때그때 상황을 이해하고 네트워크 전체가 무엇을 하고 있는지 판단해야만 한다는 것이다. 종합해보면, 우리 네트워크 내에 거대한 인맥을 가진 멤버가 있을 때 실제로 어떤 아이디어나 인물이 얼마나 인기가 있는지에 대한 우리의 인식이 왜곡될 가능성이 크다는 얘기다.

이를 실험하기 위하여 연구자들은 먼저 하나의 연구 모델을 새로 만들었다. 그 모델은 열네 명으로 구성된 작은 네트워크였다. 구성원은 무작위로 선정됐지만, 각 개인이 갖는 인맥의 수는 무작위가 아니었으며 의도적으로 아주 다양하게 분포되도록 했다. 즉, 2개에서 네트워크의 절반에 이르기까지 커다란 편차를 보이도록 인맥을 구성한 것이다. 그런 다음 연구자들은 실험 모델 안의 세 사람을 '활성화active' 했다. 여기서 활성화란 연구자들이 만든 용어로, 구성원들 사이에 어떤 특징이 거론되도록 유도하는 것이다. 예를 들어 빨강 머리를 하거나, 아이폰을 휴대하거나, 앤드루 데이비스에게 강연자로 추천하는 것 등이다.

인맥을 가장 적게 가진 멤버를 활성화했을 때, 이들을 통해 연결된 사람들의 수는 전체 표본의 절반이 안 될 만큼 적었다. 그러나 인맥이 가장 넓은 세 명을 활성화 멤버로 골랐을 때는 인기가 있다는 인상을 주기가 쉬웠다. 모든 사람이 적어도 한 명의 활성화 멤버와 연결됐고, 대부분은 두 명의 활성화 멤버와 연결됐으며, 몇몇은 활성화 멤버 세 명 모두와 연결됐다. 만약 당신이 이 실험에 참여해서 어떤 아이디어가 얼마나 인기 있는가를 판단하고자 한다면, 아마도 다수의 사람이 그 아이디어에 대해 말하는 것을 들을 확률이 매우 높다. 그것은 마치 모두가 같은 화제에 대해 말하는 것처럼 보일 수 있다. 사실은 단지 세 명만이 실제로 그런 말을 하고 있는데도 말이다. 테크 마니아 블로그와 팀 페리스의 예에서와 마찬가지로, 소수의 목소리가 네트워크 전체에 울려 퍼지는 가장 큰 목소리가 되는 것이다.

작은 연구 모델에서 이런 현상을 확인한 다음, 연구자들은 모델의 규모를 더 키웠다. 컴퓨터 시뮬레이션을 사용하여 1만 명 규모의 모델을 만들고 그들이 가진 인맥의 수를 다양하게 구성했다. 그 결과, 다수로 보이는 환상이 여전히 나타났을 뿐만 아니라 네트워크가 더 큰 일부 모델에서는 그 현상이 더 심화됐다 (네트워크가 더 크다는 것은 각 개인이 가진 인맥의 수가 더 큰 편차를 보인다는 것을 의미한다).

컴퓨터에서 모델을 만드는 것은 실제 세계에서 실험하는 것과는 별개다. 네트워크가 14명에서 1만 4,000명, 또는 1,400만 명으로 확대될 때 다수로 보이는 환상이 똑같이 적용된다는 사실을 확인할 필요가 있었다. 이를 테스트하기 위하여 그들은 손쉽게 구할 수 있는 3개의 네트워크에서 데이터를 수집했다. 첫째는 고에너지 물리학자들 사이의 공동 저작 네트워크였다. 앞서 봤듯이, 인맥 형성과 협업을 잘 보여주는 훌륭한 네트워크 자료다. 둘째는 소셜 뉴스 서비스 업체인 '디그닷컴Digg.com'의 팔로워 네트워크였으며, 셋째는 정치 블로그 간 인터넷 링크들의 네트워크였다.

이 3개의 네트워크 전체에 걸쳐 상호 연결성에 대해 조사한 결과, 각각의 네트워크에서 다수로 보이는 환상이 나타났다. 가장 극단적인 예는 정치 관련 글의 세계였다. "정치 블로그 네트워크에서 그 효과가 가장 컸다. (…) 노드의 20%만 활성화되어도 무려 60~70%의 노드가 활성화 멤버를 이웃으로 가지게 된다"라고 그들은 기록했다.[16] 정치 관련 블로그 중 단지 20%가 어떤 아이디어를 낼 경우, 그 네트워크 내 각 노드는 대다수가 그 아이디어를 공유하고 있다고 생각하게 된다는 얘기다. 이처럼 '다수로 보이는 환상' 효과는 실상은 정반대인데도 사람들이 무언가를 사실적이고 보편적이라고 생각하도록 속이기가 얼마나 쉬운지를 설명해준다.

'친구 관계의 역설'처럼, '다수로 보이는 환상'이 발생하는 이유는 네트워크 내에서 서로 다른 사람들이 광범위하게 연결되어 있기 때문이다. 적은 수의 인맥을 가진 사람들은 더 많은 인맥을 가진 사람들이 아이디어를 내놓거나 트렌드를 보여주는 것을 관찰하면서 그것들이 대중적일 것이라고 단정한다. 실제보다 과도하게 말이다. 따라서 '다수로 보이는 환상'은 이웃들의 생각이나 분위기에 휩쓸리게 할 수 있고, 그래서 그런 아이디어나 트렌드가 오히려 더욱 널리 퍼지게 된다.

'다수로 보이는 환상'은 자기충족적 예언self-fulfilling prophecy이 될 수 있다. 팀 페리스나 앤드루 데이비스 같은 사람들이 인기에 대한 자기충족적 환상을 만들기 위해 '다수로 보이는 환상' 효과를 이용했듯이, 모든 기업이 사업을 키우기 위해 은연중 그렇게 한 것으로 나타났다. 아마도 '다수로 보이는 환상'을 보여주는 가장 극단적인 예는 당연히 세계에서 가장 큰 온라인 소셜 네트워크인 페이스북일 것이다.

세상에서 가장 커다란 스몰 커뮤니티

페이스북이 처음부터 세계 최대의 온라인 커뮤니티가 되고자 한 것은 아니었다. 더구나 최초도 아니었다. 처음에 그것은 하버드 대학교 학생이었던 마크 저커버그Mark Zuckerberg와 그의 친구 몇 명이 기숙사에서 벌인 부차적 프로젝트였다. 2003년 9월, 저커버그는 매사추세츠주 케임브리지에 있는 하버드대 캠퍼스에서 아주 놀라운 아이디어를 소프트웨어와 웹사이트로 구현하는 작업에 들어갔다.[17] 한 주도 안 되어 그는 '코스 매치Course Match'라 부르는 프로그램을 만들었다. 그 이면의 아이디어는 학생들이 동료 학생들이 선택한 과목을 참고로 수강 신청을 할 수 있게 해주는 재미난 도구를 제공하는 것이었다. 어떤 과목을 클릭하면 등록한 사람들의 전체 명단을 볼 수 있었고, 그중 특정 학생을 클릭하면 그 학생이 등록한 다른 과목도 볼 수 있었다. 미국사 과목을 듣는 예쁜 여학생이 또 어떤 과목에 등록했는지 알고 싶은가? 문제없다. 당연히 코스 매치가 알려줄 수 있다.

그 프로그램은 특히 사회적 평판에 민감한 학생들에게 인기를 끌었다. 그 학생들은 대체로 수강 과목의 내용이나 교수를 기준으로 하지 않고, 동료 중 누가 등록했는가를 기준으로 수강 신청을 했다. 금세 수백 명의 학생이 코스 매치를 사용하기 시작했으며, 프로그램은 대성공을 거두었다. 그러나 저커버그의 두 번째 프로젝트는 그리 잘 풀리지 않았다.

두 번째 도전으로 저커버그는 '페이스 매시face mash'라는 프로젝트를 시작했다. 당시 하버드대학교는 기숙사마다 '페이스북 스facebooks'라는 온라인 앨범이 있었다. 질적인 면에서는 중학교 졸업 앨범 수준에 불과했지만, 거기에는 학생들이 서로 알고 지내기 쉽도록 각자의 사진이 올라와 있었다. 저커버그는 '캠퍼스

안에서 누가 제일 핫한가?' 라는 질문을 던지기 위해 이 사진을 사용하기로 마음먹었다. 당연히 이 질문은 열여덟, 열아홉 살짜리 대학생들에게 대단한 관심사였다. 저커버그는 체스 플레이어의 세계 랭킹을 정하는 방식(어떤 사람이 다른 사람과 경기를 할 때마다 그 결과가 순위에 영향을 미치게 됨)과 유사한 컴퓨터 프로그램을 새로 개발했다. 그 시점에서 찾을 수 있는 모든 인터넷 졸업앨범에서 사진의 순위를 매기는 프로그램이었다. 기숙사 페이스북스마다 보안과 사생활 보호 수준이 각각 달랐다. 그래서 어떤 기숙사의 사진은 공개적으로 입수할 수 있었지만 어떤 곳은 원격으로 해킹을 했고, 어떤 곳에서는 비공개 네트워크에 접속해서 사진을 얻고자 기숙사에 숨어들기도 했다.

겨우 8시간도 안 되어 저커버그가 하나의 웹사이트를 만들었는데, 성별이 같은 학생 두 명을 나란히 놓고 더 매력적인 쪽을 클릭하게 하는 것이었다. 클릭을 받을수록 순위가 올라갔고, 프로그램은 그들을 더 매력적인 다른 학생과 비교하는 과정을 되풀이했다. 그 웹사이트는 즉각적으로 인기를 끌었지만, 전체 커뮤니티를 상대로 해서는 그리 잘 풀리지 않았다. 반발이 컸기 때문이다. 자신의 학교 내 평판을 거의 망가뜨릴 만큼 엄청난 반발을 산 후, 저커버그는 그 프로그램을 닫고 새로운 프로젝트로 옮겨갔다. 이번 프로젝트는 그의 평판을 그가 상상해본 적이 없는 수준까지 끌어올리게 된다.

저커버그와 그의 친구들은 프렌드스터Friendster와 마이스페이스 MySpace 같은 신생 소셜 네트워크 웹사이트의 인기에 감명을 받았다. 일부의 전하는 말에 따르면, 저커버그가 '윙클보스 쌍둥이'로 불리는 타일러 윙클보스Tyler Winklevoss와 캐머런 윙클보스 Cameron Winklevoss 형제 밑에서 수행했던 프로젝트에 고무된 나머지 새로운 형태의 온라인 소셜 네트워크를 개발하기로 마음먹었다고 한다. 2004년 1월, 저커버그는 웹주소를 '더페이스북닷컴 Thefacebook.com'으로 등록하고 웹을 개발하기 시작했다. 그와 친구들은 코스 매치와 페이스 메시를 통합해서 하나의 서비스를 만들었다. 개인들을 초대해서 각자의 취미, 관심사, 심지어 연애 취향 등 개인 정보를 포함해 개인의 프로필을 만들도록 하는 서비스였다. 그 서비스에는 이메일을 통해 친구들을 직접 초대하는 방법도 포함됐다.

2004년 2월 웹사이트가 공개됐는데, 처음에는 하버드대 커뮤니티에만 개방됐다. 다시 말해, 하버드의 이메일 주소가 있어야만 계정을 만들 수 있었다. 하버드대학교 내에서 그 서비스는 놀라운 속도로 퍼졌다. 2월 말까지 1만 명의 학생이 프로필을 만들었다.[18] 사실 나중의 일을 보면, 이는 그다지 놀랄 일도 아니다.

사이트에 가입하는 사용자가 늘어남에 따라 그 서비스는 가입자들로 하여금 친구들에게 이메일을 보내고 친구들을 초대해서 가입하게 할 것을 은근히 유도했다. 하지만 대상은 여전히 하버드대 친구로만 한정됐다. 얼마 안 가 비가입자들은 그런 초대들이 이메일 박스에 쇄도하는 것을 보게 됐다. 또는 적어도 그런 것처럼 보였다. '다수로 보이는 환상'을 입증하려 한 듯이, 거대한 인맥을 가진 소수의 개인이 프로필을 더페이스북에 올리자마자 하버드대학교 학생 전체가 온라인에 올라온 것처럼 보였다. 그리고 모두가 그래야만 할 것처럼 보였다.

입소문을 타고 번진 더페이스북의 인기는 저커버그마저 놀라게 했다. "처음에 우리는 이 서비스를 회사로 만들 의도는 없었습니다. 회사를 운영할 돈이 없었거든요"라고 저커버그는 당시를 회상했다.[19] 그러나 초기의 놀랄 만한 성공은 사업적으로도 유망하다는 신호가 됐고, 2월 말에 그들은 하버드를 뛰어넘어 서비스를 확대하기로 했다.

수많은 유사 웹사이트와 달리 더페이스북은 찾아오는 사람 모두에게 문을 열지 않았다. 프렌드스터와 마이스페이스가 가입을 원하는 거의 모든 사람에게 개방한 것에 반해, 저커버그와 그의 팀은 가입 대상을 엄선된 대학의 학생들로 한정하면서 상대적으로 천천히 그리고 제한적인 방법으로 서비스를 확대하기로 했다. 하버드대가 쉽게 장악되고 나자 더페이스북은 2004년 2월까지 컬럼비아, 예일, 그리고 스탠퍼드로 서비스 개방 범위를 넓혔다. 이런 의도적인 '한 번에 한 대학' 전략은 사생활 침

해에 대한 우려를 잠재우려는 의도도 일부 있었지만, 그보다는 성장 수준을 통제 가능한 범위로 유지하기 위해서였다. 하지만 다수로 보이는 환상이 암시하듯이, 더페이스북이 초기에 놀랄 만한 성장을 이룬 원인이 바로 그것이었다. 그 사이트가 2월 26일 스탠퍼드대학교 학생들에게 개방됐을 때, 불과 한 주도 안 되어 재학생의 절반 이상이 가입했다.

의도한 바가 아니었고, 아마 그들조차 이렇게 될지 알지 못했다 하더라도 '한 번에 한 대학' 전략이 성장을 이끌면서 '다수로 보이는 환상'의 효과가 더페이스북에서 작용하고 있었다. 경쟁 관계에 있는 프렌드스터와 마이스페이스 같은 소셜 네트워킹 웹사이트는 처음부터 기본적으로 개방적이었고, 겉으로 보기에는 매우 흡사한 방식으로 작동했다. 만약 당신이 지인에게 이메일 초대를 받았다면, 그 웹사이트를 방문하기 위해 그 이메일을 클릭할 수도 있고 하지 않을 수도 있다. 클릭을 했다면, 이미 가입하여 계정을 가지고 있는 친구를 찾고자 할 것이다. 더페이스북에서는 그 지인들을 찾기 위해 모래알처럼 넘쳐나는 사람들을 헤집으며 살펴볼 필요가 없었다. 이미 학교에 있는 현실 세계 인적 네트워크의 인터넷 판을 검색하고 훑어보는 것일 뿐이니 말이다.

더구나 사람들은 더페이스북에 가입하길 권하는 초대에 다르게 반응했다. 만약 당신의 이메일로 더페이스북에서 일촌 초대

4~5개가 갑자기 왔는데 그들이 학교에서 당신보다 훨씬 많은 인맥을 가진 사람들이라면, 그것만으로도 당신이 그 네트워크에 가입할 확률은 훨씬 높아질 것이다.

　더페이스북 팀은 또한 진입하고자 하는 학교를 타깃으로 정할 때, '다수로 보이는 환상' 효과를 실제로 활용했다.[20] 그들의 전략은 마치 팀 페리스의 지침서에서 뽑아낸 것처럼 보였다(하지만 오히려 페리스가 이들의 지침서에서 전략을 취했다고 말하는 것이 나을 것이다. 그 전략을 먼저 사용한 게 더페이스북이기 때문이다). 만약 목표로 삼은 학교에 진입하기가 쉽지 않다든지 경쟁 웹사이트가 이미 뿌리를 내리기 시작했다면, 그들은 직접적으로 경쟁하지 않았다. 대신 그 학교와 가까이에 있는 최대한 많은 학교에 서비스를 개설했다.

　예를 들어, 베일러대학교에 진입하려 했을 때 자체 개발한 비슷한 서비스가 이미 존재한다는 것을 알게 됐다. 그래서 더페이스북은 베일러대학교의 본거지인 텍사스주 웨이코를 중심으로 연대를 형성하기 위해 텍사스대학교의 알링턴 캠퍼스, 텍사스 A&M대학교, 사우스웨스턴대학교에 서둘러 서비스를 개설했다. 그 의도는 또래 집단의 암묵적 압력peer pressure을 만드는 것이었다. 실제로도 고등학교 시절 인기 있고 친구도 많던 학생들이 베일러대학교에 다니는 친구들에게 연락을 해서 가입을 권유하게 됐다. 다시 한번 다수로 보이는 환상이 작동한 것이다. 이번에는 가입하라는 압력을 만들어냈을 뿐 아니라, 결국에는 사용하던 이전의 서비스를 그만두게 했다.

그리고 얼마 안 가 페이스북Facebook(이제 이름에서 '더the'를 떼어냈고, 온라인 소셜 네트워크 서비스의 선두 주자가 됐다)은 특정 대학의 학생들뿐만 아니라 모든 사람에게 개방됐다. 하지만 '다수로 보이는 환상'을 유지하기 위해 이런 결정은 엄청난 수의 사용자가 가입하고 난 후, 그리고 초기의 얼리 어댑터early adaptor(제품이나 서비스가 출시될 때 가장 먼저 구입해 평가한 후, 주위에 제품이나 서비스의 정보를 알려주는 성향을 가진 소비자—옮긴이)들이 졸업을 하고 더 큰 세상으로 나간 후 이루어졌다. 그들은 이제 직장인이 된 20대의 첨단 기술 애호가들로서 '다수(대부분은 아니어도, 최소한 복수)로 보이는 환상' 효과를 유지하기에 충분할 정도의 크리티컬 매스Critical Mass(어떤 변화를 일으키는 데 필요한 최소한의 규모—옮긴이)였다.

당신이 제품을 팔든 잠재적 중요 인물의 관심을 끌려고 하든, 이른바 다수로 보이는 '착시 현상'은 정확히 이런 것이다. 즉 거의 알려지지 않은 회사, 브랜드, 심지어 사람들조차 얼리 어댑터들을 제대로 공략한다면 엄청난 팔로워를 가질 수 있다는 얘기다. 그 환상이 자기실현적 예언이 되어 무명인을 유명인으로 탈바꿈시켜주기 때문이다.

과학에서 실천으로

다수로 보이는 환상은 시각차에서 비롯된 기이한 현상이다. 하지만 핵심 인맥을 만들고자 할 때 엄청나게 도움이 된다. 무엇이 인기 있고 누가 영향력이 있는가를 간단하게 예측할 때, 사람들은 대개 처음에는 주변의 인적 네트워크에서 인맥이 가장 많은 사람에게 의지한다. 다수로 보이는 환상에 대한 연구가 시사하는 바는 만약 당신이 특정인에게 소개되기를 원한다면 지인 중 한 사람에게만 의지하지 말라는 것이다. 그보다는 다른 인맥을 찾기 위해 타깃 인물을 둘러싼 인적 네트워크를 탐구하는 것이 나은 선택이다. 서로 공통으로 아는 사람이 몇 명인지 보고, 그 중 누구에게 소개를 부탁하는 것이 더 좋은지 생각해보라.

특정인에게 소개되기 위해 한 개인에게 의존할 수도 있지만, 그의 또 다른 지인들과 관계를 맺고 싶다는 의향을 전하고, 남들이 물으면 좋은 평을 해달라고 부탁함으로써 새로운 관계를 미리 준비할 수 있다. 결론적으로, 타깃 인물의 근접 네트워크 내에서 복수의 사람이 모두 당신에 대해 말한다면, 그리고 보유 인맥의 규모가 크고 신뢰받는 사람이 당신을 소개한다면, 당신이 목표 인물과 연결될 확률은 훨씬 높아질 것이다.

소셜미디어의 세계에서 다수로 보이는 환상은 더욱더 중요하다. 당신이 일면식도 없는 업계의 중요 인사에게 연락을 주고받자고 요청한다면, 그쪽에서는 먼저 당신에 대해 조사를 하리라고 예상하라. 그리고 그 조사가 인터넷으로 이루어진다는 점도 예상하라. 그는 아마 구글을 검색하고, 당신의 소셜미디어 프로파일을 탐색할 것이다. 특히 공통의 커넥션(지인)이 있는지 세심히 찾아볼 것이다.

다행히, 소셜미디어는 당신이 타깃 인물과 연줄을 맺는 최상의 방법이 되어줄 수 있다. 페이스북 또는 링크드인에서 그 사람을 조회하면 몇 명의 공통 지인이 나타날 것이다. 그 정보는 인맥 지도를 그릴 수 있고 다수로 보이는 착시 현상을 만들어낼 수 있다는 측면에서 중요하다. 더욱 중요한 것은 그런 환상이 불가능한 것인지 아닌지도 말해준다는 것이다. 만약 당신에게 공통의 지인이 없고, 타깃 인물과 정말로 친구와 친구로 이어지는 연결고리밖에 없다면 아직은 그런 인맥을 만들 때가 아닐 가능성이 있다. 당신 자신의 네트워크가 더 개발될 때까지 기다리는 것이 좋다. 때를 기다리면서 네트워크를 키워나가다 보면, 그런 연결이 자연스럽게 이루어질 것이다.

FRIEND OF A FRIEND OF A FRIEND
OF A FRIEND OF A FRIEND OF A
FRIEND OF A FRIEND OF A FRIEND
OF A FRIEND OF A FRIEND OF A
FRIEND OF A FRIEND OF A FRIEND
OF A FRIEND **OF A** FRIEND OF A
FRIEND OF A FRIEND OF A FRIEND
OF A FRIEND OF A FRIEND OF A
FRIEND OF A FRIEND OF A FRIEND
OF A FRIEND OF A FRIEND OF A
FRIEND OF A FRIEND OF A **FRIEND…**

호모필리의 유혹을 뿌리쳐라

9

왜 같은 성향이
그토록 매력적일까

커다란 인맥을 가지기만 하면, 그것만으로도 정보를 얻기 위해 필요한 다양한 시각을 자동으로 얻게 될 거라고 흔히 생각한다. 그러나 최근 연구 결과는 인적 네트워크에서 사람들은 자신과 생각이 비슷한 사람에게 끌리는 경향이 있고, 우리가 만날 가능성이 있는 사람들 대부분은 이미 우리와 비슷한 생각을 하고 있다는 사실을 보여준다. 이는 단순히 더 많은 사람을 만난다고 해서 더 나은 의사 결정을 하고 더 좋은 기회를 찾는 데 필요한 폭넓은 정보를 얻게 되는 것은 아니라는 뜻이다. 오히려 이런 접근 방식은 심지어 재앙을 초래하는 결정으로 이어질 수도 있다.

20 16년 11월 8일, 도널드 트럼프는 미국을 충격에 빠뜨렸다. 아니, 정확히 말해 미국의 절반을 충격에 빠뜨렸다. 미국 동부시간으로 오후 9시 20분경 여론조사기관, 데이

터 과학자, 주요 언론의 정치평론가들은 자신들의 예측 결과를 잽싸게 바꿨다.[1] 선거운동 기간 내내, 심지어 투표 당일까지도 여론은 트럼프의 경쟁자였던 힐러리 클린턴이 이기고 미국 역사상 최초의 여성 대통령이 될 것으로 내다봤다. 그러나 막상 전국의 카운티(한국의 행정구역상 '군'에 해당함—옮긴이), 특히 미국 중서부의 이른바 '러스트 벨트Rest Belt'(펜실베이니아, 웨스트 버지니아, 오하이오, 인디애나, 일리노이, 미시간, 아이오와, 위스콘신 등 한때 미국을 대표하는 공업지대였지만 제조업의 몰락과 함께 쇠락한 지역을 가리킴—옮긴이) 주들에서 개표 결과가 속속 들어오면서 트럼프가 당선될 가능성이 점점 커지기 시작했다.

자정에 이르자, 그날 아침까지만 해도 클린턴의 승리를 확신했던 예측 기관들은 이제 트럼프의 당선 확률이 90%를 넘을 것으로 내다봤다.[2] 새벽 1시 39분, AP통신은 펜실베이니아주를 트럼프가 차지할 것으로 예상했다. 곧바로, 선거 예측 웹사이트인 파이브서티에이트닷컴Fivethirtyeight.com의 설립자 네이트 실버Nate Silver는 "AP통신이 사실상 트럼프가 대통령 선거에서 이겼다고 선언했다"라고 전했다.[3] 그는 2008년 선거에서는 50개 주 중 49개 주를, 2016년에는 50개 주의 결과를 모두 맞힌 바 있는 선거 예측 전문가다.

약 1시간 후, 당일 아침까지 트럼프의 당선 확률을 28.6%로 내다봤던[4] 실버는 자신의 웹사이트에 다음과 같은 글을 올렸다.

"결과가 나왔습니다. 도널드 트럼프가 미국의 대통령으로 당선 됐습니다."[5] 실버는 이번 선거가 막상막하의 레이스를 보였고 대통령 선거인단 구성에서 클린턴에게 몇 가지 불리한 점이 있었다고 조심스럽게 설명하긴 했지만, 이번 투표 결과를 '자신의 생애에 가장 충격적인 정치적 사건'이라고 불렀다.[6]

충격을 받은 사람이 네이트 실버만은 아니었다. 대다수의 예측 전문가는 실버보다 더 확신에 찬 목소리로 클린턴의 승리를 점쳤었다.[7] 〈피알위크PRWeek〉가 조사한 대부분의 PR 및 커뮤니케이션 전문가 역시 그랬던 것처럼, 시장의 예측은 클린턴의 당선으로 기울어져 있었다.[8] 〈뉴욕타임스〉는 투표가 있기 몇 주 전에 클린턴이 쉽게 이길 태세라고 단언했다.[9] 같은 시기 하버드대학교 교수들 역시 클린턴이 이길 것으로 생각했으며, 트럼프 지지자들에게 어떻게 '출구를 마련해줄지' 논의하기도 했다. 그들은 트럼프 지지자들의 반발을 어떻게 무마할 것인가 하는 과제에 대해 일찌감치 고민하고 있었다.[10] 오랫동안 민주당 하원 원내대표를 맡아온 낸시 펠로시Nancy Pelosi는 한술 더 떠서, 민주당이 상원을 다시 장악하고 하원에서 의석을 늘릴 것이라며 민주당의 압승을 6월부터 확신했다. 펠로시는 트럼프 후보를 '우리를 계속 행복하게 해주는 선물'이라고까지 불렀다.[11]

투표 당일, 클린턴의 선거진영에서는 승리를 떼놓은 당상으로 여겼으며 참모들이 유세용 비행기 안에서 승리를 자축하는

샴페인을 터뜨리기도 했다.[12] 마치 모두가 클린턴의 승리가 확실하다고 말하는 것 같았다.

개표 직후, 결과에 실망한 사람들이 공통으로 느낀 정서는 충격 그 자체였다. "그렇게도 확실했는데, 현실이 어떻게 이토록 달라질 수 있지? 우리가 아는 모든 사람이 클린턴의 승리를 확신하고 있었는데, 왜 패한 거지?" 심지어 어떤 사람들은 자신이 알고 있는 사람 중에 트럼프를 찍은 사람은 아무도 없는데 어떻게 그가 이길 수 있었는지 말이 안 된다고 말하기도 했다.[13] 그러나 충격과 경악에도 불구하고 트럼프의 승리를 알려주는 징후는 분명히 존재했다. 단지 사람들이 눈여겨보지 않았을 뿐이다.

사실 클린턴의 선거진영은 러스트 벨트와 미시간주에서 나타난 위험 신호도 감지했었다. 그러나 이런 신호들은 너무 약하고 드물어서 대부분 무시됐다. 투표를 열흘 정도 남긴 시점에 국제서비스산업노조Service Employees International Union는 미시간 현지에서 우려의 소식들을 듣기 시작했다.[14] 노조 지도자들은 아이오와주에서 활동 중이던 선거유세 자원봉사자들을 디트로이트로 보내 그곳에 힘을 보태기로 했다. 하지만 그들이 호텔 방을 예약하려고 할 때 클린턴 선거본부에서 아이오와에 그냥 머물라는 전갈을 보내왔다. 본부는 5%포인트 차이로 미시간에서 이길 것으로 확신하고 있었다.

하지만 선거진영 전체가 모두 그렇게 확신에 차 있지는 않았다. 클린턴의 정책 특보인 제이크 설리번Jake Sullivan은 선거진영에서 유일하게 클린턴이 질 수도 있다고 우려를 표명한 사람이다.[15] 설리번은 팀 내 다른 멤버들에게 미시간과 경합 중인 중서부 지역에 더 많은 시간과 관심을 쏟아야 한다고 여러 차례 주장했다. 그러나 설리번의 우려를 딱히 반박한 사람은 없었다. 단지, 모두가 그냥 무시해버렸을 뿐이다. 내부 진영은 이제껏 전통적으로 공화당을 지지해온 주 중에서 어디를 전리품으로 가져오길 원하는지 논의하느라 바빴다. 민주당 선거운동원 네트워크의 압도적인 의견은 미시간뿐만 아니라 미국 전역이 이미 떼어놓은 당상이라는 것이었다.

따지고 보면, 트럼프 진영의 데이터와 예측들도 대부분 희박한 승리 가능성만을 가리키고 있었다. 다만 그들은 조심스럽게 낙관하고 있었다.[16] 실제 개표 결과는 대부분의 사람이 생각했던 것보다 훨씬 더 치열한 경합으로 나타났다.

투표 당일, 전국과 주 차원의 여론조사를 모두 집계하던 리얼클리어폴리틱스RealClearPolitics는 클린턴이 단지 2표의 선거인단 차이로 이기고 있음을 보여주었고, 민주당 쪽으로 기운 주들도 상당수가 여론조사의 오차 범위 내에 있었다.[17] 명백하게도, 많은 사람이 자신이 보고 싶은 결과만을 보고 있었던 것이다.

대선 결과 예측 중 아마도 가장 유명한 것은 진보 성향의 정치운동가이자 영화제작자인 마이클 무어Michael Moore로부터 나온 예측일 것이다. 선거가 시작되기 수개월 전, 그러니까 트럼프와 클린턴이 각 당에서 공식적으로 대통령 후보 지명을 받기도 전에 무어는 한 인터뷰에서 이렇게 말했다. "나는 그들(트럼프 진영)이 미시간, 오하이오, 펜실베이니아 그리고 위스콘신에 초점을 맞추어 계획을 세우고 있다고 알고 있습니다. 그것이 그가 선거에서 이기고자 하는 방법입니다. (…) 만약 그가 중서부 위쪽에 있는 주들을 확보한다면 승리할 수 있습니다." 몇 개월이 지난 7월에 무어는 자신의 생각을 더욱 강력하게 주장했다. 그는 트럼프가 이길 거라고 끈질기게 고집했다.

그의 주장은 현실로 드러났다. 선거 결과가 최종 확정되기까지 다소 시간이 걸리긴 했지만 결국 트럼프는 오하이오, 펜실베이니아, 위스콘신, 심지어 미시간에서까지 승리했다. 그렇다면, 그렇게 많은 사람의 예측과 달리 무어는 이를 어떻게 예상했을까?

우선, 무어는 미시간 출신이다. 그는 지금도 그곳에서 살고 있으며, 그곳에서 일한다. 그의 초기 영화들은 미시간과 그 외 러스트 벨트 주에 사는 근로자들의 경제적 곤경에 초점이 맞춰졌다. 수많은 전문가가 인구통계학적 변화를 비롯한 다양한 변화를 거론하며 러스트 벨트 근로자 계층이 다소 무의미해졌다고 생각한 반면, 무어는 본선에서 블루칼라 그룹이 얼마나 강력한 세력이 될 수 있는지를 경험을 통해 잘 알고 있었다. 하지만 그의 예측은 심각하게 받아들여지지 않았고, 혹시 받아들였다 하더라도 평가절하됐다.

충격적인 선거 결과의 후폭풍으로, 미국 언론인들은 자신들이 어떻게 그런 추세를 놓쳤으며 마이클 무어는 어떻게 그것을 내다봤는지 의아해하기 시작했다. 시간이 지나면서 공감을 얻게 된 결론은 실제로 그들 자신의 시각이 반대 시각과 격리되어 있었기 때문에 여러 사건과 데이터를 어떻게 해석해야 할지 몰랐다는 것이다.

위험을 알리는 신호들도 있었다. 투표일로부터 수개월 전, 〈뉴욕타임스〉 칼럼니스트인 데이비드 브룩스David Brooks(보수주의자인 그는 당시 트럼프가 대선 후보로 지명될 가능성이 거의 없다고 내다봤다)는 왜 트럼프의 대선 후보 지명조차 예측불허인지를 설명했다. 브룩스는 이렇게 말했다. "우리는 트럼프가 김이 빠져 주저앉을 것으로 예상했습니다. 그는 지지자들과 사회적으로 한데 섞여 있지 않았고, 그들의 말에 충분히 귀를 기울이지도 않았으니까요."[18] 그들의 견해를 이해하거나 트럼프 선거운동의 동력변화를 감지할 만큼 반대 진영과 충분히 접촉하고 소통하지 못했다고 인정한 것은 브룩스가 처음이지만, 그가 마지막은 아니었다. 〈워싱턴포스트〉의 미디어 칼럼니스트인 마거릿 설리번Margaret Sullivan은 "우리는 그들을 진지하게 받아들이지 않았습니

다. 아니, 적어도 충분할 만큼 진지하지 못했습니다"라고 인정
했다.[19] 투표일 이틀 후, CBS 뉴스 정치부 특파원인 윌 랜will Rahn
은 "우리도 핵심을 놓쳤습니다. 우리보다 현실을 제대로 알고
있던 사람들을 몇 개월 동안이나 조롱한 뒤에 말입니다"라고 말
했다.[20]

마이클 무어는 자신의 고향에서 무슨 일이 벌어지고 있는지
를 생생하게 목격했다. 그에 비해 다른 사람들은 일말의 의구심
을 품기에도 지리적으로나 이념적으로 너무 격리되어 있었다.
하지만 그런 고립 현상이 어떻게 일어날 수 있었던 것일까? 정
말로 사람이 살아가는 장소가, 자신이 세상을 보는 시각뿐만 아
니라 다른 사람들이 세상을 어떻게 생각하는지에 대한 시각과도
연관이 있는 것일까? 정말로 강한 상관관계가 존재한다는 증거
가 있다. 살아가는 장소는 그 안의 사람만이 아니라 바깥에 있는
사람에게까지 영향을 끼친다.

2000년대 초, 언론인 빌 비숍Bill Bishop과 사회학 교수 로브 쿠싱
Rob Cushing은 한 가지 놀라운 트렌드를 연구하기 시작했다. 각각
의 동네가 점점 더 보수적이거나 점점 더 진보적으로 변해가고
있다는 것이었다.[21] 이것은 단순히 사람들이 진보적이거나 보수
적인 주로 이주한다는 뜻이 아니었다. 그보다는 이런 현상이 각
주나 도시의 내부에서 일어나고 있었으며, 사람들은 자신들의

이념에 따라 동네 간에 나뉘어 이동하는 것으로 보였다.

비숍과 쿠싱은 둘 다 텍사스주 오스틴에 살고 있는데, 이곳은 보수적인 사람들이 대다수인 주 안에 있는 상당히 진보적인 성향의 지역이다. 두 사람은 대통령 선거 기록과 관련된 데이터를 모은 다음 카운티 단위로 분류하기 시작했다. 그들의 직감을 확인해주는 증거가 속속 나타났다. 3,100개 이상의 카운티에 걸쳐 하나의 패턴이 나타났다. 1948년부터 1976년까지는 민주당원들과 공화당원들이 꽤 균등하게 섞여 있었는데, 1976년 선거 이후로는 상황이 매우 빠르게 달라졌다. 주민들의 이주 패턴은 정치 성향에 따라 사람들이 서로 결집하기 시작했다는 것을 보여주었고, 민주당 카운티와 공화당 카운티들이 생겨나기 시작했다. 한마디로, 사람들의 격리 현상이 갈수록 심화됐다.

예를 들어 리처드 닉슨Richard Nixon과 휴버트 험프리Hubert Humphrey가 치열한 접전을 벌였던 1968년 선거에서, 압도적인 득표를 한(어느 한 후보가 20% 이상 차이로 이긴) 카운티에서 해당 성향의 투표자 비율은 37.2%였다. 2000년에 이르러서는 그 숫자가 45.3%로 올라갔다.[22] 전체적으로 보면, 1976년부터 2004년까지 카운티 득표율에서 그 정도로 정당 간 차이가 벌어진 곳은 2,000곳 이상으로 늘어난 반면, 더욱 경쟁이 심해진 카운티는 약 1,000개에 불과했다. 이런 결집 현상은 또한 단순히 장거리 이주에 의한 것도 아니었다. 즉 사람들이 '빨간색(공화당)' 주나

'파란색(민주당)' 주로 많이 이사했기 때문이 아니라는 뜻이다. 사람들은 각 주 내에서 정치적으로 편하게 느끼는 카운티로 옮겨가고 있었다.

전통적으로 민주당의 텃밭이었던 캘리포니아주에서는 30개의 카운티가 견고한 공화당 성향으로 바뀌었고, 11개 카운티는 치열한 경합 지역으로 바뀌었다.[23] 똑같은 현상이 반대 방향으로도 나타났다. 샌프란시스코 카운티에서는 1976년 투표자의 44%가 제럴드 포드Gerald Ford(공화당)를 지지했으나, 2004년에는 투표자의 15%만이 공화당을 지지했다. 해당 기간에 샌프란시스코 카운티의 유권자 수는 전체적으로는 변하지 않았다. 공화당 지지자들이 떠난 반면 민주당 지지자들이 들어온 것이다.

비숍과 쿠싱은 심지어 게리맨더링gerrymandering(특정 정당이나 후보자에게 유리하도록 임의로 선거구 구획을 긋거나 바꾸는 행위)이 영향을 끼쳤는지도 조사했다.[24] 흥미롭게도, 연구 결과 대부분은 부분적인 선거구 구획 조정이 기존 정치인들의 입지를 더 좋게 한 것이 아니라 오히려 불안정하게 했음을 시사했다. 그들이 조사 대상으로 삼은 지난 30년 동안에는 구획 조정 직후에 접전 투표구가 눈에 띄게 바뀐 사례는 없었다. 정치인들이 투표자들을 선택하기 위해 구획 경계선을 재조정한 것이 아니라, 오히려 투표자들이 자신의 성향에 맞는 정치인을 고르기 위해 새로 그려진 구획 안으로 이사한 것이었다.

"미국이라는 나라 대부분 지역과 대부분의 미국인이 지난 30년간에 걸쳐 더욱 단일한 삶의 방식을 지향하는 흐름에 동참해 온 것이다"라고 비숍은 적었다. 틀림없이 그는 그 패턴을 발견하고 어리둥절했을 것이다.[25]

사회적 네트워크의 동류 결집, 빅 소트

하지만 네트워크 과학자에게는 이런 패턴이 전혀 이상한 것이 아니다. 오히려 이런 패턴은 '호모필리homophily'(동류 선호 성향—옮긴이)가 진행됨에 따라 흔히 볼 수 있는 특징이다. 네트워크의 세상에서는 반대 성향이 서로를 끌어당기지 않는다. 비슷한 생각을 가진 사람들이 서로에게 끌린다.

호모필리는 1950년대에 폴 라자스펠드Paul Lazarsfeld와 로버트 머튼이 지어낸 용어로, '유유상종類類相從'이나 '끼리끼리 모인다' 같은 표현을 데이터를 통해 보여준다.[26] 개인적 관계 차원에서 이 이론은 사람은 누구나 자신과 비슷한 사람들과 강한 유대 관계를 맺게 될 가능성이 크다고 예측한다. 사회적 네트워크 차원에서 이 이론은 개인들로 구성된 네트워크들은 시간이 지날수록 본질적으로 분리되고 밀집되어 '클러스터'가 된다고 주장한다. 이 효과에 대해서는 수많은 연구에 걸쳐 많은 자료가 작성됐다. 사회학자들은 이 현상을 사방 어디에서나 보아왔다. 부부에 서부터 직장 동료, 단순히 얼굴만 아는 사람, 심지어 정치인에 이르기까지 말이다. 호모필리를 거시적 차원에 적용하면 비숍과 쿠싱이 발견한 집단 이주를 쉽게 이해할 수 있다. 그들은 이를 '빅 소트big sort'라 불렀다.

그런데 정치적 설득에 관한 한 호모필리는 '어디에서 살 것인가' 뿐만 아니라 '누구의 말을 들을 것인가'와 '무엇을 읽을 것인가'라는 문제에도 영향을 미친다.

2008년 10월, 조직 분석학자 발디스 크레브스Valdis Krebs는 고객들이 구입한 책에 대한 데이터를 연결점으로 하여 아마존닷컴 Amazon.com을 통한 책 구매 활동의 네트워크를 분석했다.[27] 그가 분석한 네트워크는 실제 사람이 아니고 책과 그 안의 견해에 초점을 맞추고 있긴 하지만, 책 역시 사람이 사는 것이라는 점을 기억해야 한다. 그의 분석 결과는 구매 도서들이 3개의 서로 다른 클러스터로 확연하게 갈린다는 점을 밝혔다. 공화당의 정치적 사상들에 관한 책을 구입한 사람들은 민주당의 정치적 사상들에 관한 책을 구입한 사람들과 전혀 연결되지 않았다. 더욱 놀라운 것은 민주당 성향의 서적을 사는 사람들이 버락 오바마에 관한 책을 구입한 사람들과 연결되지 않았다는 점이다. 크레브스의 이런 분석은 선거에서 이기기 위해 유권자들을 연합하고 끌어모으는 오바마의 능력을 미리 예견했지만, 이와 함께 대통령으로서 하원과 일하면서 겪게 될 어려움도 예견했다.

사회학자들과 네트워크 과학자들은 오랫동안 호모필리의 존재에 대해 알고 있었다. 다만, 무엇이 그것을 촉발하는지를 연구할 방법을 발견한 사람이 거의 없었다. 사람들이 자신과 비슷한 생각을 가진 이들과 관계를 형성하는 것은 당연하다. 왜냐하면 관계를 유지하기가 훨씬 수월하기 때문이다. 그러나 무엇인가 영향을 미치는 다른 요인이 있다고 생각하는 것 역시 논리적으로 타당하다. 사람들이 자기 주위의 꽤 한정된 사람들 중에서도 자신의 친구들과 친한 동료(예를 들어, 함께 일하는 사람들 또는 이미 알고 있는 친구들의 친구)를 선택하는 편이라는 점을 생각해보자. 따라서 관계의 유사성은 사회적 네트워크상 위치에 따른 결과물일 수도 있다.

이것이 덩컨 왓츠와 대학원생인 게오르기 코시네츠Gueorgi Kossinets가 답을 찾고자 했던 바로 그 질문이다. 우선 그들은 연구를 위해 커다란 네트워크를 필요로 했다. 시간을 두고 관찰할 수 있는 네트워크여야 했다. 왜냐하면 긴 과정 중 단지 한순간의 스냅샷만 보고 어떤 것의 기원을 연구할 수는 없기 때문이다. 이것은 이전의 학자들이 해결하는 데 애를 먹었던 수수께끼였다. 그러나 코시네츠와 왓츠는 운 좋게도 신기술이 해결책을 제공해주었다. 앞서 구조적 빈틈에 관한 연구에서 본 것처럼, 코시네츠와 왓츠는 어떤 조직이나 커뮤니티 안의 연결에 대한 개략적인 모습을 그리는 데 이메일 데이터를 사용할 수 있을 거라고 생각했다. "상호 간에 주고받는 이메일은 대부분 실제적 관계를 나타낸다. 이메일의 교환을 그 한 가지 방법으로 사용해서 그 기저에 자리 잡고 있는 사회적 네트워크를 관찰할 수 있다"[28]라고 왓츠는 썼다.

그들은 미국에 있는 대형 대학교의 학생, 교수, 교직원 등 3만 명 이상에 대한 자료를 한 학년도에 걸쳐 수집했다.[29] 그리고 누적된 이메일 자료뿐만 아니라 개인의 특성에 관한 자료(예를 들면 성, 나이, 근속연수)와 수강 신청 기록을 수집했다. 그들은 통틀어 700만 개가 넘는 메시지 기록을 수집했는데, 물론 단체 메시지는 모두 제외한 것이었다.

코시네츠와 왓츠는 이 모든 데이터를 취합한 후 사회적 네트워크의 모델을 설정하고, 그것이 270일(한 학년도)의 기간에 어떻게 바뀌었는지를 구성했다. 특히 네트워크 내에서 시간이 지남에 따라 형성된 새로운 유대관계들에 초점을 맞추었다. 이 모델을 통해 그들은 놀라운 것을 발견했다.

실제로 누가 누구와 관계를 형성했는지를 '호모필리' 개념으로 예측해낼 수 있었다. 즉, 서로 비슷하지만 안면이 없는 사람들은 서로 비슷하지 않은 사람들보다 시간이 지나면서 관계를 맺을 가능성이 훨씬 컸다. 또한 대학교의 인적 네트워크 전체에서 차지하는 위치 역시 영향을 미친다는 것도 알아냈다. 대부분의 경우 사회적 네트워크의 구조에서 서로 가까이에 있는 개인들은 관계를 맺기 전이라도 멀리 떨어져 있는 상대들보다 비슷한 점이 더 많았다. 종합해보면, 네트워크 내에서 어디에 있느냐가(즉, 잠재적 관계들에 얼마나 가까운지가) 누구와 관계를 맺을지를 선택하는 데 순전한 유사성보다 더 많은 영향을 미치는 것으로 보인다.

코시네츠와 왓츠가 발견한 것은 시간이 갈수록 유사한 사람들을 가깝게 해주고 관계를 맺을 확률이 높도록 네트워크 구조가 점진적으로 바뀌면서 초기에는 약했던 유사 개인들 간의 선호도가 더욱 강화된다는 것이다. 그들의 연구 결과는 호모필리에 한번 빠지고 나면 점점 더 깊이 빠져들게 된다는 것을 의미했다. 이를 '나선형 하향downward spiral 국면'이라고 한다. 초기 단계에 약간의 선호도도 중요하긴 하지만, 앞으로의 선택을 어떻게 바꾸느냐가 외적으로 드러나는 호모필리의 정도를 강화하게 된다.

연구 결과들은 호모필리가 정말 얼마나 당혹스러운 문제인지도 밝혀주었다. 유사한 목소리, 의견, 성향을 가진 네트워크 안에서 클러스터화된 채로 머물 경우 자신을 둘러싼 환경을 정확하게 분석하고 자신과 조직을 위한 최상의 의사 결정을 하는 데 필요한 능력을 정말로 방해받을 수도 있다. 더욱이 그렇게 촘촘하게 클러스터로 묶인 네트워크는 보다 정확한 상황을 이해하는데 필요한 새로운 목소리, 새로운 의견, 새로운 성향을 찾는 것을 더욱더 어렵게 한다. 결론은 '당신이 누구를 아는가'는 당신이 '어떻게 생각하는가'에 영향을 끼치고, 이는 다시 '당신의 친구의 친구 중 누구를 만나게 될 것인가'에 영향을 끼친다는 것이다. 그것이 좋든 나쁘든 간에 말이다.

다양성은 네트워크 차원의 문제다

김릿미디어Gimlet Media의 리더들에겐 호모필리의 영향이 더 부정적으로 흐를 수 있다는 두려움이 있었다. 김릿미디어는 공동설립자인 알렉스 블룸버그Alex Blumberg와 맷 리버Matt Lieber가 추진하는 일종의 실험적 프로젝트다.

블룸버그는 유명 라디오 프로그램인 〈디스 아메리칸 라이프This American Life〉의 제작자이자 NPR의 초기 팟캐스트 중 하나인 플래닛머니Planet Money의 공동설립자로, NPR에서 오랫동안 일해온 베테랑이다. 그는 플래닛머니 작업에 참여함으로써 새로이 뜨는 팟캐스트와 다운로드형 오디오(보통 논픽션이나 인터뷰 등) 시장에 관심을 기울이게 됐다. 이들 미디어는 청취자의 편의에 따라 아무 때나 소비되는 콘텐츠였지만, 그는 청취자들이 지지해주리라는 것을 알고 있었다. 플래닛머니가 티셔츠 하나를 만들기 위해 50만 달러를 모았을 때(티셔츠 만드는 과정을 다큐멘터리로 제작했다), 그에게 아이디어가 떠올랐다.[30] 그 아이디어는 파고들면 파고들수록 청취자들의 재정적 지원 약속listener commitment이 엄청난 기회가 될 거라는 확신을 갖게 했다. NPR은 저널리즘 중심의 비영리조직이었지만, 그는 일부 영리기업이 실제로 팟캐스팅 사업을 잘하고 있다는 사실을 알고 있었다. 〈디스 아메리칸 라이프〉와 〈라디오랩RadioLab〉 같은 NPR 프로그램은 라디오에서 방송되고 있음에도 팟캐스트 시장에서 크게 성공을 거두고 있었다.

NPR 프로그램의 대명사로 여겨져 온 꼼꼼한 품질이 영리기업의 팟캐스트에 적용될 때도 시장은 좋은 반응을 보일 것인가? 그 답을 알아낼 방법은 오직 한 가지뿐이었다.

2014년 8월, 블룸버그는 팟캐스트를 시작했다. 팟캐스트 회사의 설립을 다루는 팟캐스트였기에 그에 걸맞게 '스타트업'이라는 타이틀을 달았다. 원래는 '아메리칸팟캐스팅코퍼레이션American Podcasting Corporation, APC'이라는 이름이었지만, 프로그램의 1회 방송 내용을 브랜드 전문 회사와 논의한 뒤 김릿으로 바꿨다(김릿은 진 칵테일이라는 것 말고는 특별한 의미가 없다). 프로그램과 회사 모두 빠르게 성장했고, 그러는 동안 블룸버그와 리버는 벤처캐피털로부터 150만 달러의 투자금을 유치했다.[31] 또 인가

된 투자자 중 자신들의 사업에 동참하고 싶어 하는 청취자들에게도 호소해 추가로 20만 달러를 유치했다.[32] 이런 투자금은 더 많은 성장 프로젝트를 가능하게 했고, 그들은 재빠르게 2개의 쇼를 새로 선보였다.

그에 따라 청취자와 투자자들 양쪽 모두에게 더 많은 관심을 받게 됐다. 김릿이 2015년에 추가로 600만 달러의 투자금을 유치했을 때, 회사의 가치가 3,000만 달러에 이르는 것으로 평가됐다.[33] 이런 대규모 투자는 회사가 성장에 더욱 박차를 가해야 한다는 것을 의미했다. 성장은 더 많은 청취자와 더 많은 쇼를 의미했고, 새로운 쇼는 더 많은 인력을 뜻했다. 하지만 현재의 직원들을 살펴보고 미래의 인력 계획을 수립하기 시작하자, 문제가 될 만한 것들이 눈에 띄었다.

600만 달러의 투자금을 받았던 2015년 12월에 그들의 사무실 내 인력 구성은 대체로 '동질적'이었다. 다시 말해, 직원들이 백인 일색이었다는 것이다. 당시 직원이 총 스물일곱 명이었는데 그중 스물네 명이 백인이었다. 자신들이 지향하는 '투명성'이라는 스타일에 걸맞게 김릿 팀은 그 주제에 대한 팟캐스트를 만들기로 했다. 그 쇼에서 블룸버그는 다양성의 부족이 왜 그렇게 걱정스러운지 설명했다. "우리에겐 우리가 앞으로 할 이야기들을 통해 옳은 일을 할 의무가 있습니다. 이를 위해서는 하나의 관점에서만 이야기하는 것이 아니라 미묘한 맥락의 차

이와 복잡성을 함께 전달해야 합니다"라고 말했다.[34]

팟캐스트에서뿐만 아니라 자신의 조직 차원에서도 이 문제를 충분히 이해하고 해결책을 마련하고자 블룸버그는 김릿의 여러 직원, 특히 백인이 아닌 직원들과 인터뷰를 가졌다. 어쩌면 세 명의 비백인 직원에게는 '용감하게도 인종차별과 다양성에 대해 백인 CEO와 대화해야 하는' 불편한 경험이 됐을 수도 있다. 그런 잠재적 위험 속에서도 블룸버그는 인터뷰를 진행했다. 그 결과 정말 다양성이 부족한 직원 목록을 갖게 되기가 얼마나 쉬운지, 그리고 실제로 자신의 회사가 인종적으로 얼마나 획일적이었는지 알게 됐다.[35]

특히 흥미로운 질문이 거론된 것은 동성애자임을 밝힌 직원과의 인터뷰에서였다. 그 질문은 '표면적인 다양성 문제 이외에 김릿에 이념적 다양성이 부족한가?'였다 "직원들 대부분이 정치적으로 진보적이고, 국제화를 지지하며, 상당수가 뉴욕 브루클린 출신이지요"라고 블룸버그는 말했다. "우리 직원 중에는 복음주의 기독교인Evangelical이 없어요…. 제 생각에는 NASCAR 자동차 경주의 선수 이름을 하나라도 댈 수 있는 직원 역시 없을 것 같아요."[36] 그 순간, 부스 밖에서 대화 내용을 듣고 있던 프로듀서가 들어와서는 대화에 참여해도 되느냐고 물었다. 그는 복음주의 기독교인으로 매주 일요일 교회에 나간다고 했다. 심지어 NASCAR 선수 몇몇의 이름도 댈 수 있었다. 하지만 그는 그런 사람이 자기 혼자라고 느꼈고, 그래서 모든 사실을 혼자만 알고 있는 것이 좋을 것으로 생각했던 것이다.

그 인터뷰 이후, 블룸버그는 그들이 가진 문제의 복잡성을 이해하기 시작했다. 이제 목표는 분명해졌다. "우리는 김릿이 여러분의 신념을 편안하게 공유하는 곳이 되게 하고 싶습니다. 기독교인이든, 미국 원주민이든, 성전환자이든, 아니면 이 모두에 해당하는 사람이든 말입니다"라고 그는 말했다.[37] 동시에 블룸버그는 회사의 운영 환경과 직원들 사이의 관계 네트워크가 그런 일이 일어나기 어렵게 하고 있다는 점도 인식하게 됐다.

"우리는 전통적으로 백인이 대부분인 산업에 속하고, 대부분 백인으로 구성된 조직입니다. 만약 우리가 가만히 앉아서 비백인 직원들이 우리가 올리는 모집 공고에 지원하기를 기다린다면, 아마도 지금 이 상태에 계속 머무를 수밖에 없겠지요"[38]라고 그는 말했다. 실제로 자신들의 채용 과정을 살펴본 결과 동질적인 인재풀에서 직원들을 얻고 있다는 사실을 알게 됐다. 대부분 NPR에서 나온 사람들을 채용해온 것이다. 코시네츠와 왓츠의 연구에서 등장했던 대학교의 경우처럼 그들이 강한 동류 선호를 가지고 있었던 건 아니지만, 더 광범위한 인적 네트워크상에서 자신들이 차지한 위치 탓에 유사한 인맥이 그들에게 주어진 유일한 옵션이었던 것이다.

실제로, 그 시점까지 채용된 직원 중 다양성을 가진 직원들 대부분은 회사가 의도적으로 다르게 행동함으로써 얻을 수 있었다. 일상적인 틀을 벗어나 의도적으로 네트워크의 다른 부분이나 전혀 다른 산업과 인맥을 맺는 과정을 통해서 말이다. 그들은 이것이 자신들의 딜레마를 해결하는 데 최고의 선택이 되리라는 사실을 알게 됐다. "더욱 다양한 직원을 보유하는 것은 더 많은 전문가 네트워크를 활용할 수 있다는 것이고, 덜 획일적인 과정을 통해 조직에 활력을 불어넣을 수 있다는 것을 의미합니다"라고 블룸버그는 말했다.[39]

블룸버그의 내부 조사는 다양성을 실현하는 것이 얼마나 어려운지를 보여준다. 코시네츠와 왓츠의 연구가 호모필리에 한번 진입하고 나면 점점 더 깊이 빠져들게 되는 나선형 하향 국면을 보여주었던 것처럼, 비슷한 사람들과의 연락을 선호할 수도 있다. 그러면 그것은 당신이 같은 종류의 사람을 계속 선택하는 일이 점점 더 쉬워지도록 당신의 네트워크를 변형시켜버린다. 따라서 김릿 역시 동질적인 인재풀에서 직원을 선발하고 싶다는 유혹을 물리쳐야 성공에 이를 수 있을 것이다.

사람은 반대 성향에 끌리지 않는다. 비슷한 사람들에게 끌린다. 그러나 비슷한 사람들이 서로 연결되고 나면, 그들은 더욱 유사한 사람들과 관계를 맺을 확률이 더 높아지도록 더 광범위한 사회적 네트워크의 환경을 바꾸어버린다. 그러나 코시네츠와 왓츠의 연구는 이런 효과를 뒤집어서 '나선형 상향upward spiral 국면'으로 만들 수도 있다는 것을 시사한다. 즉, 그런 국면을 유발하는 똑같은 원리에 대해 반대의 노력을 기울이면 호모필리에서 탈출할 수 있다. 새롭고 비슷하지 않은 커넥션을 적극적으로 찾으면 네트워크 내에서 당신의 위치가 이동하고, 당신의 미래 커넥션 역시 유사한 인맥을 피할 가능성이 높아진다.

호모필리가 주는 교훈은 당신이 아는 사람이 당신의 생각에 영향을 끼친다는 것이다. 당신은 자신처럼 생각하는 사람을 알 가능성이 가장 크기 때문에 '유사성의 강한 물결'을 거스르려는 노력을 의도적으로 할 필요가 있다. 물결을 거슬러야 하기 때문에 어려움이 따르겠지만, 그에 대한 보상은 어마어마하다.

과학에서 실천으로

호모필리 연구가 던져주는 가장 큰 시사점은 우리가 유사한 사람들과 관계를 맺게 되거나 이미 맺고 있을 가능성이 크다는 것이다. 물론 그것이 주는 마음의 평안도 좋지만, 수많은 변수 속에서 의사 결정을 하는 데에는 그리 도움이 되지 않는다. 우리는 자신의 인적 네트워크를 통해 대안적 시각을 얻을 필요가 있다. 그러려면 우선, 자신의 네트워크가 대안적 시각을 가지고 있는지 알아보아야 한다. 그에 대한 연습을 간단히 해보자.

1. 어느 특정한 주에 당신이 가장 빈번히 연락을 주고받은 사람들을 찾아보라. 휴대전화의 통화 기록이나 이메일 박스를 활용해서 20~25명의 명단을 만들어라.
2. 당신의 이름을 맨 위에 쓰고 첫 번째 열에 그 사람들의 이름을 적어 넣어라.
3. 당신의 이름 옆으로 칸을 몇 개 더 만들고, 각 칸에 당신이 살펴보고 싶은 카테고리를 정해 써 넣어라. 예를 들면, 산업, 부서, 인종, 종교, 정치이념 등이 있을 것이다.
4. 첫 번째 열에 있는 각 개인이 이 카테고리의 어디에 적합한지 나열하라. 잘 모르겠다면 우선 추측을 한 다음, 그 추측이 맞았는지 나중에 확인하라. 아마도 당신이 생각하는 것보다 훨씬 많이 틀릴 것이다.

아마도 당신의 인맥 대부분은 모든 카테고리에서 당신과 매우 흡사할 가능성이 크다. 그것이 무엇을 의미하는지를 이제는 당신도 잘 알 것이다.

FRIEND OF A FRIEND OF A FRIEND
OF A FRIEND OF A FRIEND OF A
FRIEND OF A FRIEND OF A FRIEND
OF A FRIEND OF A FRIEND OF A
FRIEND OF A FRIEND OF A FRIEND
OF A FRIEND **OF A** FRIEND OF A
FRIEND OF A FRIEND OF A FRIEND
OF A FRIEND OF A FRIEND OF A
FRIEND OF A FRIEND OF A FRIEND
OF A FRIEND OF A FRIEND OF A
FRIEND OF A FRIEND OF A **FRIEND…**

네트워킹 이벤트 대신 활동을 공유하라

10

왜 최고의 네트워킹 이벤트들은
네트워킹과 무관한가

인맥이나 네트워킹과 관련해서 가장 흔히 떠올리는 것이 네트워킹 이벤트다. 이 것은 새로운 사람들을 만나기 위해 특별한 시간과 장소에서 열리는 행사를 말한 다. 그러나 앞서 살펴본 호모필리라는 성향 탓에 사람들은 그런 행사에서조차 이 미 알고 있는 이들 또는 자신과 비슷한 이들을 만나는 데 시간을 소비할 확률이 매우 높다. 실제로 네트워킹 이벤트들은 새로운 인맥을 만들어주지 않는다. 연구 결과에 따르면, 자신이 하는 일에 임하면서 다양한 분야의 사람들을 끌어당기는 활동에 참여함으로써 인맥이 자연스럽게 형성되도록 하는 것이 더 낫다고 한다.

만약 당신이 존 레비Jon Levy의 집에 저녁 식사 초대를 받는 다면 두 가지를 알아야 한다. 첫 번째는 요리를 하게 될 사람이 당신이라는 것이고, 두 번째는 당신 곁에서 요리하는 사 람이 누구인지 알고 나면 깜짝 놀라게 되리라는 것이다. "웃기는 얘기지만, 저도 언젠가 대단한 일을 하나 해서 제가 주최하는 것과 같은 저녁 식사에 초대받고 싶습니다"라고 레비는 자주 말한다.[1]

DIY Do-it-yourself 요리, 놀랄 만한 참가자들, 그리고 레비의 농담에 이르기까지 이 모든 것이 가능한 이유는 거의 10년간 존 레비의 집이 세계에서 가장 영향력 있는 사람 중 일부가 오직 초청에 의해서만 참여하는 비밀스러운 만찬의 장소가 되어왔기 때문이다. 참가자 중에는 유명한 코미디언, 수상 경력이 있는 음악인, 베스트셀러 작가, 유명 방송인, 노벨상 수상자, 심지어 왕족도 포함되어 있다. 레비의 집과 그의 만찬은 그 자체로 세계에서 가장 영향력 있는 커뮤니티를 창조해냈다. 또한 그에 못지않게 레비에게 영향력 있는 인적 네트워크도 구축해주었다.

만찬은 엄격한 순서에 따라 진행된다. 우선 초청장으로 시작된다. 각각의 손님은 레비의 비서로부터 '영향력 있는 사람들의 만찬Influencers Dinner'에 초대한다는 꽤 모호한 이메일을 받는다. 초청할 당시 손님들은 대부분 레비가 전혀 모르는 낯선 사람이다(하지만 이들은 이전에 만찬에 참석했던 사람들이 추천하는 경우가 흔했다). 또한 레비는 누구도 서로 만나본 적이 없는 사람들이 초대될 수 있도록 꼼꼼히 선정했다.

뉴욕의 어퍼웨스트사이드 지역에 있는 레비의 집 또는 다른 도시에서 그가 주최하는 만찬 장소에 도착하면, 손님들은 저녁 식사를 함께 요리하게 될 것이라는 안내를 받는다. 그다음, 그들은 여러 개의 팀으로 나뉜다. 식사를 준비하는 과정은 복잡하지 않다. 요리를 해본 경험이 없어도 된다. 그러나 다음의 규칙은 엄격하게 지켜야 한다. '식사를 준비하는 동안에는 자신이 누구인지 밝히거나 어떤 일을 하는지를 말해서는 안 된다. 손님들은 오직 자신의 (성을 뺀) 이름을 사용할 수 있고, 상대방의 성이나 하는 일을 물어서도 안 된다.' 이런 규칙이 있음에도 참가자들은 금방 친해지며, 낯설었던 사람들은 한방 가득 '친한' 친구들이 된다.

식사 준비가 끝나면 참가자들은 자리에 앉아 식사를 하며 한 가지 간단한 게임을 하게 된다. 한 사람씩 번갈아 가며 다른 사람의 실제 신분과 직업을 추측해보는 게임이다. 유쾌한 놀라움을 선사하는 이 게임이(자신의 추측이 틀렸을 때가 제대로 알아맞혔을 때보다 더 즐겁다) 만찬 시간 대부분을 차지한다. 만찬이 끝나고 나면, 모두가 거들어서 설거지를 한다. 이어지는 칵테일 파티와 살롱에 가끔 이전의 만찬 손님들이 참가하면서 판이 더 커지기도 한다. 파티는 다음 날 아침 이른 시간까지 계속될 때도 있다. 이 자리에서는 정상급 마술사들이 마술을 펼치기도 하고, 세계적으로 유명한 음악가들이 피아노를 치며 노래를 따라 부르게 하며, 사상가들과 과학자들이 자신들이 최근 발견한 것에 대해 이야기하기도 한다.

다년간 만찬을 운영한 뒤(120여 회를 넘어 현재도 여전히 계속되고 있다), 레비는 1,000명이 넘는 만찬 손님들의 커뮤니티를 일구어 냈다. 그리고 이들은 모두 유명하든 아니든 사회에 영향력을 끼치고 있다. "유명한 것과 영향력이 있는 것 사이에는 그다지 큰 관계가 없습니다"라고 레비는 설명했다. "유명 연예인 몇 명을 담당하는 스타일리스트는 아마도 그 연예인들보다 패션 업계에 더 많은 영향력을 가지고 있을 겁니다."[2]

레비의 말에 따르면, 이런 만찬의 진정한 목표는 인적 네트워크라고 한다. 그는 다양하고 영향력 있는 사람들을 하나의 커뮤니티로 모으면, 이것이 거의 필연적으로 새로운 파트너십과 협업으로 이어져 세상에 긍정적인 영향을 끼칠 것이라고 믿는다. 그는 이를 뒷받침할 증거도 가지고 있다. 레비의 커뮤니티는 스타트업을 시작하기도 했고, 텔레비전 프로그램을 제작하기도 했으며, 심지어 몇몇 로맨틱한 관계에 불을 지피기도 했다. 이 인적 네트워크는 레비의 커리어에도 긍정적인 영향을 끼쳤다.

레비는 '영향력 있는 사람들의 만찬'을 2008년에 처음 고안했다. 그가 한 세미나에 참석했을 때 프로그램의 리더가 "우리 삶의 질을 정의하는 가장 근본적인 요소는 우리 주위에 있는 사람들, 그리고 그들과 나누는 대화입니다"라고 신념을 밝혔다.[3] 그 말이 레비의 내면에 있는 무언가를 자극했다. 그는 이미 상호 관계의 힘과 영향력 있는 사람들의 가치를 잘 알고 있었다. 그는 탄탄한 직장에 다니면서 다양한 기업을 상대로 디지털 마케팅 컨설턴트로 일하고 있었다. 하지만 그 리더가 한 말에 비추어 보니 자신의 삶이 기대했던 것만큼 대단하지 않다는 것을 깨닫게 됐다.

그는 작게 시작했다. 이 커뮤니티 행사가 정확히 어떤 형태를 띠게 될지 생각하며 거의 1년을 보냈다. 행동과학과 영향력 연구에 관해 전문지식을 가진 그는 이벤트의 세부사항들이 결과에 극적인 영향을 끼치리라는 것을 알고 있었다. 그는 다소 작은(적어도 영향력이란 면에서) 초대 손님 목록을 가지고 시작했다. 처음 몇 차례는 대부분 자신의 영향력 있는 친구들과 그들이 추천한 사람들이 만찬에 초대됐다. 하지만 그는 당시에도 여전히 더 큰 영향력을 가진 사람들을 초대하고자 노력했다. "가끔은 제가 그런 수준의 사람들과 어떻게 소통해야 하는지 몰라 망신을 당하곤 했습니다. 그래서 종종 일종의 '사고'를 치기도 했지요"라고 레비는 말했다. "저는 그냥 계속해서 그 일을 하고 또 하면서 더 능숙하고 효과적으로 표현하는 법을 배워나갔습니다."[4]

그는 크게 성공한 사람들로 구성된 손님들에게 최고의 경험을 만들어주려면 만찬 형식의 세부사항들을 바꿔야만 한다는 것을 깨달았다. "실제로, 모두가 너무나도 대단한 사람들이었죠"라고 그는 말했다. "그런데 자신의 일에 대해 얘기하기 시작하는 순간, 그들은 자신이 과도하게 중요한 사람인 양 행동하곤 했습니다. 거기에서는 제가 기대했던 감동적인 경험, 커뮤니티의 동질감, 긴밀한 유대 같은 것들을 찾아볼 수 없었습니다"라고 레비는 회고했다. 이것이 그의 만찬에 규칙이 생겨난 이유다. 앞으로도 레비는 사람들이 저녁 식사를 위해 자리에 앉기 전까지는 아무도 자신이 누구이며 어떤 일을 하는지 밝히지 못하게 할 거라고 말했다. "그 결과 참석자 모두는 '완벽하게 준비된 자기소개'를 버리고, 자신의 일상적 역할이 무엇인지 밝히지 않은 채 사람들과 사귀는 방법을 배우게 됐습니다."[5]

레비는 또한 그런 비밀유지가 참가자들의 행동을 보다 나은 쪽으로 바꾼다고 생각한다. "사람들이 당신의 통상적인 역할이 무엇인지 모른다면, 당신이 어떻게 행동해야 한다고 기대하지도 않게 됩니다"라고 그는 말했다.[6] 그리고 남들의 기대에 맞춰 행동할 필요가 없을 때 참가자들은 더욱 원래의 자신답게 행동하고 더욱 끈끈한 유대를 가진 네트워크를 이루게 된다.

'영향력 있는 사람들의 만찬'을 시작한 뒤로, 레비 자신의 커리어도 엄청나게 성장했다. 그가 만든 인적 네트워크는 그에게 일자리 기회를 가져다주었고 컨설팅 사업도 성장했으며, 출판 계약이나 다양한 강연과도 연결됐다. 그런데 레비 입장에서 보면, 이것들 중 그가 네트워크를 이용해 가치를 뽑아내고자 노력해서 얻은 것은 하나도 없었다. 오히려 이는 '영향력 있는 사람들' 커뮤니티에 점점 더 많은 가치를 투자하려고 노력한 결과 따라온 부수적인 효과다.

뉴욕의 또 다른 곳에서는 벤처 기업가인 크리스 쉠브라Chris Schembra가 비슷하면서도 조금은 다른 일을 하고 있다. 레비와 마찬가지로, 그는 자신이 다른 사람들을 연결해주는 일에 열정이 있다는 것과 그룹 활동으로 가장 적합한 것이 만찬을 여는 것이라는 사실을 알게 됐다. 쉠브라의 약 40m²짜리 스튜디오 아파트는 가구를 벽에 바짝 붙여놓은 상태로, 그가 개최하는 '747클럽'의 만찬 장소로 사용된다.

쉠브라의 만찬은 작은 테이블에서 종이 접시와 종이컵을 가지고 열린다. 손님들은 요리를 하고 가까이 모여 식사를 하면서 가까운 관계를 맺는다. 이 이벤트들이 시작된 것은 그가 더 나은 인적 네트워크를 만들기를 원했고, 이를 위한 최고의 방법은 커뮤니티를 만드는 것이며, 그가 정말 맛있는 파스타 소스를 만들 수 있다는 점을 깨닫고 나서였다. "저는 친구 열다섯 명을 집으로 초대해서 제가 만든 소스를 대접했습니다. 저는 요리하는 과정을 나누고 그들이 참여하도록 역할도 주었습니다. 친구들은 그것을 좋아했고 또 서로를 만나는 것도 좋아했습니다"라고 쉠브라는 말했다.[7]

쉠브라의 손님들이 참여하는 이런 과정에는 요리를 하는 것만이 전부는 아니다. "3시간 동안 1분, 1분이 완벽한 순서로 구성되어 있습니다"라고 쉠브라는 말했다. 손님들이 도착하면 쉠브라는 그들을 현관에서 맞이한 뒤 테이블이나 의자가 하나도 보이지 않는 완전히 개방된 아파트 안으로 안내한다. 거기에는 몇몇 손님과 음료 그리고 몇 가지 전채 요리만 있을 뿐이다. 하지만 이는 모두 의도된 계획의 일부다. 마지막 손님이 도착하고 나면 저녁 식사 준비가 시작된다. 쉠브라는 물을 끓이기 시작하고 특정한 작업을 손님들에게 배정한다. 손님들은 단순한 요리나 디저트를 만드는 것을 도울 뿐 아니라 테이블을 펼치고 상을 차릴 준비를 하며, (가장 중요하게) 함께 일하면서 서로 대화를 나누기 시작한다. 747클럽이라는 이름은 쉠브라가 이 과정에 대해 세심하게 주의를 기울인 데서 나왔다. "파스타 세 박스 반을 쫄깃하게 요리하는 데는 13분이 걸립니다"라고 쉠브라는 말했다.[8] 저녁 식사는 항상 8시에 시작되므로 요리가 7시 47분에 시작한다. 그래서 747이다.

저녁이 제공될 때쯤에는 아무도 옆에 앉은 사람이 낯설지 않도록 쉠브라는 일련의 활동 순서를 구성해놓았다. 대화는 약 25분에서 30분간 지속되고, 그 시점에 이르면 쉠브라는 분위기를 조금 더 고조시킨다. "8시 32분에 저는 자리에서 일어나 사람들을 좀더 즐겁게 해주려고 농담을 하나 합니다. 하지만 바로 톤을 바꾸어 좀더 개인적인 얘기를 하기 시작합니다. 그러면 그들은 자신의 약점을 드러내는 것을 좀더 편안하게 느끼게 됩니다." 그는 자신의 이야기 한 가지를 공유함으로써, 솔직하게 자신의 약점을 드러내는 대화의 첫발을 내디딘다. 그리고 대화가 테이블을 돌고 모두가 (서로 처음 만난 지 겨우 90여 분밖에 되지 않았다는 것을 고려할 때) 놀랄 만큼 사적인 이야기를 나누는 동안, 그는 대화를 거든다. "저는 만찬을 한 번 할 때 적어도 두 사람이 우는 것을 보지 않으면 실패로 간주합니다"라고 쉠브라는 농담을 했다. 이는 매번의 만찬에서 사람들의 유대가 얼마나 빨리 형성되는가를 보여주는 지표인 셈이다. "(만찬이 끝날 즈음) 조성된 분위기는 그 테이블에 누가 와 있든 매번 비슷합니다. 그리고 그 파급력은 마치 확장 가능한 제품과도 같습니다."[9]

이후 그는 만찬의 규모를 키웠다. 친구들 그리고 그들의 친구들과 함께한 열다섯 명의 만찬에서 시작하여, 747클럽 만찬을 기업 고객들을 위한 다양한 형태와 크기의 행사로 성장시켰다. 그는 그 만찬 형식과 파스타 소스 요리법을 가지고 출장을 다니며 다양한 기업을 대상으로 팀 구축 행사와 인맥 육성 이벤트를 개최하고 있다. 일반적으로 747클럽은 며칠에 걸쳐 단독으로 진행되는 작은 만찬이지만, 이어지는 커다란 사교 모임 이벤트에서는 각 참가자들이 만찬을 함께한 다른 손님들과 다시 만나거나 그 전날 참가했던 손님들과 이야기를 나눈다.

2015년 이후 747클럽은 3,000명이 넘는 사람들에게 만찬을 제공했으며, 10만 개 이상의 관계를 촉발했다. 기업 고객들 이외에도 쉡브라의 개인 만찬 참가자들은 그 자체가 하나의 커뮤니티로 성장하여 새로운 멤버들을 소개해주기도 한다. "처음 오실 때는 혼자 오십시오. 두 번째 오실 때는 친구를 한 명 데리고 오세요. 그다음부터는 새 손님을 지명할 자격이 생깁니다"[10]라고 쉡브라는 말한다.

존 레비와 크리스 쉡브라는 시행착오 끝에 자신들의 만찬을 디자인해냈다. 그리고 사회과학의 연구는 왜 그들의 만찬이 그토록 성공적이었는지를 설명해준다. 어떻게 이 두 명의 주최자가 인적 네트워크의 중심에서 상상조차 할 수 없었던 온갖 분야에 걸쳐, 있을 법하지 않은 커뮤니티를 구축할 수 있었는지 말이다. 물론 수천 년 동안 식사를 함께하는 것은 인간적 경험의 일부분이었지만, 좀더 최근의 연구 결과들은 사람들을 가깝게 만들어주는 것이 단순히 엄청난 손님 명단을 만들고 빵을 나누는 것이 아니라는 점을 보여준다. 오히려 핵심은 '요리'다.

함께 일하는 것이 사람들을 가깝게 한다

참가자들에게 자신의 식사를 요리하게 하는 것이 왜 그들을 가깝게 할까? 이를 제대로 이해하기 위해서는 먼저 인맥을 네트워킹하려고 할 때 효과가 없는 것이 무엇인지부터 살펴봐야 한다. 그런 다음, 오래된 견해 한 가지를 간단하게나마 다시 짚어볼 필요가 있다. 그토록 많은 사람이 새로운 사람들을 만나기 위해 의존하는 방법이 실은 인적 네트워크를 만드는 데 전혀 효과가 없다는 사실과 정확히 일치한다. 여기서 말하는 것은 바로 전통적인 네트워킹 이벤트들이다.

누구나 네트워킹 이벤트 또는 '믹서mixer'라고 불리는 행사에 가본 적이 있을 것이다. 거기서 참가자들은 칵테일 테이블 주위에 둘러서서 서로 얘기를 나누며 딱 원하는 인맥을 만나기를 기대한다. 내성적인 사람에게는 이런 이벤트가 끔찍하겠지만, 알고 보면 외향적인 사람들에게조차 이런 행사들은 그다지 효과적이지 않다. 연구 결과에 따르면 새로운 인맥을 맺기 위한 믹서나 파티, 이벤트, 심지어 일반적인 저녁 식사조차 별다른 효과를 거두지 못한다고 한다. 그 이유는 바로 이것들이 애초부터 '새로운 인맥' 만들기를 의도했기 때문이라는 것이다. 다시 말해, 오로지 네트워킹이나 새로운 지인을 만나는 데 초점을 맞추면 결국 대부분은 기대했던 것보다 유익함이 훨씬 떨어지는 관계들만 가지고 집에 가게 된다는 얘기다.

이런 상황이 벌어지는 이유는 네트워크 과학을 연구하는 브라이언 우치가 '자기 유사성 원리self-similarity principle'라고 부르는 것 때문이다. 우치의 주장에 따르면, 사람들은 새로운 지인을 만나고자 할 때 자신과 비슷한 사람을 선택하는 경향이 강하다고 한다. 그것이 직업, 산업, 경험, 훈련, 세계관, 그리고 그 외 무엇이든 말이다. 이것이 '호모필리' 현상과 비슷하게 들릴 수도 있는데, 기본적으로는 이것이 호모필리의 작은 형태이기 때문이다. 네트워크 전체를 바라볼 때 이는 눈에 띄는 '거시 호모필리macro-homophily' 대부분을 촉발하는 '미시 호모필리micro-homophily'인 것이다.

우치의 말에 따르면, 사람들은 편안함과 효율성이라는 두 가지 이유 때문에 자기 유사성 쪽으로 기울게 된다고 한다. 사람들은 자신과 비슷한 세계관을 가진 사람을 더 쉽게 신뢰하고, 그가 자신의 세계관에 도전하지 않을 것이기 때문에 더욱 쉽게 편안함을 느낀다는 것이다. 또한 자신과 비슷한 배경을 가진 사람들과 대화를 나누는 것은 훨씬 더 효율적이기도 하다. 왜냐하면 상호 간에 개념이나 비유, 용어들을 공통으로 인식하기 때문이다.

물론 편안함과 효율성도 중요하다. 하지만 이 중 한 가지 또는 두 가지 모두를 좇을 경우 문제가 생길 수 있다. 새로운 정보를 제공하거나 새로 제기된 이슈들에 대한 사고에 반론을 제기할 가능성이 훨씬 더 낮은 관계가 되기 때문이다. 만약 자신이 속한 네트워크가 자신의 생각과 다르지 않다면, 사고의 폭을 넓히거나 자신의 사고방식에 의문을 제기하도록 자극을 받지 못할

것이다. 심지어 자기 유사성은 사람들이 굳이 피드백을 필요로
하지 않을 때조차 긍정적인 피드백을 준다.

비슷한 사람들과 새로운 관계를 맺고 싶어 하는 성향 이외에도,
사람들은 보통 네트워킹 이벤트에서조차 기존의 인맥에 끌리는
경향이 있다. 이와 관련하여 컬럼비아 경영대학원 교수인 폴 잉
그램Paul Ingram과 마이클 모리스Michael Morris는 이런 네트워킹 이벤
트들에 대해 주목할 만한 연구 결과를 내놓았다. 그들에 따르면,
새로운 사람들을 만날 기회를 더 많이 원한다고 말한 임원들은
대부분 그런 기회를 제대로 활용하지 못한다고 한다.

　연구자들은 컬럼비아의 임원 대상 MBA 프로그램의 하나로
네트워킹 믹서를 개최했다. 초청된 사람들 중 상당수는 전부터
컬럼비아에 커리큘럼 일부로 소셜 이벤트를 더 많이 넣어달라고
요청했던 사람들이었다. 그들은 이런 이벤트를 통해 실제로 풍
부하고 다양한 동창 네트워크로부터 혜택을 얻고자 했다. 기업
임원, 컨설턴트, 벤처 기업가, 은행가 등 100명 가까운 사람이
금요일 저녁에 식사와 음료를 즐기는 자리에 초대됐다. 이벤트
시작 전에 잉그램과 모리스는 MBA 프로그램의 임원들을 대상
으로 설문조사를 했다. 초청객 중 이미 알고 있는 사람들이 누구
인지, 그리고 그 이벤트에 참여한 의도와 목표가 무엇인지 알기
위해서였다. 참가자의 95%는 그 이벤트에서 즐거운 시간을 갖

는 것 이외에 '새로운 사람들을 만나고 싶다'라고 대답했다.

참가자들이 도착하자 연구진은 각자에게 'n태그'라는 작은 전자 장치를 부착했다. 매번 대화가 일어날 때마다 그 대화가 얼마나 오래 지속되는지를 기록하는 장치다. n태그를 떼지 말라는 요청 이외에 참가자들은 다음과 같은 안내를 받았다. "자연스럽게 행동하세요. 음식과 음료를 즐기면서 누구든 원하는 사람과 이야기하세요."[11] 참가자들은 정확히 그 말을 따랐다. 그런데 불행히도, 그들이 이야기를 즐겨 나눈 '누구든'은 대부분 그들이 이미 알고 있는 사람들이었다. 그곳에서 아는 사람들이 평균적으로 3분의 1밖에 되지 않았는데도, 임원들은 대화 시간의 절반 정도를 이미 아는 사람들에게 사용했다.

물론 그들이 나머지 절반의 시간을 새로운 사람들과 이야기하는 데 보냈다는 점은 고무적이다. 하지만 그 비율은 그들이 이벤트 시작 전에 밝혔던 의도에 크게 못 미친다. 오히려 무작위로 사람들을 만나게 하는 방식이 새로운 사람들과 더 많은 대화를 나누는 결과로 이어졌을 것이다. 더구나 새로운 사람들과의 대화조차 대부분 자신과 비슷한 사람들과 나눈 것이었다. 즉 컨설턴트들은 컨설턴트들과 이야기했고, 은행가들은 은행가들과 이야기했다. 새로운 대화와 다양한 관계라는 측면에서 그 이벤트의 가장 성공적인 네트워커는 다름 아닌 그곳의 바텐더였다.

그렇게 강한 의지를 가진 임원들조차 새로운 사람들을 충분히 만나지 못한다면, 자기 유사성의 끌림 현상이 강력한 것은 확실하다고 볼 수 있다. 그러면 우리는 어떻게 해야 그 끌림을 피할 수 있을까? 그에 대한 최고의 전략은 간단하다. 새로운 사람들을 만나려는 노력을 그냥 멈추는 것이다. 대신 관계 자체보다 참여하는 활동에 더 초점을 맞추면 된다. 그럴 때 다양한 그룹의 개인들과 새로운 관계를 맺을 확률이 더 높다. 만찬에 초대된 손님들이 서로 옆에서 요리했던 것처럼, 공유 활동에 참여하는 것은 더 무작위적인 협업도 가능하게 하며 그런 협업이 진정한 유대관계로 발전할 확률을 더욱 높여준다.

브라이언 우치는 그런 현상에 대해 '공유 활동 원칙Shared Acti-vities Principle'이라는 용어를 만들었다. 거의 100개에 달하는 우치의 사회학적 연구와 인적 네트워크 연구를 근거로 하는 공유 활동 원칙은 "강한 네트워크들은 일상적인 만남을 통해 형성되지 않고, 다양한 참가자들을 하나로 뭉치게 해주는 활동을 공유함으로써 이루어진다"는 내용이다.[12] 다시 말해, 다양한 사람이 함께 참여하는 프로젝트나 활동에 뛰어드는 것은 '믹서' 이벤트에서 사람들과 수다를 떠는 것보다 당신을 강력한 인적 네트워크로 이끌 가능성이 훨씬 더 크다. 활동을 공유하는 동안에는 사전에 정해진 역할을 고수할 여지가 적고, 따라서 더 솔직하게 행동하게 되기 때문이다.

"사회학에는 내가 '대본script'이라고 부르는 개념이 있습니다. 이런 대본에서 당신이 누군가와 주고받는 모든 상호작용은 당신이 다른 사람 주위에서 하는 말과 행동에서 무엇이 적절하고 무엇이 부적절한지에 대한 일련의 기대치에 좌우되죠"라고 우치는 설명했다.[13] 그러나 활동을 공유한다는 것은 참가자들이 이런 전통적인 '대본'을 버리고 유대관계를 맺기 위해 원래의 자질들을 더 잘 보여주는 새로운 대본을 채택하게 한다. 레비가 성은 빼고 이름만 말하고, 일에 대해서는 말하지 않는다는 규칙을 정한 이후로 그의 만찬이 얼마나 효과적으로 바뀌었는지 돌이켜보라. 그 규칙을 통해 레비는 손님들이 '대본'을 입구에 버리고 만찬 장소에 들어가게 한 것이다. 우치는 "공유 활동은 이런 사회적 인간관계 자본이 풍부한 네트워크들을 만드는 강력한 엔진이다"라고 말했다.[14]

공유 활동은 다음의 세 가지 특성을 만족시킬 때 효과적인 새 네트워크를 만들어낼 가능성이 가장 크다. 첫째는 열정passion을 불러일으키고, 둘째는 상호 의존interdependence을 필요로 하며, 셋째는 무엇인가에 위험을 무릅쓰는 것something at stake이다.

'열정'을 불러일으키는 것은 매우 중요하다. 왜냐하면 사람들은 보통 열정적인 활동을 위해 시간을 낼 방법을 찾기 때문이다. 당신은 낯선 사람들과의 저녁 식사에 그다지 가고 싶지 않을 수도 있다. 하지만 당신의 친구가 어떤 만찬에 대해 칭찬을 하고 그 만찬의 주최자가 당신을 초대한다면, 당신은 거기에 가기 위해 시간을 낼 확률이 훨씬 높아질 것이다. 그다음, 활동을 하는데 '상호 의존'은 손님들 간의 신뢰를 쌓는 과정을 가속화한다. 당신은 처음 도착했을 때 마음의 문을 닫고 있었을 수도 있다. 하지만 사람들에게 조리 도구와 할 일이 주어지면, 당신은 상대방을 도와주어야 한다는 사실을 금세 알아차리게 될 것이다. 그리고 마지막, '무엇인가에 위험을 무릅쓴다'라는 것은 그런 상호 의존에 대한 인식을 높이고 함께 축하하거나 아쉬워할 기회를 제공한다. 따라서 그 식사가 성공적이든 아니든 간에, 그 결과에 대한 이해관계를 공유하는 것은 오랫동안 유지될 '깊은 유대감'을 만들 기회를 제공한다.

레비와 쉠브라가 알게 된 것처럼, 중요한 것은 만찬 자체가 아니다. 다시 말해, 중요한 것은 특정 음식이나 음료를 단지 함께 나누어 먹는 것이 아니라는 뜻이다. 그 식사에 '함께 참여하는' 행위야말로 다양한 인적 네트워크를 만드는 데 필요한 관계들을 맺어주는 실질적인 원동력이다. 당신이 원하는 것이 기회를 얻는 데 도움이 되는 네트워크를 만드는 것이든, 기업으로 가져가내부 네트워크를 구축하는 데 힌트를 얻는 것이든 공유 활동은 진정으로 효과가 있는 전술이다.

그러나 함께 요리하는 것만이 공유 활동으로 가능한 유일한 방법은 아니다. 당신의 전반적 목표에 따라서는 오히려 그것이 최적의 방법이 아닐 수도 있다. 우치는 공유 활동에 참여하는 필수적인 방법으로, 비영리단체에 참여하거나 지역사회 봉사활동을 자원하거나 팀 스포츠를 시작할 것을 추천한다. 실제로 많은 기업은 사내 강좌처럼 간단한 것조차 서로 다른 부서의 사람들을 끌어모아 다양한 인맥을 만들 수 있다는 것을 알게 됐다. 심지어 이런 전략을 채택하여 성공에 이른 기업도 있다.

교육을 공유 활동으로 활용하다

픽사 애니메이션 스튜디오Pixar Animation Studios는 당신이 아는 보통 영화 스튜디오가 아니다. 우선 이 회사는 비교적 짧은 기간에 어마어마한 성공을 거두었다. 픽사는 사업을 시작할 때 독립적인 회사가 아니라 루커스필름Lucasfilm의 컴퓨터 그래픽 부문이었다. 만약 조지 루커스George Lucas가 자신의 왕국 일부를 팔 의향이 없었다면, 이 회사는 아직도 루커스의 회사 일부로 남아 있을 것이다. 하지만 이 컴퓨터 그래픽 부문이 컴퓨터 하드웨어 회사로 발전할 가능성을 봤던 스티브 잡스Steve Jobs가 적극적으로 인수했다.

초기에는 애플 제품을 광고하는 애니메이션을 제작했으나,

점차 자기 역할을 만들어갔다. 1995년에 픽사는 영화 〈토이 스토리〉를 개봉해 대단한 호평을 받았다. 이 영화는 사상 처음으로 완전히 컴퓨터를 통해서만 제작된 장편 애니메이션이었다. 그 이후로 픽사 스튜디오는 매년 10개 미만의 영화를 제작하는데도 현재까지 16개의 아카데미상을 비롯하여 200개가 넘는 상을 받았다.

그러나 비교적 짧은 기간에 일궈낸 엄청난 성공이 픽사를 유별나 보이게 하는 이유의 전부는 아니다. 픽사의 '조직 운영 모델'을 눈여겨봐야 한다. 픽사는 할리우드의 대부분 스튜디오와 달리 스타 중심의 모델로 운영되지 않는다. 대신 이 회사는 팀 전체를 '스타'로 대우한다. 직원 한 사람 한 사람이 각각의 영화를 만드는 과정에서 필수적인 역할을 한다. "픽사는 진정한 의미의 커뮤니티다"라고 픽사의 창업자 에드 캣멀Ed Catmull은 적었다. "우리는 지속적인 인간관계들이 중요하다고 생각한다. 그리고 우리는 몇 가지 기본적 믿음을 공유한다."[15] 그런 믿음들 중 하나는 영화에 대한 아이디어가 단지 감독이나 크리에이티브 리더들에게서만 나오는 것이 아니라 하나의 영화를 만드는 데 참여하는 200~250명의 멤버 한 사람 한 사람에게서 나온다는 것이다.

또 한 가지는 '팀워크, 협동, 그리고 창의적인 성공'의 문화를 만들기 위해서 의도적인 '포커스focus'가 필요하다는 것이다. 픽사의 모든 곳에서 이런 '포커스'를 볼 수 있다. 예를 들어 섬세하고 치밀하게 디자인된 이 회사의 본관 건물은('스티브 잡스 빌딩'이라고 다시 명명된 이 건물은 그의 업적과 더불어 이 건물을 디자인하는 데 참여했던 그의 역할을 기린다) 중앙에 있는 거대한 아트리움 atrium(천장을 개방하거나 투명하게 만들어 햇빛이 들어오는 커다란 개방 공간을 가진 건축양식—옮긴이)을 특징으로 한다. 이 건물에는 직원 식당, 회의실, 직원 우편함, 영화 관람실, 심지어 메인 화장실까지 있다(원래 잡스는 빌딩의 화장실을 아트리움에만 설치하길 원했으나, 너무나 극단적인 것으로 여겨져 반영되지 않았다). 이 디자인은 직원들 간에 정말로 즉흥적이면서 우연한 만남을 유도하고, 다양한 내부 네트워크를 촉발하기 위해 잡스가 의도적으로 구상한 것이었다. "(스티브 잡스 빌딩에서는) 정말로 우연한 만남들이 늘 일어납니다" 라고 캣멀은 말했다.[16]

중앙집중화된 특성을 가진 본관 건물이 도움이 되긴 했지만, 사실 회사의 캠퍼스에는 다양한 네트워크와 끈끈한 팀워크에 가장 큰 기여를 하는 또 하나의 빌딩이 있다. 바로 픽사유니버시티다.

웨스트빌리지 빌딩West Village Building(캠퍼스에 있는 건물들은 모두 위치에 따라 이름이 붙여졌다) 안에 있는 픽사유니버시티는 〈토이 스토리〉가 개봉되고 2년 만에 설립됐는데, 이 회사의 역사로 볼 때 상당히 이른 시점이다. 처음에 수요가 가장 많았던 수업은 그림 그리기 강좌였다. 당시 픽사는 직원이 120명이었는데 100명이 그 강의에 등록했다. 시간이 지나면서 커리큘럼이 늘어나고 진화했다. 현재까지 픽사유니버시티에서 진행된 강의 중에는 연기, 회화, 컴퓨터 프로그래밍, 즉흥 코미디, 저글링 그리고 가라테나 밸리 댄스까지 포함되어 있다. 픽사의 모든 직원에게는 직급과 상관없이 강의를 들을 자격이 주어지며, 근무시간 중 매주 최대 4시간을 강의를 듣는 데 사용할 수 있다. 만약 강의 시간과 회의 시간이 겹친다면 강의가 우선이다.[17]

픽사유니버시티가 기업문화와 회사의 성공에 크게 기여하게 된 것은 바로 이렇게 모든 부서의 모든 사람이 모든 강좌를 들을 수 있게 했기 때문이다. 캣멀은 다음과 같이 적었다. "수업 내용이 직접 우리 직원들의 업무 성과를 향상시킨 것은 아니다. 하지만 업무 환경에서와 달리 강의 환경에서는 사람들이 또 다른 방식으로 서로와 접촉했다. 그들은 장난스럽게, 바보같이, 느긋하게, 개방적으로 행동했다. 자신의 약점을 드러내 연약한 모습을 보여주어도 된다고 느꼈다."[18] 우치의 연구 결과를 알지 못했음에도 캣멀과 픽사는 '공유 활동의 원칙'을 완벽하게 구현하는 프로그램을 만들어냈던 것이다.

픽사유니버시티의 강의들은 다양한 그룹의 직원들을 한자리에 모이게 하고, 학생들은 모두 자신의 통상적 '대본'을 강의실 밖에 두고 온다. "(수업 중에) 회사 내 직위는 적용되지 않았다. 그결과 소통이 엄청나게 활발해졌다"라고 캣멀은 적었다.[19] 제공되는 강의는 무엇이 됐든 학생들에게 열정을 불러일으키기 때문에 반드시 등록하게 한다. 또한 직원들이 직책과 별 상관이 없어 보이는 강의를 듣더라도, 픽사는 그렇게 배우는 기술 중 상당수가 다른 직원들에게도 전파될 수 있다고 생각한다. 회계사 또는 관리직 비서에게 그림 그리기를 가르치는 것은 픽사의 사업 성공과 무관해 보일 수도 있다. 그러나 그림 그리기 수업은 세상을 좀더 세심하고 빈틈없이 관찰하는 방법을 가르쳐준다. 이것은 거의 모든 직무에서 업무 성과를 높이게 될 기술이다.

또한 픽사유니버시티의 강좌들은 상호 의존을 요구한다. 예컨대 즉흥 코미디처럼 말이다. 조각sculpting처럼 단독으로 참여하는 강의를 듣는 학생들조차 다른 학생들의 피드백에서 도움을 얻는다. "이것은 직책과 관계없이 픽사에서 일하는 모두에게 동료들이 해낸 일을 존중하도록 가르쳐주었다"라고 캣멀은 적었다. 픽사유니버시티의 수업들은 실패를 무릅써야 한다는 것도 가르친다. "창의성을 추구하는 것은 실수와 불완전함을 수반한다. 나는 우리 직원들이 그런 아이디어에 익숙해지기를 바랐다. 조직 그리고 조직 구성원 모두가 가끔은 절벽 끝에서도 일을 해낼 의지가 있어야 한다는 뜻이다"라고 캣멀은 적었다.[20]

이렇게 강의에서 맺어진 다양하고 있을 법하지 않았던 관계들은 픽사의 내부 인적 네트워크에 근본적인 영향을 끼쳤다. 두 명의 직원이 즉흥 코미디 수업에서 몸싸움을 하거나 싸우는 척을 하고 나서, 바로 다음 날 원래의 상사-부하직원으로서 다시 만나는 것은 그리 드문 일이 아니다. 새로 고용된 어느 기술 디렉터는 같이 수업을 듣던 에드 캣멀의 머리를 기다란 빨간색 풍선으로 몇 차례나 내리쳤던 일을 들려줬다. 바로 잠시 뒤에 그는 캣멀에게 중요한 사업기획을 제안했다.[21]

픽사유니버시티는 픽사의 '팀 기반 기업문화'에 기여하는 주요 원동력 중 하나가 됐고, 그런 기업문화는 엄청난 성공으로 이어졌다. "픽사유니버시티는 우리 모두가 배우는 과정에 있다는 것, 그리고 우리가 함께 배우는 것이 즐겁다는 마음가짐을 강화하는 데 도움이 됩니다"라고 캣멀은 설명했다.[22]

대부분의 사람은 내부적이든 외부적이든 간에, 네트워크를 만들고자 할 때 새로운 사람들로 가득한 이벤트들을 찾는다. 그러나 자기 유사성에 관한 연구 결과는 물론, 존 레비와 크리스 쉠브라와 같은 사람들 그리고 픽사와 같은 기업들의 성공은 네트워킹 이벤트나 믹서 행사에서 보내는 시간이 낭비라는 것을 보여준다.

만약 당신이 다양한 그룹의 새로운 인맥을 얻고자 한다면 공유 활동, 그중에서도 특히 '열정'을 불러일으키고, '상호 의존'을 필요로 하며, 무엇인가를 잃을 수도 있다는 '위험을 무릅써야' 하는 공유 활동에 참여하는 것이 더 낫다. 그런 활동들에 참여하는 동안에는 네트워킹에 관심을 두지 않아도 된다. 그 활동이 끝나고 나면, 당신은 '친구'라고 부를 수 있는 새롭고 흥미로운 사람들을 곁에 두게 됐다는 사실을 깨달을 것이다.

과학에서 실천으로

인위적인 네트워킹 이벤트에서의 행동 방식과 공유 활동의 효과에 대한 연구 결과는 명백하다. 네트워킹 이벤트들이 별로 효과적이지 않다는 것이다. 이는 네트워킹에 대한 '공포증'이 있는 사람들에게는 희소식일 것이다. 이런 이벤트들은 잠재적으로 다양한 그룹의 새로운 인맥을 생성할 수 있다고 장담하지만, 현실에서 대부분 사람은 이미 알고 사람들 또는 새롭더라도 자신과 비슷한 사람들에 매달리는 결과로 이어진다.

하지만 우리에게 필요한 것은 새롭고 다양한 관계를 맺을 잠재력을 가장 크게 제공하는 이벤트와 활동에 시간과 에너지를 투자하는 것이다. 연구 결과에 따르면, 공동의 목표를 가진 활동을 찾아 참여하는 것이 더 효율적이라고 한다. 즉 열정을 불러일으키고, 상호 의존을 필요로 하며, 무엇인가에 위험을 무릅쓰는 것이다. 이런 공유 활동들은 갈수록 다양한 그룹의 사람들을 끌어들이며, 참가자들 사이에 더욱 강한 유대를 맺어준다. 참여해볼 만한 몇 가지 공유 활동을 뽑자면 다음과 같다.

1. 지역 봉사 프로그램

2. 친목 스포츠 리그, 무술 또는 취미 클럽

3. 비영리단체의 이사회나 운영위원회

4. 직장 내 특별 프로젝트 모임

5. 교회 등 신앙 기반의 종교 모임

이미 페이스북이나 링크드인과 같은 여러 가지 소셜미디어 서비스를 사용하고 있다면, 당신은 운이 좋은 편이다. 이들 서비스는 대부분 '그룹' 기능을 제공한다. 관심사가 같은 사람들은 여기서 정보를 공유하고, 열정을 느끼는 것들에 대해 논의하며, 프로젝트에서 협업할 방법을 찾기도 한다. 그러나 전적으로 네트워킹과 인맥에 목적을 둔 그룹들에는 참여하지 않는 것이 좋다. 자기 유사성을 향한 이끌림에 치우칠 가능성이 크기 때문이다. 그러기보다는 당신의 비업무적 열정에 충실한 그룹이나, 적어도 업무 분야 그룹 중에서 범위가 더 넓은 그룹들에 참여하길 권한다. 이들 그룹의 온라인적 성격 때문에 이 중 상당수는 직접 참여하는 활동들보다 더욱 다양한 조합의 개인들을 끌어들인다. 모임이 웹상에서 이뤄진다면 거기에 참가하기 위해 집을 떠날 필요조차 없다.

FRIEND OF A FRIEND OF A FRIEND
OF A FRIEND OF A FRIEND OF A
FRIEND OF A FRIEND OF A FRIEND
OF A FRIEND OF A FRIEND OF A
FRIEND OF A FRIEND OF A FRIEND
OF A FRIEND **OF A** FRIEND OF A
FRIEND OF A FRIEND OF A FRIEND
OF A FRIEND OF A FRIEND OF A
FRIEND OF A FRIEND OF A FRIEND
OF A FRIEND OF A FRIEND OF A
FRIEND OF A FRIEND OF A **FRIEND…**

다면적 관계에서 기회를 찾아라

11

왜 누군가를 안다는 것은
얼마나 잘 아는지를 포함하는가

자신이 가진 인맥을 전체적으로 바라볼 때 사람들은 지인들을 특정 카테고리로 분류하는 경향이 있다. 일부는 친구들이고, 일부는 일로 아는 사람들이고, 또 다른 일부는 무엇인가 활동을 공유하며 알고 지내는 사람이다. 하지만 대부분의 인적 네트워크는 그런 카테고리들이 의미하는 것 이상으로 훨씬 더 복잡하다. 사회학자들은 '다면성multiplexity' 이라는 용어를 쓰는데, 어떤 두 사람의 관계가 한 가지 이상일 수 있다는 것이다. 연구에 따르면, 다면적 관계multiplex ties는 두 사람 간의 유대를 더욱 강하게 한다고 한다. 그러므로 지인들을 하나의 카테고리에 넣는 것은 간단한 일이지만, 그런 단순화simplification는 많은 경우 인적 네트워크의 진정한 가치를 놓치는 비싼 대가를 치르게 한다.

20 06년 6월, 워런 버핏Warren Buffett은 자선 세계를 놀라게 하는 발표를 했다. 그는 평생 모은 재산을 자선활

동에 계속 쓸 계획이지만, (록펠러 재단, 포드 재단 등) 다른 거물 기업인들이 전통적으로 그랬던 것과는 달리 단순히 자기 이름의 자선재단을 설립해 독자적으로 운영하진 않겠다고 발표했다.[1] 재산 대부분을 빌앤멀린다게이츠재단Bill and Melinda Gates Foundation 에 맡겨 각자 따로 할 수 있는 것보다 더 많은 일을 해낼 수 있도록 빌 게이츠Bill Gates와 기부금을 합치겠다는 것이었다(버핏은 아내와 세 자녀의 이름을 딴 4개의 자선재단을 설립하는 등 재산 일부를 다른 곳에도 기부했다). 일반인들에게 버핏의 이 결정은 꽤 이상해 보인다. 그렇게 큰 기부금이 기부자의 이름을 딴 재단을 설립하는 데 사용되지 않은 첫 번째 사례이기 때문이다. 더욱이 자기 돈을 스물다섯 살이나 젊은 사람에게 맡기겠다는 얘기 아닌가.

그러나 두 사람 사이의 관계를 아는 사람들은 버핏이 자신의 재산 대부분이 효과적이고 책임감 있게 쓰일 것이라고 믿는 이유가 수십 년에 걸친 신뢰와 협력에 기초하고 있음을 알고 있다. 이 이야기의 유별난 부분은 여기서부터다. 게이츠와 버핏의 관계는 함께 사업을 하는 것을 토대로 만들어진 게 아니다. 적어도 처음에는 말이다. 그 관계의 토대는 전혀 다른 것이었다. 바로 '브리지bridge' 게임이었다.

20여 년 동안 두 사람이 서로 유대관계를 돈독히 하고 업무와 자선활동에서 협력해온 이유 중 상당 부분은 그들이 똑같이 카드 게임을 즐겼기 때문이다.

게이츠와 버핏은 1991년 7월 5일 처음 만났다. 게이츠의 어머니 메리 맥스웰 게이츠Mary Maxwell Gates는 가족별장에서 버핏을 포함한 몇몇 친구가 함께하는 저녁 식사에 게이츠도 불렀다. 이렇게 게이츠 여사가 저명한 사업가들을 집으로 초대해 대접한 것이 처음은 아니었다. 또한 그녀가 아들을 돕기 위해 자신의 네트워크와 인맥을 이용한 것도 처음이 아니었다. 게이츠 여사는 시애틀 지역의 자선사업 커뮤니티와 기업가 커뮤니티에서 활발히 활동해왔다. 전에는 워싱턴주립대학교 이사회, 자선단체 유나이티드웨이United Way, 그 밖에 몇몇 지역 사업체의 이사회 멤버로도 참여했었다.[2] 그녀가 유나이티드웨이에서 일할 때는 IBM 회장 존 오펠John Opel을 만나 아들의 신생 회사 마이크로소프트Microsoft와 일해보도록 권하기도 했다. 그래서 그녀가 이런 모임을 열어 자기 아들을 불렀을 때는 보통 그럴 만한 이유가 있었다.

그렇지만 게이츠는 일하는 시간을 덜어내면서까지 버핏을 만나고 싶어 하지 않았다. "그 사람은 그냥 종잇조각을 사고팔 뿐이에요. 그건 진정한 부가가치 창출이 아니잖아요"라고 그는 어머니에게 말했다. "제 생각에 그분과 저는 별로 비슷한 구석이 없을 것 같아요."[3] 하지만 게이츠는 잠시 들르기로 약속했고, 버핏과 이야기를 나누면서 둘은 금방 친해졌다. 게이츠는 자신이 마이크로소프트에 대해 한 번도 받아본 적이 없는 질문들을 버핏에게서 받았다. 그렇게 '잠시 방문'하기로 한 것이 몇 시간의 긴 대화로 이어졌다. 그러면서 아마 둘 다 브리지 게임을 즐긴다는 공통점도 알게 됐을 것이다.

그날부터 그들은 우정을 키우고 사업적 관계도 넓혀나갔다. 줄곧 브리지 게임을 하면서 말이다. 대부분의 경우 두 사람은 인터넷을 통해 게임을 했다. 알려진 바에 따르면, 게이츠는 '챌린저Chalengr'라는 이름을 사용하고 버핏은 '티-본T-Bone'으로 통한다고 한다.[4] 버핏은 1년에 대략 4,000번 이상 인터넷에서 브리지 게임을 한다고 추측한다. 당연히 게이츠하고만 게임을 하는 건 아니다. 어쨌든 이 게임(그리고 그들의 우정)은 또 다른 많은 공동의 활동으로 이어졌다. 2004년에는 버핏이 게이츠에게 버크셔해서웨이Berksire Hathaway의 이사회에 참여해달라고 요청했다. 거기서 그가 받게 되는 보수는 1년에 겨우 2,000달러밖에 되지 않았다(버크셔해서웨이의 이사들은 S&P 500 기업 중 가장 낮은 보수를 받는다[5]). 게이츠가 이사회에 참여한 지 2년도 되지 않았을 때, 버핏은 그의 기부를 발표했다. 그리고 그는 기부와 더불어 게이츠 재단을 이끄는 데 도움이 되기 위해 이사로 참여했다.

게이츠 어머니의 파티에서부터 수없이 함께한 브리지 게임, 그리고 버크셔해서웨이의 미래를 위한 사업 이야기, 나중에는 세상을 가장 잘 도울 수 있는 전략에 이르기까지 게이츠와 버핏의 관계는 겉으로 보이는 것보다 훨씬 더 복잡하다. 하지만 사실

거의 모든 인간관계가 그렇다. 사업적으로 아는 모든 지인을 한 카테고리에 넣고 개인적으로 아는 모든 지인을 또 다른 카테고리에 넣는 것이 쉽기는 하겠지만, 현실에서 사람들은 업무와 개인적 친분, 그리고 그 외의 다양한 관계가 섞인 여러 개의 경로를 통해 인연을 맺는다. 사회학자들은 두 개인 간에 존재하는 각기 다른 여러 사회적 관계의 수에 '다면성'이라는 용어를 사용한다. 이 다면성은 꽤 최근에 연구됐지만, 사업 관계에서의 이런 사례들은 어제오늘의 일이 아니다.

전설적인 생활용품 기업인 프록터 앤 갬블Procter & Gamble, P&G의 탄생 배경에 대한 유별난 이야기를 고찰해보자.[6] 윌리엄 프록터 William Procter는 영국에서 미국으로 이민 온 사람으로 그의 첫 번째 아내는 신시내티에 도착한 지 얼마 안 되어 사망했다. 양초 제조공으로 정식 직업교육을 받았던 그는 낮에는 은행에서 일하면서 양초를 만드는 1인 사업을 시작했다. 제조와 판매, 배달까지 모두 그의 몫이었다.

그가 신시내티에서 유명한 양초 가게의 주인이었던 알렉산더 노리스Alexander Norris를 만나게 된 것도 이 사업을 하면서였다. 무엇보다 중요한 것은 프록터가 노리스의 딸 올리비아Olivia Norris를 만나게 된 것이다. 프록터는 곧바로 청혼하고 노리스와 결혼한다. 그즈음, 아일랜드계 이민자인 제임스 갬블James Gamble이 올리비아의 여동생 엘리자베스 앤Elizabeth Ann Norris을 사귀고 있었다. 갬블은 비누 제조 수습생으로 일했고 오래지 않아 비누와 양초 가게를 열었다. 새로운 기회를 알아본 사람은 두 사람의 장인인 알렉산더 노리스였다. 사위들이 똑같은 원재료를 얻기 위해 경쟁한다는 것을 눈여겨본 그는 혹시 두 사람이 그냥 힘을 합치는 게 낫지 않겠느냐고 권했다. 그리하여 1837년 10월 31일, 그들은 정식으로 합작하여 P&G를 설립했다.

그들의 파트너십이 시작된 지 150여 년간 P&G는 세계에서 가장 큰 기업 중 하나로 성장했다. 이 회사는 여전히 비누와 양초를 만들지만 그 외에도 의약품, 화장품, 기저귀, 식기 세척용 액체 세제 등을 생산한다. 이 모든 것은 두 사람이 서로의 사업 역량을 높이 사서가 아니라 다면적 유대관계로 발전하게 된 개인적 인연이 출발점이었다.

150년 이상을 앞으로 돌려 아이스크림의 세계로 눈을 돌려도 비슷한 이야기를 발견하게 된다. 아이스크림의 전설이며 벤앤제리Ben & Jerry's의 공동설립자인 벤 코헨Ben Cohen과 제리 그린필드Jerry Greenfield는 중학교 시절의 우정으로부터 시작해 다면적 관계가 됐고 다국적 기업을 함께 운영했다. "제리와 저는 중학교 때 만났어요. (…) 체육 시간에 그가 기절했을 때였죠"라고 코헨은 말했다.[7] 둘은 금세 친구가 됐는데, 그 이유 중에는 둘 다 달리기가 제일 느렸다는 점도 있었지만, 둘 다 먹는 것을 좋아했기 때문이기도 했다(두 사람이 체육 시간에 가장 무겁고 느린 학생이었던 것도 아마 그 때문이었을 것이다).

하지만 중학교, 고등학교, 심지어 대학 시절에도 아이스크림 가게를 낸다는 생각은 두 사람 중 누구도 한 적이 없었다. 그들은 마냥 사이 좋은 친구일 뿐이었다. 그린필드는 고등학교를 졸업하고 오하이오주에 있는 대학에 들어갔고, 코헨은 뉴욕주 북부에 있는 대학에 갔지만 중간에 그만두었다. 코헨이 친구를 보러 오하이오로 갔고 거기서 한 달 동안 머물게 됐다. 그 한 달 동안 그는 그린필드의 기숙사 방에서 지냈는데, 밤에는 기숙사 근처에서 샌드위치를 팔며 돈을 벌었다.

코헨은 다시 뉴욕으로 돌아왔다. 그리고 이번에는 그린필드가 졸업을 한 후 코헨의 아파트로 들어왔다. 두 사람은 친구로서 더욱 돈독해졌고, 각자 일하면서 아파트 임대료를 마련했다. 코헨은 택시를 몰며 자신이 만든 도자기들을 팔아보려 애썼고, 그린필드는 의대에 들어가려고 노력했지만 결국 실험실 기술자로 일하게 됐다. "우리는 둘 다 인생에서 하고 있는 일들이 그다지 마음에 들지 않았어요. 그래서 둘이 함께 무엇인가를 시작해보기로 했죠"라고 코헨은 말했다.[8]

그들은 음식과 관련된 일을 하고 싶어 했고 약간의 조사를 거친 뒤 아이스크림으로 정했다. 필요한 장비가 제일 쌌기 때문이다. 두 사람은 함께 아이스크림 제조에 관한 통신 강좌를 등록했다. 그 수업은 수업료가 5달러였고 '오픈 북, 오픈 노트' 시험을 치렀다. "적어도 우리는 우리가 아주 잘하는 분야의 교육 프로그램을 찾은 거였어요"라고 그린필드는 농담을 했다.[9]

강좌를 이수한 그들은 버몬트주의 벌링턴을 시험 장소로 골랐다. 경쟁해야 할 홈메이드 아이스크림 가게가 없는 대학 도시였기 때문이다. 그들은 낡은 주유소를 뜯어고쳐 다양한 레시피와 사업 모델들을 가지고 실험을 계속했다. 그리고 마침내 회심의 배합 공식을 만들어냈다. 이는 아이스크림뿐 아니라 그들의 사업적인 면에서도 마찬가지였다. 그들의 우정이 동업 관계로 바뀐 지 20여 년이 지난 2000년, 두 사람은 벤앤제리 브랜드를 유니레버Unilever에 3억 2,600만 달러에 팔았다. 아이스크림 제조 강좌 수업료에 5달러를 투자했던 것을 생각하면 꽤 괜찮은 수익이다.[10]

역사는 유사한 사례들로 가득 차 있다. 사람들을 단순하게 일work과 사생활personal로 분류하고 싶은 유혹을 받겠지만, 실제 인적 네트워크는 그런 식으로 돌아가지 않는다. 그리고 오히려 그것이 우리에게 득이 된다. 연구 결과에 따르면, 이런 다면성은 우리가 현실 세계의 기회를 더 잘 알아차리는 데 도움이 될 뿐만 아니라 일터에서의 업무 성과를 향상시킨다고 한다. 심지어 조직 전체의 업무 성과도 향상시킬 수 있다.

다면성이 주는 다양한 기회

사회과학자들과 네트워크 과학자들은 수십 년간 다면성에 대해 연구해왔다. 그 결과, 개인 간의 다면적 관계가 신뢰를 극적으로 강화한다는 사실을 발견했다(아마도 이는 신뢰를 얻는 행동을 보여줄 기회가 늘어나기 때문일 것이다). 이는 또한 새로운 아이디어와 최신 정보가 공유될 가능성을 더욱 높여준다. 일면적uniplex 네트워크를 더 많이 가진 사람들과 비교해봤을 때, 인적 네트워크 전반에 걸쳐 다면성의 정도가 높은 개인들은 자신의 아이디어를 더 잘 검증할 수 있고, 더 많은 조언을 구할 수 있으며, 더욱 비판적으로 사고하고 더욱 다양한 정보를 모을 수 있다. 그리고 다면적 네트워크는 당신이 생각하는 것보다 더 많은 도움을 조직 전체에 줄 수 있다.

인구 대부분이 작은 마을 단위로 살았던 지난 수백 년간 다면적 관계는 널리 스며들어 있었고 사람들의 다양한 공동체를 묶어주는 역할을 했다. 다시 말해, 거래를 하는 사람들이 줄곧 가족이거나 같은 교회의 신도이거나 적어도 너무 멀지 않은 이웃이었다.[11] 시간이 지나 인구가 늘고 작은 마을들이 커다란 도시로 바뀌면서도 다면성은 딱히 줄진 않았지만 변화는 있었다. 개인들을 연결해주는 여러 가지 유대관계의 종류는 변했을지 몰라도 연구 결과는 인간이 여전히 어떤 사람들에게는 한 가지 이상의 이유로 이끌리게 되고, 두 개인 간에 더 많은 종류의 연결고리가 존재할수록(즉, 다면성이 높을수록) 그 인간관계에는 더 높은 신뢰가 쌓인다는 것을 보여준다.

현대 사회의 업무 환경에서 우리는 대부분 다면적 관계를 업무적 유대와 친교적 유대를 조합하는 것으로 생각한다. 이는 우리가 답해야 할 첫 번째 질문으로 이어진다. 어떤 것이 먼저 생겼는가? 친교적 유대인가, 아니면 업무적 유대인가?

바로 이 질문이 시모네 페리아니Simone Ferriani, 파비오 폰티Fabio Fonti, 라파엘 코라도Raffaele Corrado가 답하고자 했던 것이다. 업무적 유대와 친교적 유대가(그들은 이들을 각각 '경제적 유대economic ties'와 '친교적 유대social ties'라고 불렀다) 합쳐져 다면적 인간관계를 이룬다는 사실을 인식한 세 사람은 그런 다면성의 형성 과정에 대해 연구하기로 했다.[12]

이들은 이탈리아의 볼로냐 근처에 있는 한 그룹의 미디어 기업에 초점을 맞추었다. 여기에는 이들 셋 중 두 명이 볼로냐대학교 출신이었다는 점이 작용했다. 하지만 그런 편리함 이외에도 그런 산업 지역을 연구한 것은 상당히 현명한 선택이었다. 지리적 가까움 덕에 다면적 관계를 찾을 확률이 훨씬 더 높았기 때문이다. 그들은 광고, 영화, 출판, 음악, 그래픽 디자인 등 수백 개에 달하는 회사와 접촉한 뒤 80개의 기업을 대상으로 설문조사를 하고 그 기업들의 창업자를 인터뷰했다. 이 기업들 간, 그리고 그들이 접촉했던 기업들 간의 다면성을 찾고 분석하기 위해서는 먼저 네트워크 모델을 만들어야 했다.

사실 그들은 2개의 네트워크를 만들어야 했다. 네트워크에 관한 이전의 연구 중 다수가 온갖 종류의 관계를 하나로 뭉뚱그려 표현했던 데 반해, 이 연구자들은 친교적 네트워크와 경제적 네트워크를 구분할 필요가 있었다. 그러려면 2개의 모델을 만든 다음 하나로 합쳐야 했다. 그렇게 합친 다음에는 하나의 커다란 모델로부터 겹치는 관계들을 찾고 각각의 관계 형태를 가려내야 했다. 첫 번째로, 그들은 설문에 참여한 기업들에게 전년도의 공급자들을 나열해달라고 요청했다. 그것을 토대로 순전히 경제적 거래를 기초로 하는 대략의 네트워크를 그려낼 수 있었다. 두 번째로, 기업 경영자들에게 업계의 누구에게 개인적 조언이나 자문을 구하는지 알려달라고 요청했다. 이를 통해 연구자들은 친목 목적으로 연락을 주고받는 네트워크를 또 하나 그려낼 수 있었다. 이제 그들이 하나의 네트워크를 또 다른 네트워크 위에 겹쳐놓자, 정말로 다면적인 네트워크의 그림이 나타났다.

이 새로운 네트워크 모델은 연구자들이 한 종류의 유대관계가 존재할 경우 다른 유대관계가 존재할 확률이 늘어나는 정도를 예측할 수 있게 해주었다. 그런 경우는 놀라울 정도로 흔했다. 2개 기업의 창업자가 경제적 또는 친교적 유대관계를 공유할 경우, 그들이 또 다른 유대관계를 갖게 될 확률은 더욱 높았다. 연구자들은 더욱 흥미로운 사실도 발견했다. 2개 기업의 창업자가 친교적 유대관계를 공유할 경우(그들이 서로에게 조언을 구했거나 서로를 친구라고 생각할 경우), 먼저 경제적 유대관계를 맺고 나중에 친교적 관계를 맺은 경우보다 경제적 유대관계(함께 사업을 하는)로 발전할 가능성이 2배 이상 높았다. 달리 말해, 개인적 친분이 사업 관계로 발전할 가능성이 사업 관계가 개인적 친분으로 발전할 가능성보다 컸다.

이 연구 결과에 따르면, 친구들이 함께 사업을 하거나 더 많이 거래를 하는 경우 그 반대의 경우보다 다면적 유대관계가 형성될 가능성이 더 크다는 것이다. 이는 P&G와 벤앤제리의 사례로 뒷받침된다. 두 회사 모두 초기의 개인적 유대관계가 공동 설립자로서 함께 사업을 시작했을 때 다면적 유대관계로 바뀌었다.

이 연구들은 대부분 사람이 생각하는 친구 네트워크의 내부에는 잠재적인 사업 기회들과 새로운 유대관계들이 있다는 것을 보여준다. 물론 인맥 모두를 도구처럼 이용하려는 접근 방식은 피해야 하겠지만, 임의로 '업무'와 '개인적 친분' 관계를 카테고리화하는 것이 네트워크의 현실을 반영하지 않는다는 사실은 받아들여야 한다.

그렇다면, 업무 관계가 개인적 친분으로 발전하는 경우는 어떨까? 직장 내에서 또는 업무 관계인 두 개인 사이에서 다면적 유대관계를 맺는 것은 그럴 만한 가치가 있을까?

그것이 바로 러트거스대학교의 제시카 메토트Jessica Methot가 답을 찾고자 했던 질문이다. 메토트는 동료들인 제프리 르파인Jeffery LePine, 네이선 팟사코프Nathan Podsakoff, 제시카 시겔 크리스천Jessica Siegel Christian과 함께 기업 내에서 형성되는 다면적 유대관계를 연구하고 이것이 실적에 도움을 주는지 아니면 해를 입히는지 알아보고자 했다.[13]

2개의 연구 중 첫 번째 연구에서 연구진은 미국 남동부에 있는 한 보험회사 직원 168명을 대상으로 설문조사를 했다. 이 회사는 직원들이 회사 내의 사람들 모두를 알고 지내도록 장려했다. 직원들이 통상적인 직책 대신 조직 내에서 수평적으로 이동해 임시로 자리를 바꾸고 다른 팀에서 일하는 것을 허용한 것이 그중 하나다.

연구진은 설문에 참여한 모든 직원에게 업무상의 어려움을 겪게 될 때 도움을 청할 의향이 있는 동료 직원(업무 관련 유대관계)의 이름을 최대 열 명까지 알려달라고 했다. 그런 다음에는 친구라고 생각하는 동료 직원(개인적 유대관계)의 이름을 최대 열 명까지 알려달라고 했다. 볼로냐 연구에서와 마찬가지로, 그 자료로부터 2개의 목록을 각각의 네트워크로 구성하고, 2개의 네트워크를 이 회사에 대한 하나의 다면성 도면으로 완성했다. 연구진은 또한 직원들에게 감정 소진emotional exhaustion 측면과 업무 환경 자체에 대해서도 질문했다. 그다음, 설문을 완료하고 4~6주 뒤에 그 직원들의 상사들에게 업무에 대한 성과평가를 작성해달라고 요청했다.

메토트와 그녀의 동료들은 이 모든 것을 통합하여 조직의 인적 네트워크를 관찰할 수 있었다. 또한 이 네트워크가 업무 성과나 번아웃burnout에 어떻게 영향을 미치는지, 전반적인 환경이 얼마나 긍정적이거나 부정적인지도 볼 수 있었다. 그들은 다면적 관계들이 직원들의 업무 실적을 (상사들의 평가에 따르면) 눈에 띄게 향상시켰다는 것을 알아냈다. 그러나 여기에는 단점도 있었다. 다면적 유대관계들은 동시에 더 높은 비율의 감정 소진을 초래했다(인간관계를 더 깊고 더 넓게 유지하는 것은 힘들 수 있다). 다만 그런 감정적 비용이 업무 성과를 감소시키기도 했는데, 친구이기도 한 동료를 두는 것이 가져다주는 긍정적 이득은 그로 인한 부정적 측면을 충분히 상쇄하고도 남았다.

다양한 산업의 여러 회사에 걸쳐 실시된 후속 연구에서 연구자들은 유사한 효과를 발견했다. 동료들과 친구 관계를 맺는 것은 감정을 약간 더 소진할 수 있지만, 전반적으로는 생산성을 훨씬 더 높여준다. "직장 친구들은 순수하게 업무적인 관계 또는 순전히 우정에만 근거한 관계들보다 업무 성과에 훨씬 더 영향을 끼친다"라고 저자들은 적었다.[14]

친교 관계가 빈번히 업무 관계가 되기도 하고, 직장 동료들이 서로 친구가 되기도 함으로써 모두의 업무 실적이 향상된다. 그런데 다면성, 특히 업무 관계와 개인적 관계를 섞음으로써 나타나는 다면성이 메토트와 그녀의 동료들이 발견한 개인적 업무 성과의 향상 이외에 회사 자체에도 도움이 될까? 결론부터 말하면, 그렇다. 다면적 유대관계들은 생산성만이 아니라 조직 내에서의 혁신과 지식 공유를 활성화하는 것으로 보인다.

이에 대한 증거는 릭 알버스Rick Aalbers가 이끄는 세 명의 네덜란드 학자들에게서 찾을 수 있다.[15] 이 팀은 조직 내에서 공식적 관계, 비공식적 관계, 그리고 공식적 및 비공식적 관계를 모두 가진 다면적 관계가 혁신적 지식의 공유에 어떻게 영향을 끼칠 수 있는지를 연구했다. 모든 조직이 공식적 네트워크(조직도의 선과 박스들)와 비공식적 네트워크(부서와 업무 기능 간에 걸친 관계들을 포함하여 실제로 맺어지는 개인적 유대관계들) 두 가지를 동시에 가진다는 사실은 이미 잘 알려져 있었지만, 연구자들은 정보가 어떻게 공유되느냐는 측면에서 다면성(공식적 그리고 비공식적 유대관계가 동시에 표현되는 단일 유대관계)의 역할을 조사하고자 했다.

이를 위해 그들은 네덜란드의 두 조직을 연구했다. 하나는 전자제품 및 엔지니어링 업계의 자회사였고, 또 하나는 금융 서비스 회사였다. 연구자들은 두 회사의 다양한 직원과 인터뷰했다. 유사한 연구와 마찬가지로 친구들(비공식적 유대관계들)과 직장 동료들(공식적 유대관계들)에 대해 질문했고, 그 정보를 이용해서 대략적인 네트워크 지도(공식, 비공식, 공식–비공식 조합)를 만들었다. 그리고 새로운 아이디어, 잠재적 혁신, 제품과 프로세스 개선(지식 공유 정도를 측정하기 위해)에 대한 논의와 관련해서도 질문했다. 마지막으로, 그들은 방대한 분량의 문서들을 참조했다. 거기에는 프로젝트 플랜, 회의록, 그리고 누가 누구에게 연결되어 있는지를 알 수 있게 해주는 다양한 정보가 포함되어 있었다.

놀랍게도, 연구자들은 공식적 네트워크와 비공식적 네트워크 모두 조직 내에서 아이디어와 지식이 전파되는 경로를 어느 정도 설명해준다는 사실을 발견했다. 하지만 그 경로를 모두 설명하진 못했다. 추가로 다면적 유대관계들을 고려했을 때만, 좋은 아이디어가 어떻게 퍼지는가를 정확히 파악할 수 있었다. "조직 내에서 혁신 지식을 전달하는 데 진정으로 광범위하고 눈에 띌 만큼 긍정적인 효과를 가져오는 것은 공식적인 면과 비공식적인 면이 결합된 유대관계들이다"라고 그들은 적었다.[16] 이런 풍부한 유대관계는 크기나 형태와 관계없이 모든 조직에 커다란 이득이 된다.

종합해보면, 이 연구들은 다면적 유대관계에 대한 지식 중 일부에 불과하다. 하지만 업무 관계와 개인적 관계가 2개의 전혀 다른 카테고리라는 통념을 반박하기엔 충분하다. 인간은 여전히 인간이기에 유대관계의 이면에서 작동하는 방식은 환경이 달라져도 변하지 않는 것으로 보인다. 다면적 관계, 즉 업무적이면서 개인적인 유대들은 각 개인이 누구와 거래할지 결정하는 데 도움을 주고, 업무에서 더 좋은 성과를 내게 해준다. 나아가 더 큰 조직 차원에서도 좋은 아이디어들을 더 잘 활용할 수 있게 해준다. 그뿐만 아니라 다면적 유대관계는 가끔 일생일대의 기회를 안겨주고 개인의 커리어를 결정지을 수도 있다.

피아노 연주자에서 벤처캐피털 투자자로

휘트니 존슨Whitney Johnson이 세일즈 어시스턴트 자리를 지원하러 스미스 바니Smith Barney의 사무실을 처음 방문했을 때, 그녀가 미래에 영향력 있는 투자회사의 수장이 될 거라고 생각한 사람은 아무도 없었을 것이다. 세일즈 어시스턴트라는 직함은 비서를 거창하게 부르는 이름일 뿐이었다.[17] 그러나 그녀는 문자 그대로 '영향력 있는 투자회사의 수장'이 된다.

그녀는 20대 후반에 음악 전공자로서 대학을 졸업했다. 재무나 회계 과목을 공부해본 적은 한 번도 없었지만, 피아노에서만 큼은 뛰어난 연주자였다. 아마도 그녀의 지원서를 심사했던 상사들은 피아노를 잘 친다는 그녀의 자기소개 내용을 그냥 타이핑을 빨리할 수 있다는 정도로 받아들였을 것이다. 그녀는 합격했고, 좋은 비서가 될 거라는 기대를 받았다. 하지만 그녀는 좋은 비서에 머물고 싶지 않았다. 중요한 일을 보조하는 역할보다는 자기 자신이 중요한 일을 하고 싶었다.

"저는 운이 좋았어요. 왜냐하면 저를 비서에서 전문직으로 승진시켜주고자 하는 상사를 만났으니까요"라고 존슨은 설명했다. "그런 일은 우리 업계에서는 정말 드문 일이에요. 특히 여자에게는 더욱 그렇죠. 저는 굳게 결심했답니다. 그 기회를 꼭 붙잡겠다고요."[18] 그녀는 야간에 경영과 재무 수업을 들으면서 전문가가 되고자 하는 패기를 증명해 보였다. 그리고 마침내 승진을 했다.

하지만 여전히 성에 차지 않았다. 그녀는 커리어를 키우고 기회를 얻는 데 경쟁우위를 하나 가지고 있었다. 우루과이에서 1년 이상 선교사로 활동한 경력이 있고, 스페인어를 유창하게 구사했던 것이다. 그녀는 이런 능력을 (새로이 배운 재무 및 회계 지식과 함께) 투자 애널리스트가 되는 데 밑천으로 삼았다. 멕시코의 미디어와 통신 기업들을 연구하고, 고위험 투자 결정을 내리는 기관 투자자들을 위해 재무 모델과 추세 분석 기법을 개발했다. 이런 노력을 통해 그녀는 1년 만에 금융 전문 잡지 〈인스티튜셔널 인베스터Institutional Investor〉가 뽑은 '베스트 애널리스트' 3위에 올랐다. 이 잡지는 투자자들을 대상으로 한 설문을 통해 애널리스트들이 제공하는 정보의 질을 기준으로 순위를 매긴다. 이후 그녀는 단 한 번을 제외하곤 8년 연속 자신의 담당 시장에서 1위를 차지했다.

그러나 이내 존슨은 자신이 천장에 다다랐다고 느꼈다. 더 높은 곳으로 이어지는 길이 더는 보이지 않았다. 남편이 보스턴에 있는 대학교의 교수가 되면서 이사하게 됐을 때, 그녀는 이 사실을 깨달았다. 한동안은 뉴욕에 있는 직장으로 출퇴근을 했지만, 얼마 지나고 나자 더는 그럴 가치가 없다는 생각이 들었다. 그래서 직장을 그만두고 다른 길을 찾기 시작했다.

그녀는 아이들을 위한 책을 썼지만 출판은 하지 못했다. 중남미에서 TV 프로그램을 제안했지만 채택되지 않았다. 그녀는 봉사활동에도 더 많이 자원하기 시작했고, 자신이 다니는 교회에서 종교 지도자들과 기업 리더들 간의 교류를 늘리고자 하는 위원회의 멤버가 됐다. 그 위원회의 회장은 클레이튼 크리스텐슨Clayton Christensen이라는 하버드 경영대학원 교수였다.

크리스텐슨은 '파괴적 혁신disruptive innovation 가설'[19]을 창안해 낸 지성으로 전략 및 혁신 분야에서 유명했다. 이 가설을 간단히 설명하자면, 혁신적 기업들은 주로 저가 시장에서 시작하여 덩치가 큰 기존 기업들이 가치 없다고 보는 고객들을 확보한 후, 저가 시장에서의 성공을 발판으로 상위 시장으로 이동해서 기존의 회사들을 따라잡는다. 그렇게 해서 얻어지는 결과가 파괴적 혁신이라는 것이다. 넷플릭스Netflix가 블록버스터Blockbuster를, 아마존이 보더스Borders를 무너뜨린 것이 대표적인 예다(블록버스터와 보더스는 각각 인터넷에 적응하지 못하고 사라진 미국의 대형 비디오 대여점 체인, 대형 서점 체인이다—옮긴이).

존슨은 투자 애널리스트 시절에 파괴적 혁신이 전개되는 것을 목격했고 크리스텐슨의 연구에 대해서도 잘 알고 있었다. 사실 크리스텐슨에게 그의 이론이 중남미 통신 산업의 변화를 어떻게 설명해주는지를 몇 차례 글로 써 보내기도 했었다. 그러나 두 사람은 그때까지 이렇다 할 유대관계를 맺고 있진 않았다.

이제 그녀는 교회의 위원회에서 크리스텐슨과 함께 활동하며 개인적 친분을 쌓아갈 수 있었다. 얼마 되지 않아 존슨을 위원회의 멤버로 초빙했던 회장이 자리를 물러나고 존슨이 회장이 됐다. 이는 존슨이 어떻게 일하는지를 크리스텐슨에게 직접 보여줄 기회가 됐다.

"저는 그분에 대해 알게 됐고, 그분도 저에 대해 알게 됐습니다"라고 존슨은 회상했다. "그분은 제가 자격과 능력을 갖췄다는 것을 알아봤습니다." 거의 2년에 걸쳐 함께 일하면서 존슨 또한 크리스텐슨이 어떤 연구를 하고 있는지 알게 됐다.

그 시기 크리스텐슨은 경영대학원 졸업을 앞둔 아들과 함께 파괴적 혁신 가설을 투자에 적용하고 있었다(크리스텐슨은 과거에 넷플릭스에 투자했고, 주식시장에서 블록버스터 주가가 떨어질 거라는 데 베팅했다). 두 사람은 자신들의 가설이 투자 결정에 도움이 됐다는 피드백을 몇 차례 받은 적이 있으며, 투자회사 설립을 진지하게 고려하고 있었다. 그러나 크리스텐슨은 재무 분야에 경험이 없었으며, 그의 아들도 마찬가지였다. 따라서 그들에겐 그런 지식을 갖춘 파트너가 필요했다. 운이 좋게도, 매주 교회 위원회 모임에서 바로 그런 자격을 갖춘 사람이 크리스텐슨의 맞은편에 앉아 있었다.

하버드 경영대학원 교수로서 크리스텐슨은 자신의 직업적 인맥을 통해 자격이 충분한 재무 전문가 몇 명을 찾을 수도 있었다. 또 자신이 가진 지위를 활용해서 똑똑한 MBA 소지자들을 열 명 넘게 데려올 수도 있었고, 사장으로 적합한 인물을 전국에 걸쳐 물색할 수도 있었다. 하지만 볼로냐 연구에서의 벤처 창업가들처럼, 그는 개인적으로 아는 사람에게 손을 내밀고 그 관계를 직업적 관계로 발전시키기로 했다. 그는 존슨에게 공동설립자 겸 파트너로 참여해달라고 요청했다.

나중에 이 회사는 로즈파크어드바이저스Rose Park Advisors가 된다. 그들은 회사의 상징인 '파괴적 혁신 펀드Disruptive Innovation Fund'에 필요한 자본을 확보했고, 2007년에 존슨은 이 회사의 사장에 취임했다. 그녀의 재임 기간에 이 펀드는 투자자들에게 시장 평균을 거의 10배나 웃도는 높은 수익률을 안겨주었다.

만약 크리스텐슨이 직업적으로 아는 누군가를 선택했다면 이 회사가 어떤 실적을 냈을지는 누구도 알 수 없다. 하지만 확실한 것은 그들이 개인적 친분에 모험을 걸고 이를 다면적 관계로 탈바꿈시킨 것을 팀 전체가 다행스럽게 생각한다는 점이다.

벤앤제리 창업자들 간의 우정, P&G와 같은 가족 간의 파트너십, 빌 게이츠나 휘트니 존슨처럼 우정이 업무 관계로 발전한 경우는 주변에서 흔히 볼 수 있다. 그런데도 사람들은 업무적 관계와 개인적 관계를 나누어 생각하는 경향이 있다.

사람으로 이뤄진 네트워크는 머릿속의 단순한 그림이 암시하는 것보다 훨씬 더 복잡하고 어지럽게 얽혀 있다. 즉, 우리가 가진 인맥의 상당 부분은 다면적이라는 의미다. 단일 관계를 다면적 관계로 키우는 과정에는 커다란 기회가 자리 잡고 있다. 개인적 관계로부터 자라나는 사업적 성공이든, 함께 일하다가 얻게 되는 평생의 우정이든 모든 관계는 어마어마한 이익을 안겨준다. 거기에 투자하면서 더욱 깊고 풍요로운 다면적 유대관계로 만들 의지가 있다면 말이다.

과학에서 실천으로

당신이 창업자이든, 회사 직원이든 간에 인적 네트워크의 다면성에 대한 연구 결과는 인맥이 어떻게 분류되는지에 대한 통상적인 생각과 놀라울 정도로 상반된다. 업무적으로 아는 지인을 개인적인 지인과 분류하면서 '그 사람은 개인적 관계가 아니야. 단지 업무 관계일 뿐이야'라고 생각하는 경우가 많다. 하지만 개인적인 관계가 업무적인 관계로 바뀐 경험을 누구라도 해봤을 것이다. 휘트니 존슨과 클레이튼 크리스텐슨의 관계가 대표적인 예다. 개인적으로 친분이 있는 관계가 소중하게 오래 지속되는 업무적 관계로 발전하지 않았는가. 그 반대 방향으로도 마찬가지다. 일로 만난 사람이 친구가 되기도 하니 말이다.

만약 지금까지 친구들과 직장 동료들을 구분해서 대해야 한다고 생각해왔다면, 이제는 그런 생각을 바꿀 때다. 친구들과 동료들에 대한 시각을 바꾸어 열린 마음을 갖는 데서 출발한 다음 유대관계를 점차 넓혀나가라. 그 방법은 다음과 같다.

1. 당신이 잘 모르는 일을 하는 친구 다섯 명의 목록을 작성해라.
2. 앞으로 30일 이내에 그들 각자와 만날 약속을 잡아라. 커피나 점심을 함께해도 좋고, 단지 얼굴만 보는 것도 좋다. 그 자리에서는 상대가 어떤 업무에 힘을 쏟고 있는지를 반드시 물어보라.

이 만남의 목적은 당신의 일에 도움을 받거나 어떤 기회를 찾는 것이 아니다. 단순히 상대방에 대해 더 많이 아는 것이다(기본적으로 그들은 당신의 친구이므로 이용하려 해서는 안 된다).

3. 당신이 사적으로 잘 모르는 직장 동료 다섯 명의 목록을 작성해라.

4. 앞으로 30일 이내에 그들 각자와 만날 약속을 잡아라. 친구들의 경우와 마찬가지로, 상대방에 대해 더 많은 것을 아는 게 목적이다. 상대방이 자신을 너무 많이 드러내는 것에 거북함을 느끼는 듯하더라도 걱정할 것 없다. 아마도 그 사람은 아직 이 책을 다 읽지 못했을 것이다. 그에게 더 관심을 가지고, 당신이 관심을 갖고 있다는 걸 보여줘라. 아마 생각도 해본 적이 없겠지만, 그 사람이 당신의 새로운 단짝 친구가 될 수도 있다.

친구의 친구는
당신의 미래다

1990년대 말, 니콜라스 크리스타키스Nicholas Christakis 박사는 깊은 근심에 빠져 있었다. 자신의 환자들이 죽음에 임박했다는 것을 알고 있었기 때문이다. 말기 환자 요양시설에서 일하는 의사인 그에게 죽음은 낯설지 않았다. 다만 그를 점점 더 깊은 근심에 빠지게 한 것은 관계를 맺고 있는 사람 중 한쪽의 죽음이 남아 있는 사람에게 끼치는 충격과 파괴적 영향을 지켜보는 것이었다.

그는 부부 중 한 사람이 위중한 병세에 빠지면 그 배우자 또한 금세 생명이 위태로운 병을 얻게 되는 경우를 많이 봤다. 연구자이자 의사로서 그는 이른바 '미망인 효과widow effect'에 대해 잘 알고 있었고, 그 주제에 대해 연구도 했었다. 하지만 그는 다음과 같은 궁금증을 갖기 시작했다. 혼인 관계가 건강에 그렇게도 큰 영향을 끼친다면, 그 밖의 인간관계들은 어떨까?[1]

크리스타키스는 하버드대학교의 연구직으로 자리를 옮겼다. 인간관계가 건강에 미치는 영향을 연구하고 싶어서였다. 그는 그 연구가 혼자서 하기에는 너무 커다란 작업이라는 것도 알고 있었다. 바로 그때 네트워크가 진실로 작동했는지, 친구의 친구를 통해 그에게 잠재적인 연구 파트너가 나타났다. 동료를 통해 소개받은 제임스 파울러James Fowler다. 파울러는 같은 캠퍼스에서, 그것도 옆에 붙어 있는 빌딩에서 일하고 있었으며 대체로 정치적 관점에서 네트워크를 연구하고 있었다. 이 두 사람은 인적 네트워크들이 건강에 어떤 영향을 미치는지를 살펴보는 새로운 과제에 도전하기로 했다. 하지만 이를 위해서는 엄청난 분량의 데이터를 수집해야만 했다.

크리스타키스와 파울러는 필요한 데이터를 수집하고 분석하는 데 약 2,500만 달러의 비용이 들 것으로 예상했다.[2] 그런데 지원금을 기부하겠다는 사람이 선뜻 나타나지 않았다. 거기에 좌절하지 않고, 크리스타키스와 파울러는 사전 준비에 필요한 데이터를 찾기 시작했다. 지원금 제안서상의 개념을 증명하기 위해 이미 수집되어 있던 데이터 중에서 활용할 만한 자료를 선정할 생각이었다. 그런데 뜻밖에도, 매사추세츠주의 프레이밍햄에 숨겨져 있던 많은 양의 건강 및 네트워크 자료를 발견했다.

1948년부터 보스턴대학교의 연구자들은 프레이밍햄 지역사회를 꾸준히 조사해왔다. 우선 그 도시의 5,000명이 넘는 주민을 대상으로 정기적인 인터뷰와 신체검사를 진행했다. 시간이 흘러 초기 참가자들이 나이를 먹게 되자 연구자들은 두 번째 세대, 그리고 나중에는 세 번째 세대의 참가자를 추가로 모집했다. 주민들을 조사하는 데 들인 노력이 엄청나기도 했지만, 이 '프레이밍햄 심장 연구Framingham Heart Study'를 통해 얻어진 연구 결과는 실로 대단했다. 오늘날 심장 질환에 대해 알고 있는 상당 부분의 지식이 이 연구에서 비롯된 것이다.

크리스타키스와 파울러는 데이터를 살펴보고 단순히 참가자들의 심장 건강뿐만 아니라 더 많은 것을 담고 있다는 사실을 알게 됐다. 참가자들은 온갖 질환에 대해 검사를 받았으며, 인터뷰를 통해 다양한 인구 통계학적 질문에도 답했다. 그 질문 중에는 가족 관계와 친구들에 관한 것도 포함되어 있었다. 프레이밍햄 심장 연구의 연구자들이 자료를 풍부하게 수집해놓은 덕에 크리스타키스와 파울러에게 2,500만 달러의 연구지원금은 필요 없게 됐다. 그들은 이미 확보한 어마어마한 데이터를 상대로 다른 질문을 하기만 하면 됐다.

우선, 그들은 비교적 객관적으로 측정하기가 쉬운 항목을 선택했다. 바로, 비만이었다. 환자들이 먼저 고통을 호소하는 수많은 질환과 달리 비만은 일반적으로 신장과 체중의 비율을 사용한 '체질량지수Body Mass Index, BMI'로 측정한다. 키와 몸무게는 신체검사 때마다 매번 측정됐기 때문에 시간의 흐름에 따른 변화를 쉽게 볼 수 있었다. 예컨대 체질량지수가 30을 넘는다면 뚱뚱한 것으로 생각됐다. 두 사람은 인터뷰 데이터, 특히 가족과 친구들에 대한 설문을 근거로 연구에 참여한 사람들의 네트워크 지도를 만들 수 있었다. 이런 질문들이 후속 인터뷰 때도 있었기 때문에 참가자들의 네트워크에서 일어난 변화를 장기간에 걸쳐 추적할 수 있었다.

누가 언제 비만에 걸리게 됐는지를 포함하는 네트워크 변화 지도를 만들자, 놀라운 사실이 드러났다. 즉, 비만이 전염성이 있는 질환이었던 것이다.[3] 더욱이 그 전염성이 갈수록 강해졌는데, 비만의 확산이 네트워크에 영향을 받고 있는 것으로 보였다.

그들의 연구 결과에 따르면, 만약 '당신의 친구'가 비만해질 경우 앞으로 2~4년간 당신의 체중이 늘어날 가능성이 45% 높아진다고 한다. 더욱 놀랍게도, '당신의 친구의 친구'가 비만해질 경우 당신의 체중이 늘어날 가능성이 20%가량 높아진다고 한다. 심지어 당신이 그를 모른다고 하더라도 말이다. 이 효과는 한 사람 더 멀리까지 이어진다. 만약 '당신의 친구의 친구의 친구'가 비만해질 경우 당신의 체중이 증가할 확률은 우연히 체중이 늘어날 확률보다 여전히 10% 더 높다.

그들이 얻은 결과는 단순하게 비만인 사람들이 함께 어울리는 경향이 있다는 것 이외에도 더 많은 일이 일어나고 있음을 의미했다. 설문 대상이 32세 이상의 사람들이었기 때문에 개별 친구들(그리고 친구들의 친구들)과 체중 증가 사이의 실질적인 인과관계를 확인할 수 있었다. 연구자들은 이를 설명하기 위해 다양한 해석을 시도했지만, 아마도 가장 신빙성이 높은 것은 '표준norms에 대한 사람들의 인식'으로 보인다. 만약 당신의 친구가 비만이거나 그 친구의 친구가 비만일 경우 '그런대로 괜찮은 몸의 크기'에 대한 당신의 인식이 바뀌게 되고, 따라서 당신의 행동도 거기에 맞춰 바뀐다는 해석이다.

크리스타키스와 파울러의 연구 결과가 〈뉴잉글랜드 의학 저널New England Journal of Medicine〉에 게재되자 엄청난 반응이 일어났다. 주요 언론은 '당신의 친구들이 당신을 뚱뚱하게 하고 있을지도 모른다'라는 이야기를 재빠르고 열광적으로 보도했다. 그 연구 결과는 확실히 자극적인 헤드라인을 뽑기에 충분했다. 하지만 그들의 연구에서 밝혀진 가장 놀라운 사실은 '체중 증가는 전염병이다'가 아니다. 그보다는 우리가 알지도 못하는 사람들에게조차 미묘하게 영향을 받는다는 것이다. 연구자들은 이 효과에 '영향의 3단계three degrees of influence'라는 이름을 붙였다. 우리가 세상의 모든 사람과 6단계 또는 그 미만으로 연결되어 있다고 하더라도, 그 6단계 중 3단계는 알 수 없는 방식으로 우리에게 영향을 끼치고 있다는 의미다.

후속 연구에서 크리스타키스와 파울러는 흡연율에 대해서도 유사한 결과를 얻었다.[4] 이때도 프레이밍햄 심장 연구에서 가져온 인적 네트워크 데이터를 사용해서 흡연 비율, 특히 심장 연구 기간 중 흡연의 감소를 연구했다. 프레이밍햄 심장 연구가 시작된 때부터 현대에 이르기까지 흡연은 점차 줄어들었다. 이는 비만성 질환과 반대되는 양상인데, 이 때문에 흡연이 체중 감소에 도움을 준다고 오해하는 사람도 적지 않다.

'영향의 3단계' 효과를 흡연에 적용한 첫 번째 연구 결과는 흡연이 비만의 경우보다 효과가 더 크다는 것을 보여주었다. 연구자들은 '당신의 친구'가 흡연자인 경우 당신이 흡연자일 가능성은 61% 더 높다는 것을 알게 됐다. 만약 '당신의 친구의 친구'가 흡연자라면 당신이 담배를 피울 확률은 29% 더 높고, '당신의 친구의 친구의 친구'가 흡연자일 때는 당신이 흡연자일 가능성이 11%다.

연구자들은 또한 담배를 끊는 것이 네트워크 내 다른 사람들 역시 담배를 끊게 하는 확률을 높이는지도 장기간에 걸쳐 볼 수 있었다 "한 사람이 담배를 끊으면 그 효과가 그의 친구들, 그의 친구들의 친구들, 그의 친구들의 친구들의 친구들에게 물결처럼 퍼져나간다. 담배를 끊는 행위는 새 떼가 모이는 것이나 물고기 떼가 움직이는 것과 유사한 동조성synchrony을 가지고 있다"라고 그들은 적었다.[5]

'영향의 3단계'에 영향을 받는 것은 물리적 건강만이 아니었다. 크리스타키스와 파울러는 이 효과가 기분과 정신 건강에도 적용된다는 사실을 밝혔다.[6] 프레이밍햄 심장 연구의 자료에는 조사관들이 참가자들에게 'CES-D 척도Center of Epidemiological Studies Depression Scale(우울증 자기 진단표)'에서 따온 일련의 질문을 한 내용도 있었다. 참가자들이 CES-D에서 답한 20개의 항목 중 4개는 과거 다른 연구들에서 행복을 측정하는 데에 적합한 것으로 확인된 바 있다. 즉 지난주에 얼마나 자주 '희망적으로 느꼈는지', '행복했는지', '인생을 즐겼는지' 그리고 자신이 '다른 사람들만큼 잘 지낸다고 느꼈는지' 등 4개다.

이 질문을 사용하여 크리스타키스와 파울러는 행복한 사람들과 불안한 사람들이 어떻게 함께 모여 클러스터를 형성하는지, 그리고 다른 사람들의 행복이 참가자 자신의 행복에 어떤 영향을 끼치는지를 추적할 수 있었다. 추적 결과, 행복한 사람에게 연결되어 있을 경우 참가자 자신이 행복해질 확률은 15%가량 더 높았다. 그뿐만 아니라 친구의 친구가 행복할 경우 참가자 자신이 행복해질 확률은 10%가량 더 높았다. 친구의 친구의 친구의 경우에는 참가자 자신이 행복해질 확률이 6% 더 높았다.

3단계 밖에 있는 누군가가 행복한 것으로 인해 행복해질 확률이 6% 증가한다는 사실이 별것 아닌 것처럼 보일 수도 있을 것이다. 하지만 크리스타키스와 파울러는 수입이 약 1만 달러 늘어날 때 행복이 약 2% 증가한다는 연구 자료에 주목한다. "따라서 행복한 친구들과 친척들을 가지는 것은 돈을 더 많이 버는 것보다 더 효과적으로 행복해지는 방법으로 보인다"라고 그들은 적었다.[7]

크리스타키스와 파울러가 비만·흡연·행복을 중심으로 영향의 확산에 대해 연구 성과를 낸 이후, 많은 연구가 뒤따랐다. 이들은 정치적 성향, 혁신적 아이디어, 재정위기 공포, 그리고 심지어 자살과 같은 다양한 분야에 걸쳐 크리스타키스와 파울러의 연구 결과를 다시금 확인해주었다.

지금까지 인적 네트워크가 어떻게 작동하고, 일과 삶에서 어떻게 기회를 창출하는지 살펴봤다. '약한 유대관계'와 '분리 단계'들이 흔히 생각하는 것보다 어떻게 더 사람들을 촘촘하게 연결해주는지도 봤다. 어떻게 몇몇 개인이 상상을 초월하는 대규모의 인적 네트워크를 이끌 수 있는지도 봤으며, 어떻게 하면 당신이 인맥 숫자를 극적으로 늘릴 수(또는 많은 인맥을 가진 것처럼 보여줄 수) 있는지도 봤다. 그리고 사일로, 클러스터, 새롭고 있을 법하지 않은 유대관계들 사이에는 사람들이 생각하는 것보다 더욱 미묘하고 복잡한 상관관계가 있다는 것을 알게 됐다. 또한 사람들은 더 거대한 네트워크의 틀 안에서 자신에게 더욱 편안하고 익숙한 것들에 끌리는 성향을 가지고 있다는 것도 확인했다.

심지어 그런 유대관계를 맺는 것이 반드시 자신에게 도움이 되지 않는 경우에도 말이다.

크리스타키스와 파울러, 그들에게서 영향을 받은 모든 연구자의 연구 결과들은 우리에게 가장 중요한 한 가지 가르침을 제시한다.

인적 네트워크는 당연히 새로운 기회의 문을 열어줄 수 있는 잠재적인 인맥이라는 점에서 가치가 있지만, 자신에게 영향을 끼친다는 점에서도 가치를 지닌다. 인적 네트워크는 주위 사람들을 움직여 당신이 인간관계 자본을 얻도록 도와주지만, 그 이상으로 주위 사람들이 당신에게 긍정적 또는 부정적인 영향을 끼칠 수 있게 한다. 우리는 그 영향을 이제 겨우 이해하기 시작했을 뿐이다. 당신은 단지 '당신의 친구들' 또는 '당신의 친구들의 친구들'에게만 영향을 받는 것이 아니다. 어떤 커리어를 선택했든 간에, 당신이 한 개인으로서 어떤 사람이 됐는가는 당신을 둘러싼 네트워크의 영향을 받은 것이다. 그리고 '당신의 친구들'과 '당신의 친구들의 친구들'을 둘러싼 네트워크의 영향을 받은 것이다. 더 중요한 사실은 그 모든 것이 당신이 알지도 못하는 방식으로 일어났다는 것이다.

네트워크를 '가지고' 있다는 표현은 옳지 않다. 오히려 우리는 거대한 네트워크 안에 '포함되어embedded' 있을 뿐이며, 따라서 네트워크라는 바다에서 항해하는 법을 배워야만 한다. 항해를 잘하기 위해서는 당신의 네트워크 안에 누가 있는지 주의를 기울여야 한다. 그리고 단순히 '다음 고객'이나 '다음 일자리'를 찾는 것이 아니라, 그보다 더 넓은 차원에서 당신의 네트워크가 얼마나 중요한지를 인식할 필요가 있다.

인적 네트워크는 단순한 거래 관계가 아니며, 원래부터 그랬던 무언가도 아니다. 인적 네트워크는 완성된 무엇이 아니라 발달해가는 과정이다. 당신의 네트워크는 당신에게 영향을 주며, 따라서 당신도 네트워크에 영향을 주어야 한다. 당신의 네트워크를 신중하게 조정하는 것은, 즉 당신의 친구를 선택하고 또 친구의 친구가 누구인지 인식하는 것은 당신이 어떤 사람이 되는가에 직접적으로 영향을 끼칠 수 있다. 좋든 나쁘든 말이다.

당신의 친구의 친구는 당신의 미래다.

모든 좋은 책은 좋은 팀을 필요로 하고, 모든 좋은 팀은 좋은 네트워크를 필요로 한다. 이 책이 좋은 책인지 어떤지는 독자의 판단에 맡겨야 하겠지만, 적어도 나는 이 책을 만드는 데 참여한 사람들이 한결같이 훌륭했다는 점만큼은 자신 있게 말할 수 있다.

원고를 쓰는 동안 너무나도 많은 훌륭하고 멋진 사람들과 이야기를 나누고 함께 일하는 행운을 얻었다. 편집자인 릭 울프Rick Wolff는 나의 아이디어를 재빠르게 간파하고 그것을 현실로 구현하는 데 도움을 주었다. 이 일에는 로즈메리 맥기네스Rosemary McGuinness, 리사 글로버Lisa Glover, 신디 벅Cindy Buck, 태린 로더Taryn Roeder, 브루스 니콜스Bruce Nichols, 호턴 미플린 하코트Houghton Mifflin Harcourt 등 모든 직원이 함께했다.

나의 에이전트인 자일스 앤더슨Giles Anderson은 좋은 아이디어와 나쁜 아이디어를 구별할 수 있도록 나를 이끌어주었다. 톰 닐슨Tom Neilssen, 레스 튀어크Les Tuerk, 신시아 시토Cynthia Seeto, 애덤 키어쉔바움Adam Kirschenbaum을 비롯한 브라이트사이트 그룹BrightSight Group의 전 직원에게 감사드린다. 그들은 나의 아이디어들을 강연으로 올릴 무대를 찾는 데에도 도움을 주었다.

놀라운 인사이트를 통한 조력과 더불어 '친구의 친구'에 대한 이야기를 퍼뜨리는 데 도움을 준 현인들에게도 감사를 전한다. 팀 그랠Tim Grahl, 제프 고인스Jeff Goins, 라이언 홀리데이Ryan Holiday, 베키 로빈슨Becky Robinson, 애슐리 버나디Ashley Bernardi, 그리고 트레이시 루커스Tracey Lucas다.

놀라운 이야기들을 갖고 인터뷰에 응해주었던 앤드루 데이비스, 존 레비, 크리스 쉘브라, 휘트니 존슨, 제이슨 게이나드, 조던 하빈저, 브라이언 우치, 스콧 해리슨에게 깊이 감사드린다.

이 책의 이야기와 아이디어들을 끌어내는 데 도움을 준 환상적인 천재들 톰 웹스터Tom Webster, 탬슨 웹스터Tamsen Webster, 미치 조엘Mitch Joel, 클레이 허버트Clay Hebert, 브렛 시먼스Bret Simmons의 수고가 없었다면 어떻게 됐을지 생각하기도 싫다.

이 책을 집필하면서 내가 속해 있음을 알게 된 2개의 기막힌 클러스터가 있다. 비즈니스 서적 작가들의 사적 모임들로 내게 너무나도 소중한 자산이 됐다. 모임 이름은 밝히지 않겠지만 아마도 멤버들은 다 알 것이다. C.S. 루이스나 어니스트 헤밍웨이 같은 유명 작가들도 부러워할 만한 클러스터다.

나의 연구 보조 브렌던 캄파냐Brendan Campagna와 윌 쿡Will Cook 은 이 프로젝트를 쉽게 만들어주었다. 특히 리건 킹슬리Reagan Kingsley는 자료를 쉴 새 없이 복사해서 가져다줌으로써 일이 원 활히 돌아가게 해주었다. 나의 비서실장 네하 겔라니Neha Ghelani 는 원고 쓸 시간을 낼 수 있도록 내가 어떤 일을 언제 멈추어야 할지 알려주었다.

오럴로버츠대학교 교수진과 직원들, 특히 경영대학원의 레베 카 건Rebecca Gunn 박사께 감사드린다. 건 박사는 아마도 나보다 더 많이 원고 교정을 봤을 것이다.

마지막으로 나에게 가장 소중한 친구들인 아내 자나와 두 아 들 링컨, 해리슨에게 사랑을 전한다.

Why You Should Choose
Each Friend of a Friend Carefully

프롤로그

1. Adam Grant, *Give and Take: Why Helping Others Drives Our Success* (New York: Viking, 2013).

2. Ibid., 48.

3. Ibid.

4. Jessica Shambora, "Fortune's Best Networker," *Fortune,* February 9, 2011.

5. Adam Rifkin, "Networking for Success," *Startups.co,* https://www.startups.co/education/lessons/networking-for-success.

6. Adam Rifkin, "The Basics of Power Networking," *LinkedIn,* August 6, 2013, https://www.linkedin.com/pulse/20130806141819-8244-3-important-things-tobe-mindful-of-as-you-build-your-network.

7. Rifkin, "Networking for Success."

8. Ibid.

9. "All advice is autobiographical" has been attributed to many people, but it's most often attributed to Austin Kleon, *Steal Like an Artist: 10 Things Nobody Told You About Being Creative* (New York: Workman, 2012), 1.

10. Tiziana Casciaro, Francesca Gino, and Maryam Kouchaki, "The Contaminating Effects of Building Instrumental Ties: How Networking Can Make Us Feel Dirty," *Administrative Science Quarterly* 59, no. 4 (2014): 705-735.

11. George P. Bush and Lowell H. Hattery, "Federal Recruitment of Junior Engineers," *Science* 114, no. 2966 (1951): 455–458.

12. Rob Cross and Robert J. Thomas, "Managing Yourself: A Smarter Way to Network," *Harvard Business Review* 89 (2011): 149–153.

13. Robert D. Putnam, *Bowling Alone: The Collapse and Revival of American Community* (New York: Simon & Schuster, 2000).

14. Ronald S. Burt and Don Ronchi, "Teaching Executives to See Social Capital: Results from a Field Experiment," *Social Science Research* 36 (2007): 1156–1183.

15. Brian A. Primack, Ariel Shensa, Jaime E. Sidani, Erin O. Whaite, Liu yi Lin, Daniel Rosen, Jason B. Colditz, Ana Radovic, and Elizabeth Miller, "Social Media Use and Perceived Social Isolation Among Young Adults in the US," *American Journal of Preventive Medicine* 53, no. 1 (2017): 1–8.

1장 / 약한 유대관계의 힘을 활용하라

1. Shane Rivers, "The Life of Lorenzo Fertitta," *Gaming the Odds*, February 15, 2015, http://www.gamingtheodds.com/biographies/lorenzo-fertitta.

2. Case Keefer, "Lorenzo Fertitta, Dana White Built UFC into Something Big," *Las Vegas Sun*, June 29, 2014.

3. Joel Stein, "The Ultimate Fighting Machines," *CNN Money*, November 8, 2006, http://money.cnn.com/2006/11/07/magazines/business2/stationcasinos.biz2/.

4. Matthew G. Miller, "Fertittas Made Billionaires by Head Blows with Chokeholds," *Bloomberg*, August 1, 2012, https://www.bloomberg.com/news/articles/2012-08-01/fertittas-made-billionaires-by-head-blows-with-chokeholds.

5. Stein, "The Ultimate Fighting Machines."

6. Ibid.

7. Rivers, "The Life of Lorenzo Fertitta."

8. Miller, "Fertittas Made Billionaires by Head Blows with Chokeholds."

9. Jeff Haden, "The UFC Sells for $4 Billion: Partners Were Legally Bound to Settle Disputes by Actually Fighting," *Inc.*, July 11, 2016, http://www.inc.com/jeff-haden/ufc-sells-for-4b-partners-were-legally-bound-to-settle-disputes-byactually-figh.html.

10. Ibid.

11. Keefer, "Lorenzo Fertitta, Dana White Built UFC into Something Big."

12. Rivers, "The Life of Lorenzo Fertitta."

13. Ibid.

14. "Lorenzo Fertitta Touts UFC Sale as 'Largest Deal Ever in the History of Sports,'" *Fox Sports*, July 11, 2016, http://www.foxsports.com/ufc/story/ufc-lorenzo-fertitta-touts-ufc-sale-as-largest-deal-ever-in-the-history-ofsports-071116.

15. Nicole Laporte, "Why WME-IMG Paid $4 Billion for UFC, a Mixed Martial Arts League," *Fast Company*, July 11, 2016, https://www.fastcompany.com/3061739/why-wme-img-paid-4-billion-for-ufc-a-mixed-martial-arts-league.

16. Jason Gay, "Dana White Continues the Fight," *Wall Street Journal*, February 12, 2017.

17. Mark S. Granovetter, "The Strength of Weak Ties," *American Journal of Sociology* 78, no. 6 (1973): 1360–1380.

18. Ibid., 1371.

19. Martin Ruef, "Strong Ties, Weak Ties, and Islands: Structural and Cultural Predictors of Organizational Innovation," *Industrial and Corporate Change* 11, no. 3 (2002): 427–449.

20. Mary Petrusewicz, "Note to Entrepreneurs: Meet New People," *Stanford Report*, January 21, 2004, http://news.stanford.edu/news/2004/january21/innovate-121.html.

21. Ruef, "Strong Ties, Weak Ties, and Islands," 445.

22. Granovetter, "The Strength of Weak Ties," 1372.

23. Daniel Z. Levin, Jorge Walter, and J. Keith Murnighan, "Dormant Ties: The Value of Reconnecting," *Organization Science* 22, no. 4 (2011): 923–939.

24. Daniel Z. Levin, Jorge Walter, and J. Keith Murnighan, "The Power of *Reconnection*: How Dormant Ties Can Surprise You," *MIT Sloan Management Review* (Spring 2011), http://sloanreview.mit.edu/article/the-power-of-reconnectionhow-dormant-ties-can-surprise-you/.

25. Ibid.

26. Jorge Walter, Daniel Z. Levin, and J. Keith Murnighan, "Reconnection Choices: Selecting the Most Valuable (vs. Most Preferred) Dormant Ties," *Organization Science* 26, no. 5 (2015): 1447–1465.

27. Jorge Walter, Daniel Z. Levin, and J. Keith Murnighan, "How to Reconnect for Maximum Impact," *MIT Sloan Management Review* (Spring 2016), http://sloanreview.mit.edu/article/how-to-reconnect-for-maximum-impact/.

28. Andrew Warner, "How charity: water Is Using Social Media to Save the World" (podcast), *Mixergy*, July 21, 2010, https://mixergy.com/interviews/charity-waterscott-harrison-interview/.

29. charity: water, "Scott's Story," http://www.charitywater.org/about/scotts_story.php.

30. Ibid.

31. Warner, "How charity: water Is Using Social Media to Save the World."

32. Ibid.

33. David Baker, "Charity Startup: Scott Harrison's Mission to Solve Africa's Water Problem," *Wired*, January 4, 2013, http://www.wired.co.uk/article/charity startup.

34. Scott Harrison, interview with the author, April 11, 2017.

35. Ibid.

36. Baker, "Charity Startup: Scott Harrison's Mission to Solve Africa's

Water Problem."

37. Warner, "How charity: water Is Using Social Media to Save the World."

38. Ibid.

39. Ibid.

40. Scott Harrison, interview with the author, April 11, 2017.

41. Warner, "How charity: water Is Using Social Media to Save the World."

2장 / 당신의 네트워크를 큰 그림으로 보라

1. Steven H. Strogatz, *Sync: How Order Emerges from Chaos in the Universe, Nature, and Daily Life* (New York: Hachette, 2003).

2. For "the most comprehensive version of the Kevin Bacon game on the web," see the Oracle of Kevin Bacon website at: https://oracleofbacon.org.

3. Craig Fass, Brian Turtle, and Mike Ginelli, *Six Degrees of Kevin Bacon* (New York City: Plume, 1996), 15.

4. Strogatz, *Sync: How Order Emerges from Chaos in the Universe, Nature, and Daily Life*.

5. John Boitnott, "How Kevin Bacon Is Solving One of the Biggest Problems with Celebrities and Charities," *Inc.*, January 31, 2017, http://www.inc.com/johnboitnott/how-kevin-bacon-is-solving-one-of-the-biggest-problems-with-celebrities-and-char.html.

6. David Burkus, *The Myths of Creativity: The Truth About How Innovative Companies and People Generate Great Ideas* (San Francisco: Jossey-Bass, 2013).

7. American Mathematical Society, "Collaboration Distance," http://www.ams.org/mathscinet/freeTools.html.

8. Stanley Milgram, "Behavioral Study of Obedience," *Journal of Abnormal and Social Psychology* 67, no. 4 (1963): 371–378.

9.   Brian Uzzi, "Keys to Understanding Your Social Capital," *Journal of Microfinance*/ESR Review 10 (2008): 7.

10.   Jeffrey Travers and Stanley Milgram, "An Experimental Study of the Small World Problem," *Sociometry* 32, no. 4 (1969): 425–443.

11.   Milgram also ran a similar experiment with participants in Wichita, Kansas. However, the results of that study were not included in his peer–reviewed article and so have been left out here.

12.   Stanley Milgram, "The Small–World Problem," *Psychology Today* 2 (1969): 60–67.

13.   Mark E. J. Newman, *Networks: An Introduction* (Oxford: Oxford University Press, 2010).

14.   Albert–Laszlo Barabasi, *Linked: How Everything Is Connected to Everything Else and What It Means for Business, Science, and Everyday Life* (New York: Basic Books, 2014).

15.   Travers and Milgram, "An Experimental Study of the Small World Problem."

16.   Milgram, "The Small–World Problem."

17.   Mark Buchanan, Nexus: *Small Worlds and the Groundbreaking Science of Networks* (New York: W. W. Norton and Co., 2002).

18.   Duncan J. Watts and Steven H. Strogatz, "Collective Dynamics of 'Small–World' Networks," *Nature* 393 (1993): 440–442.

19.   "Rod Steiger," *Internet Movie Database*, http://www.imdb.com/name/nm0001768/.

20.   Strogatz, *Sync: How Order Emerges from Chaos in the Universe, Nature, and Daily Life*.

21.   Peter Sheridan Dodds, Roby Muhamad, and Duncan J. Watts, "An Experimental Study of Search in Global Search Networks," *Science* 301, no. 5634 (2003): 827–829.

22.   Duncan J. Watts, *Everything Is Obvious*: *Once You Know the Answer* (New York: Crown Business, 2011), 89.

23.   Smriti Bhagat, Moira Burke, Carlos Diuk, Ismail Onur Filiz, and

Sergey Edunov, "Three and a Half Degrees of Separation," Facebook Research, February 4, 2016, https://research.fb.com/three-and-a-half-degrees-of-separation/.

24. Barabasi, *Linked: How Everything Is Connected to Everything Else and What It Means for Business, Science, and Everyday Life*, 29.

25. John Guare, *Six Degrees of Separation: A Play* (New York: Dramatists Play Service, 1992), 79.

26. Whitney Johnson, "Episode 01: Michelle McKenna-Doyle" (audio podcast), *Disrupt Yourself Podcast*, September 21, 2016, https://itunes.apple.com/us/podcast/disrupt-yourself-podcast-whitney/id1156483471.

27. Ibid.

28. Ibid.

29. Auburn University, "Take 5: Michelle McKenna-Doyle," November 17, 2014, http://www.auburn.edu/main/take5/mckenna-doyle.html#.WMmaQRiVS9Y.

30. Johnson, "Episode 01: Michelle McKenna-Doyle."

3장 / 빈틈을 채워주는 브로커가 되라

1. Bruce Feiler, "She's Playing Games with Your Lives," *New York Times*, April 27, 2012.

2. Jane McGonigal, *SuperBetter: The Power of Living Gamefully* (New York: Penguin, 2016), 3.

3. Ibid.

4. Scott Barry Kaufman, "Jane McGonigal on How Video Games Can Make Us SuperBetter" (audio podcast), *Psychology Podcast*, October 11, 2015, http://scottbarrykaufman.com/podcast/jane-mcgonigal-on-how-video-games-can-makeus-superbetter/.

5. Feiler, "She's Playing Games with Your Lives."

6. Jane McGonigal, email message to the author, April 17, 2017.

7.   McGonigal, *SuperBetter*, 4.

8.   Kaufman, "Jane McGonigal on How Video Games Can Make Us SuperBetter."

9.   Ibid.

10. Ibid.

11. Jane McGonigal, email message to the author, April 17, 2017.

12. Ronald S. Burt, *Structural Holes: The Social Structure of Competition* (Cambridge, MA: Harvard University Press, 1995), 19.

13. Ibid., 18.

14. Ronald S. Burt, "Structural Holes and Good Ideas," *American Journal of Sociology* 110 (2004): 356.

15. Frans Johansson, *The Medici Effect: What Elephants and Epidemics Can Teach Us About Innovation* (Boston: Harvard Business School Publishing, 2017).

16. Cherokee Nation, "History of Sequoyah, and the Sequoyan Syllabary for the Cherokee Language," http://www.cherokee.org/About-The-Nation/History/Biographies/Sequoyah.

17. Burt, "Structural Holes and Good Ideas," 376.

18. Ibid., 349.

19. Adam M. Kleinbaum, "Organizational Misfits and the Origins of Brokerage in Intrafirm Networks," *Administrative Science Quarterly* 57 (2012): 407–452.

20. Ibid., 429.

21. Stanley A. McChrystal, David Silverman, Chris Fussell, and Tantum Collins, *Team of Teams: New Rules of Engagement for a Complex World* (New York: Portfolio, 2015), 118. General McChrystal cowrote Team of Teams with multiple authors, who chose to write the book in his voice. As such, I attribute quotes from this book to him.

22. Ibid., 118.

23. Ibid., 121.

24. Ibid., 122.

25. Ibid., 123.

26. Ibid., 128, 129.

27. Ibid., 128.

28. Ibid., 180.

29. Ibid., 251.

30. This activity was adapted from an exercise commonly described by the sociologist Brian Uzzi.

4장 / 사일로를 찾아내라

1. Steven Johnson, *How We Got to Now: Six Innovations That Made the Modern World* (New York: Riverhead, 2014).

2. McChrystal et al., *Team of Teams: New Rules of Engagement for a Complex World*, 189-193.

3. Clifford Atiyeh, "GM Ignition-Switch Review Complete: 124 Fatalities, 274 Injuries," *Car and Driver*, August 3, 2015, http://blog.caranddriver.com/gm-ignition-switch-review-complete-124-fatalities-274-injuries/.

4. Eun Kyung Kim, "GM Chief Mary Barra on Car Recalls: 'I Don't Really Think There Was a Cover-up,'" *Today*, June 26, 2014, http://www.today.com/news/gmchief-mary-barra-car-recalls-i-dont-really-think-1D79852194.

5. David Johnston, "9/11 Congressional Report Faults FBI-CIA Lapses," *New York Times*, July 24, 2003.

6. Michael Reynolds, *Hemingway: The Paris Years* (New York: W. W. Norton & Co., 1989).

7. David Burkus, "How Your Friends Affect Your Creative Work," *99U*, http://99u.com/articles/21521/in-praise-of-the-creative-support-group.

8. Charles Kadushin, *Understanding Social Networks: Theories, Concepts, and Findings* (Oxford: Oxford University Press, 2012), 122.

9. Mark E. J. Newman and Juyong Park, "Why Social Networks Are Different from Other Types of Networks," *Physical Review E: Statistical, Linear, and Soft Matter Physics* 68, no. 3 (2003): 036122.

10. Damon Centola, "The Social Origin of Networks and Diffusion," *American Journal of Sociology* 120, no. 5 (2015): 1295–1338.

11. University of Pennsylvania, "In Social Networks, Group Boundaries Promote the Spread of Ideas, Study Finds," *ScienceDaily*, June 22, 2015, https://www.sciencedaily.com/releases/2015/06/150622182032.htm.

12. Ronald Burt and Jennifer Merluzzi, "Network Oscillation," *Academy of Management Discoveries* 2, no. 4 (2016): 368–391.

13. David Jon Phillips, "Networking Differently Could Increase Your Salary," *Chicago Booth Review*, September 1, 2016, http://review. chicagobooth.edu/strategy/2016/article/networking–differently– could–increase–your–salary.

14. Brian Uzzi, "Social Structure and Competition in Interfirm Networks: The Paradox of Embeddedness," *Administrative Science Quarterly* 42 (1997): 35–67.

15. Jeff Rosenthal, "How and Why to Curate Community," in Jared Kleinert, ed., *3 Billion Under 30: How Millennials Keep Redefining Success, Breaking Barriers, and Changing the World* (New York: 3 Billion Under 30 LLC, 2017).

16. Cathy Leff, "At Their Peak," *Cultured*, November 30, 2016, http://www. culturedmag.com/summit–series–jeff–rosenthal/.

17. Steven Bertoni, "Club TED: Inside Summit's Power Mountain Entrepreneur Camp," *Forbes*, January 21, 2013.

18. Andy Isaacson, "Summit Series: TED Meets Burning Man," *Wired*, February 27, 2012, https://www.wired.com/2012/02/summit– series–ted–burning–man/.

19. Andy Isaacson, "The Ski Resort That Crowdsourcing Built," *New York Times*, April 10, 2015.

20. J. Kelly Hoey, *Build Your Dream Network: Forging Powerful*

Relationships in a Hyper−Connected World (New York: Tarcher/Perigee, 2017).

21. Alissa Walker, "TED for Design Wonks: CreativeMornings Offers Coffee and a Shot of Inspiration," *Wired*, June 11, 2012, https://www.wired.com/2012/06/creativemornings−conferences/.

22. Shutterstock, "Introducing Creative Mornings: An Interview with Tina Roth Eisenberg," December 4, 2013, https://vimeo.com/81051786.

23. Walker, "TED for Design Wonks: CreativeMornings Offers Coffee and a Shot of Inspiration."

5장 / 페이팔 마피아처럼 팀을 운영하라

1. Miguel Helft, "It Pays to Have Pals in Silicon Valley," *New York Times*, October 17, 2006.

2. "YouTube: A History," *The Telegraph*, April 17, 2010, http://www.telegraph.co.uk/finance/newsbysector/mediatechnologyandtelecoms/digital−media/7596636/YouTube−a−history.html.

3. Ibid.

4. "Youtube.com Traffic Statistics," *Alexa*, http://www.alexa.com/siteinfo/youtube.com (accessed March 16, 2017).

5. Conner Forrest, "How the 'PayPal Mafia' Redefined Success in Silicon Valley," *TechRepublic*, http://www.techrepublic.com/article/how−the−paypal−mafia−redefined−success−in−silicon−valley/.

6. Jeffrey M. O'Brien, "The PayPal Mafia," *Fortune*, November 13, 2007.

7. Forrest, "How the 'PayPal Mafia' Redefined Success in Silicon Valley."

8. O'Brien, "The PayPal Mafia."

9. Forrest, "How the 'PayPal Mafia' Redefined Success in Silicon Valley."

10. Rachel Rosmarin, "The PayPal Exodus," *Forbes*, July 12, 2006.

11. Forrest, "How the 'PayPal Mafia' Redefined Success in Silicon Valley."

12. Reid Hoffman and Ben Casnocha, *The Start−up of You: Adapt to the*

Future, Invest in Yourself, and Transform Your Career (New York: Crown Business, 2012).

13. Shane Snow, Smartcuts: *How Hackers, Innovators, and Icons Accelerate Success* (New York: HarperCollins, 2014), 183.

14. Forrest, "How the 'PayPal Mafia' Redefined Success in Silicon Valley."

15. Stefan Wuchty, Benjamin F. Jones, and Brian Uzzi, "The Increasing Dominance of Teams in Production of Knowledge," *Science* 316, no. 5827 (2007): 1036–1039.

16. Roger Guimerà, Brian Uzzi, Jarrett Spiro, and Luís A. Nunes Amaral, "Team Assembly Mechanisms Determine Collaboration Network Structure and Team Performance," *Science* 308, no. 5722 (2005): 697–702.

17. Burkus, *The Myths of Creativity: The Truth About How Innovative Companies and People Generate Great Ideas*, 116.

18. Stefan H. Thomke and Ashok Nimgade, "IDEO Product Development," Case 600–143 (Boston: Harvard Business School, June 2000, revised April 2007).

19. Duane Bray, "IDEO's Employee Engagement Formula," *Harvard Business Review*, December 18, 2015, https://hbr.org/2015/12/ideos-employee-engagementformula.

20. Ibid.

21. Jimmy Chion, "What It's Like to Work at IDEO," *Medium*, October 21, 2013, https://medium.com/@jimmmy/what-its-like-to-work-at-ideo-6ca2c961aae4#.89mbot8fh.

22. Teresa M. Amabile and Katrina Flanagan, "Making Progress at IDEO," Case 814–123 (Boston: Harvard Business School, June 2014), 5.

23. Margaret Schweer, Dimitris Assimakopoulos, Rob Cross, and Robert J. Thomas, "Building a Well-Networked Organization," *MIT Sloan Management Review* 53, no. 2 (2012): 35.

6장 / 슈퍼 커넥터가 되라

1. Brian Grazer and Charles Fishman, *A Curious Mind: The Secret to a Bigger Life* (New York: Simon & Schuster, 2016), 1–2.

2. Ibid., 2.

3. Ibid.

4. "Malcolm Gladwell with Brian Grazer: 92Y Talks: Episode 45" (audio podcast), *92Y on Demand*, June 18, 2015, http://92yondemand.org/malcolm-gladwellwith-brian-grazer-92y-talks-episode-45.

5. Grazer and Fishman, *A Curious Mind: The Secret to a Bigger Life*, 4.

6. Ibid., 21.

7. Ibid.

8. Ibid., 51.

9. Ibid., 30.

10. Ibid.

11. Ibid., 231–258.

12. "Malcolm Gladwell with Brian Grazer: 92Y Talks Episode 45."

13. Robin I. M. Dunbar, "Coevolution of Neocortical Size, Group Size, and Language in Humans," *Behavioral and Brain Sciences* 16, no. 4 (1993): 681–694.

14. Russell Hill and Robin I. M. Dunbar, "Social Network Size in Humans," *Human Nature* 14, no. 1 (2003): 54.

15. Hans L. Zetterberg, *The Many-Splendored Society*, vol. 2, *A Language-Based Edifice of Social Structures* (zetterberg.org, 2011), http://zetterberg.org/ InProgrs/The_Many-Splendored_Society/PDF_f iler/VolumeTwoRefile2_20110516_2ndEd.pdf.

16. Tyler H. McCormick, Matthew J. Salganik, and Tian Zheng, "How Many People Do You Know? Efficiently Estimating Personal Network Size," *Journal of the American Statistical Association* 105, no. 489 (2010): 59–70.

17. Albert-Laszlo Barabasi and Reka Albert, "Emergence of Scaling in

Random Networks," *Science* 286, no. 5439 (1999): 509–512.

18. Jordan Harbinger, interview with the author, January 25, 2017.

19. Ibid.

20. Ibid.

21. Ibid.

22. Ibid.

23. Ibid.

24. Ibid.

25. Ibid.

7장 / 인맥의 부익부 현상을 활용하라

1. Jayson Gaignard, interview with the author, January 24, 2017.

2. Ibid.

3. Ibid.

4. Ibid.

5. Ibid.

6. Ibid.

7. Ibid.

8. Ibid.

9. Matthew 25:29 (NRSV).

10. Robert K. Merton, "The Matthew Effect in Science," *Science* 159, no. 3810 (1968): 56–63.

11. Barabási, *Linked: How Everything Is Connected to Everything Else and What It Means for Business, Science, and Everyday Life*, 87.

12. Barabási and Albert, "Emergence of Scaling in Random Networks."

13. Barabási, *Linked: How Everything Is Connected to Everything Else and What It Means for Business, Science, and Everyday Life*, 87.

14. Mark E. J. Newman, "Clustering and Preferential Attachment in Growing Networks," *Physical Review E: Statistical, Nonlinear, and Soft Matter Physics* 64, no. 211 (2001): 251021–251024.

15. Matthew J. Salganik, Peter Sheridan Dodds, and Duncan J. Watts, "Experimental Study of Inequality and Unpredictability in an Artificial Cultural Market," *Science* 311, no. 5762 (2006): 854–856.

16. Watts, *Everything Is Obvious*: *Once You Know the Answer*.

17. James Zug, "Stolen: How the Mona Lisa Became the World's Most Famous Painting," *Smithsonian.com*, June 15, 2011, http://www.smithsonianmag.com/arts-culture/stolen-how-the-mona-lisa-became-the-worlds-most-famous-painting-16406234/.

18. Watts, *Everything Is Obvious*: *Once You Know the Answer*.

19. Zug, "Stolen: How the Mona Lisa Became the World's Most Famous Painting."

20. Watts, *Everything Is Obvious*: *Once You Know the Answer*.

21. Zug, "Stolen: How the Mona Lisa Became the World's Most Famous Painting."

22. Watts, *Everything Is Obvious*: *Once You Know the Answer*. Duchamp was also an American citizen.

8장 / 다수로 보이는 환상을 만들어라

1. Tim Ferriss, "Introduction – My Story," http://tim.blog/introduction/.

2. Tim Ferriss, "A Lesson in Self Promotion with Tim Ferriss," ZURB Soapbox, http://zurb.com/soapbox/events/3/Tim-Ferriss-ZURBsoapbox.

3. Ibid.

4. Ibid.

5. Andrew Davis, interview with the author, January 9, 2017.

6. Ibid.

7. Ibid.

8. Ibid.

9. Ibid.

10. Ibid.

11. Ibid.

12. Ibid.

13. Scott L. Feld, "Why Your Friends Have More Friends Than You Do," *American Journal of Sociology* 96, no. 6 (1991): 1464–1477.

14. Naghmeh Momeni and Michael Rabbat, "Qualities and Inequalities in Online Social Networks Through the Lens of the Generalized Friendship Paradox," *PLoS ONE* 11, no. 2 (2016): e0143633.

15. Kristina Lerman, Xiaoran Yan, and Xin-Zeng Wu, "The 'Majority Illusion' in Social Networks," *PLoS ONE* 11, no. 2 (2016): e0147617.

16. Ibid.

17. David Kirkpatrick, *The Facebook Effect: The Inside Story of the Company That Is Connecting the World* (New York: Simon & Schuster, 2001).

18. William Barnett and Arar Han, "Facebook 2012," Case E468 (Palo Alto, CA: Stanford Graduate School of Business Publishing, 2012).

19. William Barnett, Ziad Mokhtar, and Gabriel Tavridis, "Facebook," Case E220 (Palo Alto, CA: Stanford Graduate School of Business Publishing, 2006).

20. Kirkpatrick, *The Facebook Effect: The Inside Story of the Company That Is Connecting the World*.

9장 / 호모필리의 유혹을 뿌리쳐라

1. Ryan W. Miller, "'The *New York Times*' Data Blog Flips Prediction in Two Hours," *USA Today*, November 8, 2016.

2. Nate Silver, "2016 Election Results: Live Coverage and Results," *FiveThirtyEight*, November 8, 2016, http://fivethirtyeight.com/live-blog/2016-electionresults-coverage/.

3. Ibid.

4. "Who Will Win the Presidency?" *FiveThirtyEight*, November 8, 2016, https://projects.fivethirtyeight.com/2016-election-forecast/.

5. Silver, "2016 Election Results: Live Coverage and Results."

6. Ibid.

7. Andreas Graefe, "A Terrible Day for Election Forecasters. Where Are the Winners?" *PollyVote*, November 9, 2016, http://pollyvote.com/en/2016/11/09/a-terrible-day-for-election-forecasters-where-are-the-winners/.

8. "They're with Her: PR Execs Predict a Resounding Clinton Victory," *PRWeek*, November 8, 2016, http://www.prweek.com/article/1414851/theyre-her-pr-execs-predict-resounding-clinton-victory.

9. Alec MacGillis, "Go Midwest, Young Hipster," *New York Times*, October 22, 2016.

10. Deepak Malhotra, "How to Build an Exit Ramp for Trump Supporters," *Harvard Business Review*, October 14, 2016, https://hbr.org/2016/10/how-to-buildan-exit-ramp-for-trump-supporters.

11. Jessie Hellmann, "Pelosi: Trump Will Help Democrats Win Congress," *The Hill*, June 19, 2016, http://thehill.com/blogs/ballot-box/presidential-races/284013-pelosi-trump-will-help-democrats-win-congress.

12. Amy Chozick, "Hillary Clinton Blames FBI Director for Election Loss," *New York Times*, November 12, 2016.

13. Joshua Spodek, "If You Voted for Trump, Let's Meet," *Inc.*, November 30, 2016, http://www.inc.com/joshua-spodek/if-you-voted-for-trump-lets-meet.html.

14. Edward-Isaac Dovere, "How Clinton Lost Michigan —and Blew the Election," *Politico*, December 14, 2016, http://www.politico.com/story/2016/12/michiganhillary-clinton-trump-232547.

15. Glenn Thrush, "10 Crucial Decisions That Reshaped America," *Politico*, December 9, 2016, http://www.politico.com/magazine/story/2016/12/2016-presidential-election-10-moments-trump-clinton-214508.

16. James Hohmann, "The Daily 202: Why Trump Won —and Why the

Media Missed It," *Washington Post*, November 9, 2016.

17. Sean Trende, "It Wasn't the Poll That Missed, It Was the Pundits," *RealClearPolitics*, November 12, 2016, http://www.realclearpolitics. com/articles/2016/11/12/it_wasnt_the_polls_that_missed_it_was_the_ pundits_132333.html.

18. David Brooks, "No, Not Trump, Not Ever," *New York Times*, March 18, 2016.

19. Margaret Sullivan, "The Media Didn't Want to Believe Trump Could Win. So They Looked the Other Way," *Washington Post*, November 9, 2016.

20. Will Rahn, "Commentary: The Unbearable Smugness of the Press," *CBSNews*, November 10, 2016, http://www.cbsnews.com/news/ commentary-the-unbearable-smugness-of-the-press- presidential-election-2016/.

21. Bill Bishop, *The Big Sort: Why the Clustering of Like-Minded America Is Tearing Us Apart* (Boston: Houghton Mifflin Harcourt, 2008).

22. Ibid., 9–10.

23. Ibid., 44.

24. Ibid., 30.

25. Ibid., 11.

26. Paul F. Lazarsfeld and Robert K. Merton, "Friendship as a Social Process: A Substantive and Methodological Analysis," *Freedom and Control in Modern Society* 18, no. 1 (1954): 18–66.

27. Valdis Krebs, "New Political Patterns," *Orgnet*, October 2008, http://www.orgnet.com/divided.html.

28. Watts, *Everything Is Obvious*: *Once You Know the Answer*, 257.

29. Gueorgi Kossinets and Duncan J. Watts, "Origins of Homophily in an Evolving Social Network," *American Journal of Sociology* 115, no. 2 (2009): 405–450.

30. "Planet Money T-shirt," *Kickstarter*, April 30, 2013, https://www.

kickstarter.com/projects/planetmoney/planet-money-t-shirt.

31. Farhad Manjoo, "Podcasting Blossoms, but in Slow Motion," *New York Times*, June 17, 2015.

32. Christopher Zinsli, "'This American Life' Producer Raises $1.5 Million for Podcast Startup Gimlet," *Wall Street Journal*, November 11, 2014.

33. Nicholas Quah, "Hot Pod: Panoply's Parent Company Takes a Stake in Gimlet Media," *Nieman Lab*, December 8, 2015, http://www.niemanlab.org/2015/12/hot-pod-panoplys-parent-company-takes-a-stake-in-gimlet-media/.

34. Gimlet, "#19 Diversity Report" (audio podcast), *Startup*, December 17, 2015, https://gimletmedia.com/episode/19-diversity-report/.

35. Ibid.

36. Ibid.

37. Ibid.

38. Ibid.

39. Ibid.

10장 / 네트워킹 이벤트 대신 활동을 공유하라

1. Jon Levy, interview with the author, December 13, 2016.

2. Ibid.

3. Ibid.

4. Ibid.

5. Ibid.

6. Ibid.

7. Chris Schembra, interview with the author, December 15, 2016.

8. Ibid.

9. Ibid.

10. Ibid.

11. Paul Ingram and Michael W. Morris, "Do People Mix at Mixers?

Structure, Homophily, and the 'Life of the Party,'" *Administrative Science Quarterly* 52, no. 4 (2007): 566.

12. Brian Uzzi, interview with the author, May 26, 2017.

13. Ibid.

14. Brian Uzzi, "Keys to Understanding Your Social Capital," *Journal of Microfinance/ESR Review* 10, no. 2 (2008): 11.

15. Ed Catmull, "How Pixar Fosters Collective Creativity," *Harvard Business Review* 86, no. 9 (2008): 64.

16. Oliver Franklin-Wallis, "How Pixar Embraces a Crisis," *Wired*, November 17, 2015, http://www.wired.co.uk/article/pixar-embraces-crisis-the-good-dinosaur.

17. Debapratim Purkayastha, "Pixar University: A Distinctive Aspect of Pixar's Organizational Culture and Innovation," Case CLHR017 (Hyperabad, India: ICMR Center for Management Research, 2009).

18. Ed Catmull, with Amy Wallace, *Creativity, Inc.: Overcoming the Unseen Forces That Stand in the Way of True Inspiration* (New York: Random House, 2014), 220.

19. Ibid.

20. Ibid.

21. Ibid.

22. Jessi Hempel, "Pixar University: Thinking Outside the Mouse," *SFGate*, June 4, 2003, http://www.sfgate.com/news/article/Pixar-University-Thinking-Outside-The-Mouse-2611923.php.

23. Catmull, "How Pixar Fosters Collective Creativity," 64.

11장 / 다면적 관계에서 기회를 찾아라

1. Timothy L. O'Brien and Stephanie Saul, "Buffett to Give Bulk of His Fortune to Gates Charity," *New York Times*, June 26, 2006.

2. "Mary Gates, 64; Helped Her Son Start Microsoft," *New York Times*, June 11, 1994.

3. Bill Gates, "25 Years of Learning and Laughing with Warren Buffett," *LinkedIn Pulse*, July 5, 2016, https://www.linkedin.com/pulse/25–years–learning–laughingwarren–buffett–bill–gates.

4. Martha T. Moore, "Billionaires Bank on Bridge to Trump Poker," *USA Today*, December 19, 2005.

5. Susanna Kim, "Berkshire Directors Lowest–Paid of S&P Firms," *ABCNews*, May 31, 2013, http://abcnews.go.com/blogs/business/2013/05/berkshire–directors–lowest–paid–of–sp–firms/.

6. Procter & Gamble, "Our History –How It Began," https://www.pg.com/en_US/downloads/media/Fact_Sheets_CompanyHistory.pdf.

7. J. D. Harrison, "When We Were Small: Ben & Jerry's," *Washington Post*, May 14, 2014.

8. Ibid.

9. Rosanna Greenstreet, "How We Met: Ben Cohen and Jerry Greenfield," *Independent*, May 27, 1995, http://www.independent.co.uk/arts–entertainment/howwe–met–ben–cohen–and–jerry–greenfield–1621559.html.

10. Constance L. Hays, "Ben & Jerry's to Unilever, with Attitude," *New York Times*, April 3, 2000.

11. Kadushin, *Understanding Social Networks: Theories, Concepts, and Findings*.

12. Simone Ferriani, Fabio Fonti, and Raffaele Corrado, "The Social and Economic Bases of Network Multiplexity: Exploring the Emergence of Multiplex Ties," *Strategic Organization* 11, no. 1 (2013): 7–34.

13. Jessica R. Methot, Jeffery A. LePine, Nathan P. Podsakoff, and Jessica Siegel Christian, "Are Workplace Friendships a Mixed Blessing? Exploring Tradeoffs of Multiplex Relationships and Their Associations with Job Performance," *Personnel Psychology* 69, no. 2 (2015): 311–355.

14. Ibid., 339.

15. Rick Aalbers, Wilfred Dolfsma, and Otto Koppius, "Rich Ties and

Innovative Knowledge Transfer Within a Firm," *British Journal of Management* 25, no. 4 (2014): 833–848.

16. Ibid., 844.

17. Whitney Johnson, interview with the author, March 29, 2017.

18. Ibid.

19. Clayton M. Christensen, *The Innovator's Dilemma: When New Technologies Cause Great Firms to Fail* (Boston: Harvard Business School Publishing, 1997).

20. Whitney Johnson, interview with the author, March 29, 2017.

에필로그

1. Nicholas A. Christakis and James H. Fowler, *Connected: The Surprising Power of Our Social Networks and How They Shape Our Lives* (New York: Little, Brown & Co., 2009).

2. Albert–László Barabási, *Bursts: The Hidden Pattern Behind Everything We Do, from Your Email to Bloody Crusades* (New York: Dutton, 2010).

3. Nicholas A. Christakis and James H. Fowler, "The Spread of Obesity in a Large Social Network over 32 Years," *New England Journal of Medicine* 357, no. 4 (2007): 370–379.

4. Nicholas A. Christakis and James H. Fowler, "The Collective Dynamics of Smoking in a Large Social Network," *New England Journal of Medicine* 358, no. 21 (2008): 2249–2258.

5. Christakis and Fowler, *Connected: The Surprising Power of Our Social Networks and How They Shape Our Lives*, 116.

6. James H. Fowler and Nicholas A. Christakis, "Dynamic Spread of Happiness in a Large Social Network: Longitudinal Analysis over 20 Years in the Framingham Heart Study," *BMJ* 337 (2008): a2338.

7. Christakis and Fowler, *Connected: The Surprising Power of Our Social Networks and How They Shape Our Lives*, 51.

약한 연결의 힘
친구의 친구

제1판 1쇄 발행 | 2019년 2월 25일
제1판 7쇄 발행 | 2022년 10월 28일

지은이 | 데이비드 버커스
옮긴이 | 장진원
펴낸이 | 오형규
펴낸곳 | 한국경제신문 한경BP
책임편집 | 마현숙
저작권 | 백상아
홍보 | 이여진 · 박도현 · 하승예
마케팅 | 김규형 · 정우연
디자인 | 지소영
본문디자인 | 디자인 현

주소 | 서울특별시 중구 청파로 463
기획출판팀 | 02-3604-590, 584
영업마케팅팀 | 02-3604-595, 562   FAX | 02-3604-599
H | http://bp.hankyung.com   E | bp@hankyung.com
F | www.facebook.com/hankyungbp
등록 | 제 2-315(1967. 5. 15)

ISBN 978-89-475-4450-4   03320

FRIEND OF A FRIEND...

데이비드 버커스 David Burkus

오럴로버츠대학교에서 리더십과 혁신을 가르치고 있고, 베스트셀러 작가이자 유명 강연자다. 〈하버드 비즈니스 리뷰〉에 고정적으로 기고하고 있으며, 그의 글은 〈패스트 컴퍼니〉, 〈파이낸셜 타임스〉, 〈블룸버그 비즈니스위크〉, 〈월스트리트 저널〉, 그리고 〈CBS 모닝쇼〉에 특집으로 다루어졌다. 2015년에는 유럽의 권위 있는 경영 잡지 〈싱커스 50〉에 선정됨으로써 미래의 경영을 선도할 것으로 기대되는 차세대 사상가 중 한 명으로 인정받았다. 마이크로소프트, 구글, 스트라이커 등 포천 500대 기업 및 정부 조직, 해군사관학교의 리더들을 대상으로 리더십과 혁신에 대해 기조연설과 강연을 해왔다. 그의 TED 강연은 170만 회 이상 시청될 정도로 유명하며, 최근에는 미국의 개인재정정보 서비스 웹사이트인 너드월릿Nerd Wallet에서 '영감을 주는 40세 미만의 최고 교수 40인'에 선정되기도 했다. 저서로는 《경영의 이동》과 《창조성, 신화를 다시 쓰다》가 있다.

옮긴이 장진원

SK이노베이션(구, 유공)에 입사하여 국제금융·외환, 투자자관리IR 등의 업무를 통해 영어와 친숙해졌다. SK이노베이션에서 재무 담당 임원을 거쳐 SK주식회사(그룹 지주회사)의 최고재무책임자CFO를 역임했다. 현재 EY한영 부회장으로 재직 중이며, 고려대학교 기술경영전문대학원 겸임교수로 있다. 고려대학교 경영학과 및 MBA, 일리노이공과대IIT 금융학 석사, 하버드경영대학원 최고경영자과정AMP을 졸업했다. 옮긴 책으로 《경영의 이동》《피터 드러커의 마지막 인터뷰》《조직을 구하고 사람을 살리는 리더 정신(공역)》이 있다.